新世纪英汉高阶学习词典隐喻信息表征研究

Presentation of Metaphorical Information in
Advanced English-Chinese Learner's Dictionaries in the New Century

杨 娜 著

中国科学技术大学出版社

内 容 简 介

本书从认知语言学、二语习得和词典学三个视角出发,结合辞书创新特征,探索新世纪英汉高阶学习词典在理论与实践两个层面系统表征隐喻信息的必要性、可行性与有效性。

本书适合从事语言学习和研究的高校师生阅读,也可供从事双语词典学和二语习得研究的学者参考。

图书在版编目(CIP)数据

新世纪英汉高阶学习词典隐喻信息表征研究/杨娜著. —合肥:中国科学技术大学出版社,2024.5
ISBN 978-7-312-05907-0

Ⅰ.新…　Ⅱ.杨…　Ⅲ.英语—词典—研究　Ⅳ.H316

中国国家版本馆 CIP 数据核字(2024)第 055029 号

新世纪英汉高阶学习词典隐喻信息表征研究
XINSHIJI YING-HAN GAOJIE XUEXI CIDIAN YINYU XINXI BIAOZHENG YANJIU

出版	中国科学技术大学出版社
	安徽省合肥市金寨路 96 号,230026
	http://press.ustc.edu.cn
	https://zgkxjsdxcbs.tmall.com
印刷	合肥华苑印刷包装有限公司
发行	中国科学技术大学出版社
开本	710 mm×1000 mm　1/16
印张	15.25
字数	288 千
版次	2024 年 5 月第 1 版
印次	2024 年 5 月第 1 次印刷
定价	68.00 元

前　　言

　　学习词典自诞生开始,就是第二语言习得过程中不可或缺的重要工具。进入 21 世纪以来,得益于认知语言学、二语习得和词典学的跨学科研究,学习词典的认知功能逐渐受到学术界的普遍关注与重视。这类研究以遵循语言教学与习得的特点和规律为基础,通过学习词典的文本创新设计,提高学习者利用学习词典进行语言学习的效果。鉴于学习词典的使用与语言习得的紧密联系及隐喻的认知功能,在学习词典中如何有效表征隐喻信息以促进学习者二语词汇的深度学习,已成为中外词典认知功能研究的重要课题之一。

　　2002 年,英国麦克米伦出版公司出版了《麦克米伦高阶英语学习词典》,率先将概念隐喻理论研究成果应用于学习词典的编纂,是当代学习词典隐喻信息表征的先行者。这一创举不仅成为该词典独树一帜的一项标志性特征,更是推动了单语学习词典编纂的认知功能化发展,得到了学术界的普遍认可。然而,《麦克米伦高阶英语学习词典》的隐喻信息表征以概念隐喻为基础,辐射到的隐喻信息种类较少,在系统性呈现方面也有不足,有效性亦未得到验证。与此同时,单语学习词典因主要面向非母语学习者,在满足不同国别二语学习者的认知需求方面存在一定的局限性。有鉴于此,如何充分利用双语学习词典的国别化优势,借助融媒体提供的技术手段,有针对性地系统表征隐喻信息,以有效促进二语学习者隐喻能力的发展,这一问题非常值得进一步深入研究与探讨。

　　本书以新世纪英汉高阶学习词典为例,聚焦隐喻信息的词典文本表征,涉及内容设计、呈现方式和效用验证,结合载体选择,既采用传统词典学的文本分析法,也坚持现代语言学的实证研究方向。

  本书共包括九章。第一章主要介绍研究背景、研究对象、研究目标和研究方法,为读者充分理解后文进行铺垫和说明。第二章和第三章分别界定核心术语"隐喻信息""表征"和"二语隐喻能力",同时对隐喻信息表征和二语隐喻能力发展的研究现状进行梳理。第四章至第六章分别从认知语言学、语言习得及词典学视角阐述英汉学习词典隐喻信息表征的理据,为全文奠定理论基础。第七章通过总观层面、宏观层面、微观层面和中观层面的学习词典文本设计,对英汉高阶学习词典隐喻信息表征开展实践探索,这是本书的核心内容。第八章以第七章为基础,采用实证研究方法,探讨英汉高阶学习词典隐喻信息表征的实际效用,从而为构建"理论探讨—编纂实践—效用验证"这一科学、全面的新型词典学综合研究范式提供思路,这是本书的一大亮点。第九章在总结研究发现的同时,说明本书的理论价值和现实意义,以及该研究未来可拓展的空间。

  由于本人水平有限,书中难免存在不足及疏漏之处,恳请广大读者批评指正。

杨 娜
2023 年 5 月

目　　录

前言 ………………………………………………………………… （ⅰ）

第一章　绪论 ……………………………………………………… （1）
　　第一节　研究背景 ……………………………………………… （2）
　　第二节　研究对象 ……………………………………………… （9）
　　第三节　研究目标 ……………………………………………… （11）
　　第四节　研究方法 ……………………………………………… （12）

第二章　学习词典隐喻信息表征研究现状 ……………………… （13）
　　第一节　隐喻信息的界定 ……………………………………… （13）
　　第二节　表征的界定 …………………………………………… （15）
　　第三节　隐喻义的词典文本表征 ……………………………… （17）
　　第四节　隐喻性搭配的词典文本表征 ………………………… （27）
　　第五节　隐喻性句式的词典文本表征 ………………………… （33）

第三章　二语隐喻能力发展研究现状 …………………………… （41）
　　第一节　二语隐喻能力的界定 ………………………………… （41）
　　第二节　二语隐喻能力发展的理论研究 ……………………… （44）
　　第三节　二语隐喻能力发展的实证研究 ……………………… （51）

第四章　英汉学习词典隐喻信息表征的认知语言学理据 …… （56）
　　第一节　语义流变的隐喻机制 ………………………………… （57）
　　第二节　语义隐喻构建的系统性特征 ………………………… （66）

第五章　英汉学习词典隐喻信息表征的语言习得理据 ……… （75）
　　第一节　二语词汇系统认知的隐喻路径 ……………………… （76）

第二节　二语隐喻能力发展的渐进性 ························· （79）
　　第三节　词典使用与隐喻跨语认知的系统性 ··················· （81）

第六章　英汉学习词典隐喻信息表征的词典学理据 ··············· （85）
　　第一节　学习词典释义的认知系统性 ························· （85）
　　第二节　学习词典表征的文本系统性 ························· （87）
　　第三节　英汉学习词典隐喻跨语对比的系统性 ················· （90）

第七章　英汉高阶学习词典隐喻信息表征实践 ··················· （100）
　　第一节　总观层面的隐喻信息表征 ·························· （101）
　　第二节　宏观层面的隐喻信息表征 ·························· （115）
　　第三节　微观层面的隐喻信息表征 ·························· （122）
　　第四节　中观层面的隐喻信息表征 ·························· （143）

第八章　英汉高阶学习词典隐喻信息表征效用 ··················· （156）
　　第一节　研究方案 ······································· （156）
　　第二节　结果与讨论 ····································· （165）

第九章　研究发现、理论价值与现实意义及未来可拓展的空间 ······· （186）
　　第一节　研究发现 ······································· （186）
　　第二节　理论价值与现实意义 ····························· （189）
　　第三节　未来可拓展的空间 ······························· （189）

附录 ··· （191）
　　附录一　英汉术语 ······································· （191）
　　附录二　词典缩略语 ····································· （193）
　　附录三　调查问卷 ······································· （194）
　　附录四　二语隐喻能力前测试题(Test 1) ····················· （199）
　　附录五　二语隐喻能力后测试题(Test 2) ····················· （200）
　　附录六　二语隐喻能力延迟测试题(Test 3) ··················· （201）
　　附录七　词典使用培训纲要 ······························· （203）
　　附录八　英汉高阶学习词典样条 ··························· （204）

参考文献 ··· （215）

后记 ··· （235）

第一章 绪 论

人类最主要的沟通方式即言语。美国当代发展心理学家托马塞洛在《人类沟通的起源》一书中指出"人类的沟通行为本质上是一种合作的事业,在彼此假定的共同概念的基础下及彼此假定的合作沟通的动机下,以最自然且平顺的方式进行。"这段剖析鞭辟入里,一方面强调沟通以"概念化"为基础,关乎认知思维;另一方面突出沟通以"意向性"为需求驱动,需要依赖交际语境。从某种意义上来说,托马塞洛的观点印证了近三十年来世界范围内语言学理论研究与实践探索旨趣上的"返璞归真",认知语言学的蓬勃发展以及语言学各分支学科研究中的认知路径就是明证。作为现代语言学研究的流派之一,认知语言学后来居上,其优势在于对人类沟通行为中言语交际行为本质的回望与反思,是一种螺旋式上升的理性结果。认知语言学的诸多理论研究成果也对应用语言学研究领域产生了积极的影响,受到学界越来越广泛的关注与重视。

众所周知,认知语言学最早关注的研究对象为言语交际中的隐喻现象,这正是人类言语沟通行为的主要"概念基础"。认知语言学的隐喻研究理论成果丰硕,不仅关乎人类语言的认知本质,而且为语言应用研究提供了更好的学术滋养。这方面,词典学研究(尤其是学习词典研究领域)也不例外。尽管在传统词典编纂实践和理论探索中,言语中的隐喻表达方式从来都不是词典编纂或研究主体视域聚焦的盲点,但对该语言现象的全新反思、全面理解与深度描写,确实得益于认知语言学研究的启发。

具体来说,传统隐喻研究将隐喻视为一种纯粹的语言现象,主要从修辞学角度剖析隐喻的本质、特征、功能、类别及其存在的价值等。作为描写语言现象与规范语言使用的学习词典,需要在学习词典的文本中对这种重要且特殊的语言现象进行描述。以往的学习词典编纂者通常会借助编纂符号(如"figurative""fig."

"〈喻〉",或"◇"等)或文字说明(如"used figuratively""喻指"等)对相关信息进行标注或解释说明。但仅靠这些学习词典信息表征手段还远远不够,很难深层次、系统化地为学习者的语言文化习得提供相应的帮助。

语文词典是语言学习的重要辅助工具之一,学习词典从语文词典中分化出来是适应语言(尤其是二语或外语)学习特殊需求的直接结果。学习词典与传统语文词典的区别就在于学习性的突显或针对性的强化。简而言之,学习词典不仅要具备一般词典使用意义上的信息检索功能,更重要的是,必须要满足学习者语言文化认知与语言能力发展的需求。可以说,学习词典研编的灵魂或目标在于其学习性。学习词典亦称为学习者词典,其编纂或设计都围绕学习词典目标用户的认知需求进行。因此,不难理解,进入21世纪以来,随着相关学科领域(如跨文化交际学、认知科学、语言习得等)理论与实践研究的不断深入,学习词典的研究逐渐呈现跨学科态势,其中最令人瞩目的即认知语言学与词典学的相互融合,甚至有学者提出"认知词典学"这一新型研究方向。事实上,在单语抑或双语学习词典研究领域,无论在理论研究还是在编纂实践方面,都已有不同程度的积极探索。然而,总体而言,"认知词典学"这个新术语所引发的词典学研究与实践的认知转向,目前仍滞留在务虚阶段,或者说还没有进行更多实质性的探讨。就现有的理论与实践研究成果来看,其存在很大的深化与拓展空间。这方面,双语学习词典的研究更是亟待补白。

鉴于人类言语交际中隐喻现象的普遍性、隐喻思维对于言语沟通的重要性,以及异质语言文化在隐喻思维特征方面的差异性,二语习得以及语言能力发展的相关研究自然不能忽略隐喻相关问题的探讨。同理,旨在辅助二语词汇学习及词汇能力发展的双语学习词典,其理论与实践研究也都应将隐喻信息表征包含其中。

第一节 研 究 背 景

词典学作为应用语言学的重要分支之一,其编纂理念与编纂实践均受到语言学理论发展的直接影响。衍生于语文词典的学习词典亦不例外。然而,作为词典学与二语习得研究相结合的产物,学习词典有其特殊之处。它不仅要具备普通语文词典的信息查检功能,而且应该以满足词典目标用户的语言文化认知需求为己任。目前,发轫于20世纪三四十年代的学习词典已历经六代(徐海 等,2012)。进入21世纪以来,以《牛津高阶英语学习词典》(Oxford Advanced Learner's English Dictionary,OALD)、《朗文当代英语词典》(Longman Dictionary of Conternporary English,LDOCE)、《剑桥高阶英语学习词典》(Cambridge Advanced Learner's Dictionary,CALD)《柯林斯COBUILD高阶英语学习词典》(Collins COBUILD Advanced Dictionary of English,COBUILD)、《麦克米伦高阶英语学习词典》(Macmillan English Dictionary for Advanced Learners,MEDAL)、《韦氏高阶英语词典》(Merriam-Webster's Advanced Learner's English Dictionary,MW)这六大国际英语学习词典品牌为代表的单语学习词典,更是在设计方面不断推陈出新,逐步体现出学习词典编纂向语言认知本质的积极回归。相形之下,双语学习词典(尤其是英汉学习词典)的研究无论是在理论探索,还是在编纂实践方面,均发展滞缓,缺乏创新。

一、认知词典学理论研究与编纂实践脱节

连淑能(2010)指出,"从语言学角度看,18世纪是哲学的世纪,19世纪是历史比较的世纪,20世纪是描写、转换生成和多元化的世纪,21世纪将是多学科交叉研究的世纪。"进入21世纪以来,随着认知语言学理论研究的不断深入,其研究成果被越来越多的相关学科所借鉴,出现了诸多学科在研究取向方面的认知化转变。认知词典学的提出正是词典学研究认知化转向的充分体现,具体表现在对认知语言学研究成果的积极应用方面。例如,在多义词条目的处理中,引入隐喻认知本质及相应机制的探索。认知语言学研究表明,多义词的语义拓展是通过认知手段由词的初始义(或本义)向其他语义延伸的过程,是人类概念范畴化的过程性认知发展的结果。在由一个词表达的以相互关联范畴组成的复杂语义网络建构中,隐喻和转喻发挥了关键性作用(Ungerer et al.,1996)。Lakoff和Johnson(1980)认为,隐喻是一种思维方式,有"语言隐喻"和"概念隐喻"之分。其中,语言隐喻是显性的具体言语表达形式,具有直观性;概念隐喻是内在的概念化过程,具有语言繁殖力与系统性。语言隐喻虽体现概念隐喻,但在思维层面亦受到概念隐喻的制约。

因此,隐喻具有强大的认知功能,能够组织思想、形成判断,使语言呈现结构化,拥有强大的语言生成能力(胡壮麟,2004)。人类隐喻认知具有思维能力的本质,使其直接影响语言能力,这也是语言习得领域需要重视并借鉴隐喻认知研究成果的理论基础。

从认知语言学视角来看,隐喻(尤其是概念隐喻)反映了认知规律和思维特点,将隐喻认知引入语言习得领域能够加深对语言理据的认识,进而提高学习效率,这对成功习得语言具有重要意义。词典释义是人类心智活动的产物,释义过程涉及编纂者的语义认知编码机制。词典编纂的表征方式必然会对用户学习相关语言文化的实际认知效果产生一定影响。基于认知语言学与词典学相结合的认知词典学,强调以语言学习者(特别是外语学习者)为中心,重视研究并遵循语言生成、使用与学习过程中的认知规律,认为学习者使用学习词典不应仅着眼于词汇量的扩大,更要以全面提高词汇能力为目标。由此可见,认知词典学的研究旨在揭示词典编纂设计的语言认知理据,为完善词典文本的认知功能提供相应的语言学理论支撑。认知词典学重视语言与认知的关系,以隐喻处理为核心,对释义模式、义项排列、例证选取、用法说明、搭配信息设置等均提出了富有创新性的见解。例如,在词典编纂中不应把隐喻仅理解为一种修辞现象,用"喻"这样简单的修辞标签来标示隐喻性用法,而是要将对隐喻的认识拓展到思维层面,在词典的宏观结构和微观结构中都要进行表征;通过义项突显、义项排列、隐喻义的短语配例等明示二语隐喻过程;建立概念隐喻词汇模块等。可以说,认知型学习词典的目的和任务就是将二语习得者引入目标语的隐喻系统,使之具有与本族语者相类似的心理表征(赵彦春,2003)。因此,词典文本中隐喻信息的有效处理是认知词典学研究的重要内容。

认知词典学研究不仅从理论层面分析阐释词典编纂过程中的认知理据性,对其重要性进行系统论证,而且在实践层面也作出了一些有益的尝试。较为突出的研究成果包括基于原型释义理论的《新牛津英语词典》的编纂、MEDAL 设置隐喻插件及隐喻栏的创新性举措等。然而,总体看来,该方面应用型研究的数量仍然非常有限(Gao,2013)。事实上,虽然近年来国内对认知语言学与词典学跨学科研究的关注逐渐增多,但相关理论研究并未对词典编纂实践的创新有更多实质性的推进。可以说,认知词典学的理论研究与实践探索尚处于基本脱节状态,英汉学习词典的创新性研编更是如此,仍有待进一步加强。

二、单语学习词典隐喻信息表征的系统性与针对性缺失

学习词典是专门为非母语学习者研编的教学型词典。由于英语教育呈现全球化发展态势,从狭义上讲,学习词典即英语学习词典。作为英语学习词典的奠基人,Hornby 主张将词典编纂与语言教学紧密结合,并对学习词典研编提出如下建议:对语言进行全方位的描写与解释,以满足学习者的不同需求;释义语言尽量简明易懂;不仅提供参考信息辅助理解,也应辅助语言表达;及时引入新的信息类别,与时俱进。秉承这一编纂理念,单语学习词典在八十多年的发展历程中不断创新,致力于探索词典文本信息认知功能及表征手段的多样化,力求通过词典文本的创新设计"有效复制语言教学与习得的特点和规律,提高学习者利用学习词典进行语言学习的认知效果"(陈伟,2012)。

在语言学理论的发展与影响下,当前单语学习词典的认知化研编主要体现在释义理念不断更新、义项排列方式多样化发展、多义词义项导航设计、语言学习特色栏目设置、语言信息图像化以及语料库辅助词典编纂等方面。综合来看,现代单语学习词典研编遵循实用至上的准则,为学习者提供简明易懂的语言信息,基本实现了以编者为中心向以用户为中心的转变,文本信息设置及其表征形式具备明显的认知化取向,突显了学习词典的学习辅助功能。值得一提的是,2002 年 MEDAL 推出隐喻栏和隐喻信息插件。该创新性设计是认知语言学隐喻理论研究成果直接应用于词典文本设计的开拓性尝试,有着非常重要的实践创新意义,标志着单语学习词典研编认知化发展的新趋势。虽然该隐喻信息表征设计得到了单语学习词典研究者的关注与好评,但由于该词典仅着重于概念隐喻层面的信息表征,对于普通隐喻层面的相关信息缺乏充分的关注,致使词汇、搭配以及共现层面的隐喻信息未能实现有效关联。更重要的是,该学习词典并未从隐喻认知与产出能力发展的系统渐进性考虑,在很大程度上忽略了对隐喻信息系统性的梳理与呈现。与此同时,由于单语学习词典在国别化方面的局限性,涉及跨语隐喻认知与文化对比的相关内容无法在词典文本中得到有效表征。因此,MEDAL 在辅助二语隐喻能力发展的有效性方面,仍存在较大的空间。

三、双语学习词典理论研究与实践探索的滞后

双语学习词典作为学习词典中的一个重要分支,与单语学习词典有着类型学意义上的"家族相似性",但其存在与发展的价值在于对第二语言文化认知具有针对性较强的辅助功能。作为学习词典谱系化发展的结果,双语学习词典更注重编纂设计的国别化与差别化研究,其编纂设计特征更符合用户的第二语言文化认知特殊性。就英语学习词典而言,词典研究模式大体可分为三个流派:经验主义派、语言学理论派以及词典使用研究派(徐海,2012)。其中,语言学理论派注重词典学理论研究,经验主义派和词典使用研究派更强调词典编纂实践以及词典使用的应用型研究。

在理论层面,虽然词典学作为一门独立学科,其学科地位的认定在国内仍有不同观点,"但语言学理论无疑是词典学基本理论的核心"(陈楚祥,1998)。1978—2008年,语义学、语法学和认知语言学这三大语言学分支对双语词典学的理论研究影响最大(魏向清 等,2011)。尤其是自20世纪90年代末以来,认知语言学理论对词典学研究的指导作用越来越突显,逐渐在国内外汉词典界获得重视。例如,章宜华(1998)以自然语言语义生成的心理表征为依据,提倡采用自然语言的概念结构、语义结构和句法结构,在各种语用规则的制约下进行双语词典释义,从根本上改变了传统的"充分必要条件"释义方法和"替代性"原则,以提高积极型学习词典的释义质量。赵彦春(2000,2003)以 cook 和 gift 的逆动词名词化现象为例,剖析了词汇派生的认知机制,阐明了传统学习词典在培养学习者词汇能力方面的缺失,论证了认知方法应用于双语词典研编的必要性与可行性,并在借鉴认知语言学研究成果的基础上提出认知词典学模式,主张以隐喻处理为核心,推动学习词典编纂设计的认知化发展进程。王馥芳(2004)在系统探讨认知语言学理论对词典编纂的影响中,着重分析了"原型释义法"在学习词典中的应用,提出了诸多有益的建议。赵雪琴(2008)通过对英语搭配进行认知分析,为英汉词典构建搭配信息认知模型,从认知语言学视角探讨双语学习词典搭配信息的系统呈现。然而遗憾的是,国内双语学习词典编纂实践并未对以上理论探索作出积极回应,处于相对滞后状态。以隐喻信息的词典文本表征实践为例,至今正式出版的英汉学习词典还未有系统表征隐喻信息的尝试,无法对二语学习者的隐喻能力发展起到有针对性的辅

助作用。

在实践层面,经验主义派认为词典编纂是一种技艺,"学得这种技艺要靠实习"(Landau,2001)。陆谷孙(1998)和尹学义(1997)亦提出,词典是知识的载体,需要在总结前人研究成果的基础上进行创新,以实现持续发展。"在词典编纂实践中借鉴当代流行语言学观的研究成果,同时在成果的应用上大胆创新"(王馥芳,2004),这一点尤为重要。由于双语学习词典涉及两种异域异质的语言系统,在编纂过程中需要考虑语言和文化等多层面的影响要素,远比单语学习词典复杂得多。因此,以同类单语学习词典为蓝本,借鉴其成功经验进行双语学习词典的编纂,也就成为长期以来世界范围内双语学习词典编纂的普遍模式。

改革开放以来,我国原创类英语辞书编纂进入空前繁荣时期,在词典出版的总量、种类、出版水平以及国际合作等方面都取得了长足的进步[①]。涌现出《汉英词典》(1978,1995,2010)、《新时代汉英大词典》(2001)、《新时代英汉大词典》(2004)、《新世纪汉英大词典》(2004)等典范之作。虽然如此,目前国内英汉学习词典在差别化创新处理方面,仍有很大的提升空间,无论是在文本设计特征的质量方面,还是在已出版的词典数量方面,国内自主研发的英汉学习词典均无法与英语单语学习词典相抗衡。此外,国内词典的品牌建设也相对滞后,影响力较大者仅有三个,即商务印书馆的"新时代"、外语教学与研究出版社的"新世纪"以及上海外语教育出版社的"新世纪"。因此,英汉学习词典的创新性研编工作亟待加强。词典使用研究派将用户视为词典编纂过程中的重要因素,提出用户与词典编者、词典文本、词典研究者和语言教师之间需要呈现互动关系,强调词典使用研究。作为该流派的领军人物,Hartmann(2001)主张从六个视角开展词典使用研究:词典与语言教学;用户对词典类型的熟悉度研究;用户的态度、需求、习惯、偏好研究;词典在言语活动中的作用研究;词典使用策略与技能研究;用户技能培训研究。在这一方面,国内外学者经过较全面细致的研究,也提出了一些建设性意见,有些已经在词典编纂实践中有所体现(如在词典文本中设置义项导航等)。相比而言,英汉学习词典编纂设计的用户研究还比较薄弱,目前主要停留在实证调研的基础阶段,对二语学习者语言文化认知特殊性的需求缺乏深层次的探究。就二语隐喻能力发展而言,

---

① "原创类英语辞书"指"由我国辞书编纂者根据多种英语词典蓝本资料和其他相关语言资料进行独立研编的双语辞书,强调其基于中国英语学习者的需求特殊性进行有针对性的文本功能设计和编纂的成果。"(魏向清 等,2011)

英汉学习词典的相关研究还比较少,在理论成果应用、编纂创新实践及词典使用研究等方面仍有待加强。

四、学习词典研究与二语语言能力发展研究缺乏有机融合

二语习得研究表明,第二语言学习是一种内在的个体化认知过程(Long,2012)。因此,二语习得的终极目标并非局限于词汇及语法知识的简单累积,而是以二语语言能力的内化提升为宗旨,深入语言习得机制,致力于构建类似母语用户的二语认知系统。作为语言的三大要素之一,词汇是一切语言活动的基础,在整个语言学习过程中有着举足轻重的地位。因此,二语语言能力的提升在很大程度上依赖于二语词汇能力的发展。目前,学界对词汇能力有三种主要见解:一是将词汇能力等同于词汇记忆,也就是识别并记忆词汇意义的能力,强调词汇量在词汇能力发展中的重要作用。由于这一解释容易判断、可操作性强,常常被广泛运用于二语习得的研究之中。二是将词汇能力视为词汇知识的掌握,强调语法、语用及相关文化知识的拓展对提高二语词汇能力的影响作用。关于学习者应掌握的词汇知识,Richards(1976)和Nation(1990)等进行过较细致、深入的研究。三是将词汇能力与词汇处理技巧相关联,认为词汇习得是词汇识别与产出的自动化过程,突出在词汇能力发展过程中的接受和产出这两个维度。Coady、Carrell和Nation(1985)还从学习者角度出发将词汇分为三类:不熟悉的词汇、仅能在语境中识别的词汇、不依赖语境可自动识别的词汇。总体来看,以上界定涉及词汇习得的程度(即"广度"与"深度")、方向(即"接受"与"产出")和侧重点(即"知识"与"技能")三个方面,共六个维度。由于传统二语教学重视词汇习得的广度、接受性及技能训练,对词汇习得的深度、产出性及语言文化知识的输入相对不足,因此形成了死记硬背式的词汇学习方法。这虽然能使学习者在短时间内扩大词汇量,但其实际外语运用能力却不够理想。研究发现,中国学生的语言表达常常过于直白,缺乏英语语言文化内涵,在实际语言应用中存在或显性或隐性的"不地道现象",二语词汇能力较差(刘国辉,2011)。针对这一困境,国内外学者进行了大量理论与实践探索。其中,Danesi(1992)提出的在外语教学中培养概念流利的教学理念受到很大关注。所谓概念流利,指的是能够根据隐喻结构理解某种语言如何反映概念,并对其进行编码处理的能力,即"隐喻能力"。根据这一理念,词汇能力发展与认知直接相关,对语

言隐喻系统的了解,能够有效促进学习者词汇能力的提高。在二语词汇能力发展的每一阶段,隐喻能力均呈现不同形式,对二语词汇能力的逐步发展具有重要的影响作用。根据 Rubin 和 Thompson(1994)的研究,词典、语言教师、语言课本、语法参考书及媒体材料并称为五大语言知识资源,能够为词汇习得提供丰富的信息输入。作为一种附带词汇学习策略,词典使用的重要性已得到学界的普遍认可。虽然英语单语学习词典研编在内容、结构及技术设计特征等方面较英汉学习词典更成熟、更完善,但其最大的弊端在于"缺乏国别现实的针对性"(Zhao,2010;王艳华,2007;魏向清,2009;章宜华,2010),长期来看,这不利于二语习得进程的深入推进。因此,不能忽视双语学习词典对辅助二语词汇能力发展的作用。然而,用户调查结果显示,虽然双语学习词典颇受欢迎,但由于二语学习者的学习词典使用意识不强、使用技能不足,无法充分有效地利用学习词典中的文本信息。此外,当今英汉学习词典的语言认知信息表征也有诸多不尽如人意之处,这些都不利于充分发挥双语学习词典对二语习得的认知辅助作用。近年来兴起的认知词典学从认知语言学与词典学研究成果出发,探索学习词典对促进语言认知的积极作用,为实现双语学习词典使用与二语词汇能力发展的全面融合提供了全新的视角。由于隐喻是认知词典学的"眼睛"(赵彦春,2000),有必要在英汉学习词典中对隐喻信息进行有效的表征。一方面,充分体现学习词典的信息查检与语言认知的双重功能,推进英汉学习词典研编的认知化进程;另一方面,着眼于隐喻信息的有效处理,从根本上促进学习者的二语隐喻能力提升,并最终使二语语言能力向纵深方向发展。

第二节 研究对象

词典文本中的信息类别及其表征形式,历来都是词典学研究的核心内容。由于自身的认知功能取向,学习词典更重视能够体现语言与思维相关联的信息呈现。作为当代词典学研究的新路径,认知词典学是与认知语言学相结合而衍生的产物。隐喻不仅是一种语言现象,也是一种思维方式,因此被视为沟通语言与思维的桥梁(王寅,2007)。具备语言认知功能的隐喻信息理应被纳入学习词典的文本信息范畴。虽然目前单语学习词典已进行了隐喻信息表征的初步编纂尝试,但由于对目标用户的二语学习特殊性及其学习词典使用习惯缺乏深入了解,英语单语学习词典现有编纂尝试的有效性与针对性,受到了质疑(Wei,2012;Wojciechowska,2012;李娟 等,2008)。这方面,英汉学习词典的相关研究也有待进一步深入。本书将英汉高阶学习词典的隐喻信息表征作为研究对象,主要基于以下几个方面:

第一,隐喻认知对二语得以及词汇能力发展具有重要意义。人类认知主要通过大脑对客观世界中的所有事物进行复杂的加工分析与归纳来实现。寻找新事物与已知概念的联系,成为认知活动的主要途径(侯奕松,2011)。换言之,对新事物的认识总是以已知概念为基础。语言习得亦是如此。在第二语言习得过程中,用户通过隐喻性思维,不断比较母语与二语在各个语言层面的相似性与差异性,以构建二语词汇认知系统,最终形成完善的二语心理词库(杨娜,2014)。在这一过程中,用户的二语隐喻能力得到进一步发展。可以说,成功习得第二语言,并实现二语词汇能力质的飞跃,不能脱离隐喻性思维,对隐喻的系统认知,更是达成该目标不可或缺的助力。

第二,隐喻信息表征对推进学习词典研究具有重要意义。与隐喻研究的广度与深度相比较,隐喻信息尚未在词典学界获得广泛关注与重视。这方面,现有研究不仅缺乏可供参考的定义,英文表述也尚未统一,与此概念相似者包括"figurative language""figurative use""figurative sense""figurative meaning""metaphoric/metaphorical meaning"等(Lazar,1996;Coulson et al.,2005;Gibbs,2008;蔡基刚,2008)。因此,界定隐喻信息的内涵将有助于完善与细化学习词典文本中的信息类别。此外,虽然学习词典历来有标注隐喻义或隐喻性用法的传统,现代词典编纂也逐渐重视隐喻化色彩极强的习语呈现(Moon,2015),然而,词典学界对隐喻的认知功能仍主要停留在语言层面,将其作为修辞手段者居多。步入21世纪以来,MEDAL通过设置隐喻栏与隐喻信息插件,首次将隐喻与概念相关联,这标志着单语学习词典在隐喻信息表征方面取得了长足的进步,隐喻信息的认知功能也逐渐获得更多重视。同时,面向全球非母语英语学习者的单语学习词典,并未充分考虑目标用户的国别化需求差异,在隐喻信息表征的功能设计方面存在一定的局限性,例如,国别化考虑不足和可及性有限等。这在很大程度上制约了该创新性设计特征的实际效果。相较而言,英汉学习词典具有国别化语言学习的认知辅助功能,可以弥补这方面的缺憾,理应在隐喻信息表征方面展开积极探索。

第三,隐喻信息表征的系统性与有效性研究仍有待发展。虽然 MEDAL 已尝试将概念隐喻理论应用于学习词典文本编纂之中,以完善隐喻信息表征,然而,隐喻概念自身的抽象性以及 MEDAL"自上而下"的表征方式却增加了二语学习者理解及掌握此类隐喻信息的难度。事实上,隐喻信息内部亦有层次之分,其呈现方式应该循序渐进、由易到难,同时需要考虑到不同层面之间的联系,即加强隐喻信息表征的系统性。此外,传统词典学研究方法以理性思辨为主,通过编者的主体认知或词典文本分析,探究学习词典的设计特征问题(耿云冬,2014),但较少考虑用户是否接受该设计,以及该设计特征能否有效辅助语言习得等实际问题的研究。为了充分发挥学习词典的语言认知功能,学习词典隐喻信息表征研究还应加强关于有效性的探讨(Yang et al.,2015)。

第三节　研究目标

本书以中高级水平的中国英语学习者为目标读者,探索以辅助二语隐喻能力发展为目标的英汉高阶学习词典系统表征隐喻信息的文本设计特征。

从理论层面来看,本书拟融合认知语言学和二语习得研究成果于双语词典学研究之中,在顺应词典学跨学科研究态势的同时,推进双语词典学与语言学其他学科的结合;将隐喻信息系统表征引入英汉词典学研究,为双语学习词典研编的认知化与差别化发展提供全新的视角;增加隐喻信息表征效用的验证环节,从而进一步完善词典学研究模式。

从实践层面来看,本书探讨英汉高阶学习词典隐喻信息的文本设计特征,为其他双语学习词典隐喻信息表征的编纂实践提供思路,旨在促进认知语言学隐喻研究成果在双语学习词典中的广泛应用;考察英汉学习词典对辅助二语隐喻能力发展的有效性,为双语学习词典介入二语词汇深度习得提供依据,亦为自主学习模式下的二语词汇能力可持续发展提供基础。

第四节 研究方法

本书主要采用理论研究法、文献研究法、词典文本分析法和实证研究法等探索英汉高阶学习词典隐喻信息表征的必要性、可行性和有效性问题。其中,理论研究法主要从认知语言学、二语习得和词典学三个研究视角出发,深入剖析英汉学习词典系统表征隐喻信息的理论依据,为隐喻信息表征研究构建理论框架。文献研究法一方面从词典学视角出发,归纳当前学习词典隐喻信息表征研究在理论和实践两个方面所取得的成果与不足,另一方面从二语习得视角考察二语隐喻能力发展的研究现状,为以辅助二语隐喻能力发展为目标的英汉学习词典的设计特征研究奠定基础。词典文本分析法主要用于对比不同学习词典文本的隐喻信息表征现状,以明确目前学习词典文本中隐喻信息表征的不足。实证研究法采用问卷调查、测试以及访谈等定量与定性相结合的研究手段,验证系统表征隐喻信息的词典样条的有效性,旨在考察英汉高阶学习词典隐喻信息表征的实际效用。

作为一个兼具理论性与实践性的应用语言学分支,词典学研究的创新动力源泉绝非词典本体研究(章宜华,2010c),而是要汲取其他学科的研究成果开展跨学科研究,这也顺应了21世纪多学科交叉研究的发展态势。同时,词典学研究方法需要融合多种手段方能体现其跨学科特点。本书将注重以下手段的结合与运用:

首先,理论与实践相结合。本书不仅对隐喻信息表征进行理论探讨,而且通过词典样条以个案形式开展隐喻信息表征的编纂实践创新。其次,理论分析与实证研究相结合。本书以理论分析为基础,辅以实证研究,以确保研究结果的客观性与科学性,从而实现理论分析与实证研究的优势互补。最后,定量分析与定性分析相结合。作为实证研究的两个组成部分,两者各有优劣,相互补充。本书所涉及的具体研究手段包括问卷调查、测试以及访谈等。

总体而言,从研究方法与研究手段来看,本书具有较鲜明的跨学科性,除涉及词典学研究外,还涉及认知语言学的隐喻研究、二语习得领域的二语隐喻能力发展研究、语言对比研究、词典使用研究等。

第二章 学习词典隐喻信息表征研究现状

根据现代设计学研究,学习词典编纂设计隶属于语言文化的"信息设计"范畴(柳冠中,2011)。设计活动的本质是设计者的编码和用户的解码过程,即通过设计者对设计物赋予一定的意义,再由用户进行解读。学习词典的设计也是如此。Hartmann 和 James(1998)将以学习词典为代表的工具书设计界定为"指导实用型工具书编纂的总体原则,不仅涉及内容特征(即信息类别)和文本表征(即编纂安排),而且将用户的查询需求及其使用技能纳入考虑范畴"。因此,学习词典文本设计需要从内容和形式两个方面予以考虑,并着眼于用户的实际需求和使用技能。本章将首先界定"隐喻信息"和"表征"这两个核心术语,再针对学习词典的隐喻信息表征现状进行述评。

第一节 隐喻信息的界定

Lakoff 和 Johnson(1980)认为,"隐喻无所不在,不仅存在于语言之中,也与思维和行动紧密相关……隐喻的本质在于借助一个事物理解另一事物。"束定芳(2000)也提出,"隐喻的本质是人类理解周围世界的一种感知和形成概念的工具。"因此,隐喻与思维有关,语言作为思维的主要工具,与思维互为表里。正如黑格尔(1976)所言,"思维形式首先表现和记载在人们的语言里。"因此,思维方式差异是造成语言差异的重要原因之一。从认知语言学视角来看,隐喻具有语言与思维两个层面。一方面,隐喻体现不同语言单位之间基于相似性的语义关联;另一方面,隐喻反映外在语言形式与内在思维方式之间的内在联系,是人类认识事物、建立概念系统的必由之路。于是,隐喻的理解能力与生成能力对语言能力发展具有重要意义。

隐喻研究源远流长,涉及的学科较为繁杂,包括修辞学、认知科学、哲学、符号学、美学、逻辑学、语用学、心理学、计算科学等。词典学界对隐喻信息也有所关注(如使用"figurative""fig."〈喻〉"◇"等标注)。然而,由于相关研究尚不够深入,即使是学习词典研究也未对隐喻信息有明确界定。在《词典学词典》(*Dictionary of Lexicography*)(Hartmann et al.,1998)所列出的46个与词典文本信息相关的条目中,仅有2个(即 metaphor 与 figurative meaning)与隐喻信息有关。在已发表的学术论文中,对该术语作出明确界定者也寥寥无几。通常而言,隐喻信息是隐喻的体现形式。例如,张福洪(2012)将幼儿非言语行为中的隐喻信息界定为"幼儿行为中所暗含的信息,它是幼儿在感知、体验、想象、理解某种事物后通过行为表现出来的反馈信息。"学习词典文本的隐喻信息有其自身特点,需要系统化认定,以作为辅助用户隐喻能力发展的重要信息输入来源。

结合认知语言学和词典学研究,本书将学习词典中的隐喻信息(metaphorical information)界定为"一种隶属于语义范畴的学习词典文本信息,体现不同概念范畴的语言形式之间基于相似性的语义关联,涉及词汇内部、词汇组合及句子三个层面,具有特定的表征方式。"具体如图2.1所示。

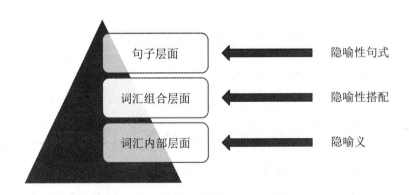

图 2.1　隐喻信息的三个层面

词汇内部层面的隐喻信息指单个词汇义群中的"隐喻义"(metaphorical sense)与本义(basic sense)、原义(original meaning)或字面义(literal meaning)相区别,通常也被视为隐喻性用法。例如,corrode 的本义为"to destroy something slowly by the effect of water or chemicals, etc."(腐蚀；侵蚀)，隐喻义为"to destroy or weaken something gradually"(削弱；损害)。词汇组合层面的隐喻信息指"隐喻性搭配"(metaphorical collocation)，包括隐喻义的短语例证、隐喻性复合词和隐喻性习语。例如，corrode public confidence(削弱公众的信任)、corrode one's character(伤害人格)、corrode one's interpersonal relationship(破坏人际关系)等，均为 corrode 隐喻义的短语例证。white horses、white magic、black market、black sheep 等为隐喻性复合词。dead in the water、in deep water(s)、dip a toe in/into the water、a fish out of water、keep your head above water、get into hot water、pass water、pour oil on troubled water(s)、test the waters 等，是以 water 为核心的隐喻性习语。句子层面的隐喻信息指"隐喻性句式(metaphorical sentence)"，除隐喻义的整句例证外，还包括隐喻概念表述①。其中，目标域和源域常以大写形式与其他文字相区别。例如，"LOVE is JOURNEY.""Feeling HAPPY is like being HIGH UP or MOVING UPWARDS.""GETTING KNOWLEDGE about something is like MAKING A MAP of a place or like TRAVELLING there."等。

由于隐喻兼具语言与思维两种认知属性，能够有效促进语义认知关联机制的形成，对语言认知能力的发展具有一定的辅助作用，因此，在词典中提供丰富且完备的隐喻信息，对用户系统认知目标语大有裨益。另外，由于隐喻信息(尤其是句子层面的隐喻信息)属于较高层次的语义信息范畴，无论在信息输入还是信息输出的处理中都需要较好的语言能力，所以具有系统表征隐喻信息的双语学习词典的目标用户是中高水平的二语学习者。

第二节 表征的界定

在学习词典文本的设计特征研究中，内容选择与形式表征是两个主要内容。

---

① 并非每个词条都具备"隐喻概念表述"这类句子层面的隐喻信息。本书以 MEDAL(2007)所列的 64 个核心词汇为基础，重点考察它们在英汉高阶学习词典中的隐喻概念表征。

前者关乎文本信息的取舍,注重学习词典功能实现的可能性;后者涉及信息编排的结构处理,注重学习词典功能实现的有效性。Hartmann 和 James(1998)认为,"表征"一词指"在学习词典编纂过程中,采用与用户使用需求与使用技能相适应的信息编排形式"。由于语言学习具有系统性,为辅助学习词典语言认知功能的实现,本书对隐喻信息表征的探讨将侧重系统性的体现,这也是本书的主要特色之一。因此,有必要结合"系统"这一概念重新审视"表征",并对其定义进行界定。

根据系统科学研究,系统是"由一些元素(要素)通过相互作用、相互关联、相互制约而组成的,具有一定功能的整体"(谭璐 等,2009)。系统的组成部分既可以是不可再分的基元,也可以是一个子系统,两者并称为"组分"。由于组分之间存在相互作用,关联性就构成了系统的一项重要特征。子系统可再分为更小的子系统,系统本身亦可视为某个更大系统的子系统,具有显著的层级性。由此可见,关联性和层级性是系统的主要特征。作为一个系统的学习词典文本也不例外。本书中的"表征"是一个词典学概念,指"根据语言认知规律,对学习词典文本信息所采用的编排方式的总和,具有以层级性和关联性为特色的系统特征。"

与其他系统不同,学习词典文本系统有其特殊性。一方面,学习词典条目的编排形式较为松散;另一方面,学习词典功能要求文本信息具备内在的关联性,两者之间存在矛盾。因此,学习词典文本系统功能的实现在很大程度上取决于内在结构关联的合理性与有效性。虽然传统学习词典结构类别研究将学习词典文本划分为宏观结构和微观结构(Rey-Debove,1971),但随着现代语言学理论、系统论、信息技术、用户需求调查等研究领域的发展,当代学习词典结构研究逐渐开始重视各结构之间的有机联系,认为"在各层结构之间和内部还存在着各种黏结手段,它们使得学习词典文本结构系统既复杂又精密"(卢华国 等,2012)。这种层级性与关联性,正是学习词典文本信息系统表征的内在要求。因此,隐喻信息的系统表征有助于学习词典成为一个层次明晰、内在关联性极强的文本系统。

本书结合学习词典结构与信息表征的系统性特征与要求,借助现代词典学研究所关注的学习词典文本信息表征的四个层面(即总观层面、宏观层面、微观层面及中观层面)展开讨论,如图 2.2 所示。一般而言,学习词典文本结构的不同层面均需要设置相应的手段,以表征某一类学习词典文本信息,通过一定的编排方式在该类信息的同一层面内部及不同层面之间实现关联。就隐喻信息系统而言,主要涉及如何在总观层面、宏观层面、微观层面及中观层面有效地呈现隐喻信息,并实现不同层面之间,以及同一层面内部隐喻信息的关联性,通过相应的表征手段,多维度地呈现不同类别的隐喻信息,以充分体现学习词典文本结构的系统性。

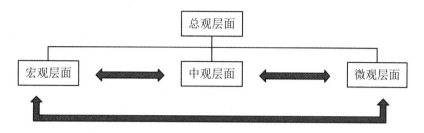

图 2.2　学习词典文本信息表征的四个层面

第三节　隐喻义的学习词典文本表征

一、隐喻与学习词典研编

作为静态的、被动的、体现元语言功能的阐释性文本,学习词典的社会价值与社会功能必须依托用户的主动性语言行为,因此词典学研究不能回避用户这一认知主体。在现代学习词典研编范式的认知转向影响下,当代学习词典的编纂逐渐由以编者为中心转向以用户为中心,日益重视对用户及其语言认知机制的关注,采用多种手段模拟语言习得过程,以更好地发挥学习词典的信息查检与语言文化认知功能。如何将反映人类认知规律和创造性思维特点的隐喻与学习词典编纂相结合,逐渐成为 21 世纪学习词典研编的重要研究内容之一。

从认知科学角度来看,隐喻有助于组织思想,形成判断,使语言呈现结构化,具有强大的语言生成能力(胡壮麟,2004)。从语义学角度来看,隐喻是词义产生的主要理据,是表达的机制,是同义和多义的来源,是填补词汇缺口的方法(Ullmann,1962)。学习词典查询是一个意义建构的过程,除了学习者自然能动地参与学习词典文本的符码意指和意义生成之外,还需要学习词典文本自身意义的呈现与智力引发(陈伟 等,2007)。因此,不少学者(Meer,1997,1999;Boers,2000;Moon,2004;武继红,2010;钟兰凤 等,2013)建议在学习词典中突显隐喻信息。相关研究结果亦证明,有效的隐喻信息表征有助于用户了解语义的历史变迁及其内在联系,加深对语言理据的认识,从广度与深度提高用户的词汇习得水平(Lazar,1996),对语言习得以及学习词典编纂具有重要意义。

文献检索结果显示,对学习词典隐喻信息表征最早予以关注的是Regan于1989年发表在《词典:北美洲词典学会期刊》(*Dictionaries: Journal of the Dictionary Society of North America*)上的一篇论文,题为《词典中的隐喻》*Lexicographical Metaphor*)。该论文主要从语法隐喻视角出发,探讨学习词典中的隐喻信息表征问题,与本书所关注的词汇语义层面的隐喻信息呈现在侧重点上有所不同,但仍可视为探索学习词典隐喻信息表征的开拓性尝试。

基于本书对"隐喻信息"和"表征"的界定,本节将从隐喻义剖析单语和双语学习词典的隐喻信息表征现状。所选单语学习词典为OALD(2010)、LDOCE(2009)、CALD(2013)、MEDAL(2007)、COBUILD(2012)、MW(2008)六部主流英语词典的纸质版与《新华字典》(2011)和《现代汉语词典》(2013)两部汉语词典,所选双语词典为《新时代英汉大词典》(2004)、《新英汉词典》(2013)和《英华大词典》(2000)三部21世纪以来国内最新研编的英汉词典。此外,还有针对性地选了《英语语法系列:7.隐喻》(2001)、《英语常用隐喻辞典》(2011)和《英汉概念隐喻用法比较词典》(2009)三部隐喻专项词典,辅助对比分析,以全面展示学习词典的隐喻信息表征全貌,通过剖析当前学习词典编纂的成功经验与不足,推进学习词典隐喻信息表征的系统化发展,为后文提供参考。

二、隐喻义的功能

关于隐喻义的名称与界定,国内外研究略有不同。在传统汉语研究中,隐喻义通常称作比喻义,指借助比喻手法由词的某个义项(一般为本义)派生出的固定词义,属于修辞义的一种,与借代义、比拟义、移觉义、讳饰义等相对应(徐杲,2003)。在英语研究中,隐喻义指"不同于字面义的衍生用法"(Meer,1997)。① 由此可见,

---

① Meer(1997)认为,figurative 的含义非常广泛,涉及隐喻和转喻等引申机制。因此,将"隐喻义"译作"metaphorical sense"更有针对性。

国内主要是从修辞学视角审视隐喻义,对词汇意义的分类更为详细①;国外强调隐喻义的来源,重视词汇意义之间的关联。

  由于亚里士多德的修辞语言观,以及早期哲学家与20世纪实证主义者对修辞语言的敌视态度,隐喻义曾被视为不合适,甚至是危险的词汇用法。然而,大多数现代语言学家和教育学家则认为,隐喻义与基本义的语义关联有助于词汇深度习得,对词汇学习有着重要的积极意义。例如,Lazar(1996)指出,"能够理解并生成英语词汇的隐喻性引申用法是语言学习者应掌握的一项重要的词汇拓展技能。"Meer(1997,1999,2012)在阐释隐喻义对外语学习者掌握英语词汇意义、词汇结构及其内部机制重要性的基础上也提出,隐喻义与基本义之间的语义关系呈现有助于学习者形成"共时同源意识"。为帮助外语学习者充分领会基本义与隐喻义的语义关联,Meer(1997)建议,在基本义与隐喻义之间添加解释性语言以说明两者的相似性,或在隐喻义释义中采用 viewed as、as if、like 等文字,明示其隐喻性用法的本质。② 虽然至今尚无足够证据表明,这种新型的隐喻义释义是否较传统释义更为学习者所青睐,是否更有助于学习者的词汇语义习得,而且也没有被充分应用于学习词典编纂之中,但从关联理论视角来看,在释义中明确基本义与隐喻义的内部联系,的确对学习者系统认知与记忆所查词汇大有裨益(薛雪,2011)。国内不少学者(李爱华,2006;朱珂,2009;武继红,2010)也对该主张颇为认同,强调只有通过有效的词典表征手段体现基本义与隐喻义之间的语义关系,才能充分发挥隐喻义的认知功能。戴远君(2008)对五部主流英语单语词典的对比研究结果显示,如果基本义与隐喻义处理不当,将会导致学习者无法系统认知隐喻。由此,隐喻义表征作为发展二语词汇义项关联能力的重要信息来源,是学习词典介入二语隐喻能力发展的基础。

三、隐喻义的释义

Meer(1997)对 OALD(第 5 版)、LDOCE(第 3 版)、《剑桥国际英语词典》(第 1

---

  ① 在国内研究中,与"隐喻义"相对的有"字面义""本义""原义"等,本书统称为"基本义",以免使用多个相似术语引起混乱。
  ② 例如,名词 morass 的隐喻义可改为"A morass is very difficult to get through or out of again because it sucks objects down";动词 defuse 的隐喻义可改为"When someone defuses situations or sentiments that are viewed as bomb-like in that they too are dangerous or explosive, it means that they take away the immediate cause of the danger"。

版)和COBUILD(第2版)的隐喻义释义进行调查,结果显示隐喻义通常以解释或描述为主,与基本义之间存在隐性关联,并无特别提示,不利于二语学习者掌握两者之间的语义关系。

以morass的隐喻义为例,六部英语单语词典均详尽地解释了其隐喻义的语义特征(即difficult to escape from、get out of、move through、or deal with等),但根据表2.1,虽然不同词典使用了不同的词汇,提示隐喻义与基本义的相似性,但均未采用任何显性手段将两者予以关联。

表2.1 英语单语词典中的morass隐喻义释义

词典	基本义	隐喻义
OALD	a dangerous area of low soft wet land	an unpleasant and complicated situation that is difficult to escape from
LDOCE	a dangerous area of soft wet ground	a complicated and confusing situation that is very difficult to get out of
CALD	an area of soft wet ground in which it is easy to get stuck	something that is extremely complicated and difficult to deal with and makes any progress almost impossible
MEDAL	an area of soft wet ground that is dangerous to walk on	a complicated and confusing situation that is difficult to deal with
COBUILD	—	If you describe an unpleasant or confused situation as a morass, you mean that it seems impossible to escape from or resolve, because it has become so serious or so complicated.
MW	an area of soft, wet ground	usually used figuratively to refer to a complicated or unpleasant situation that is difficult to get out of or to move through

注:"—"表示无此信息,下划线词汇为提示隐喻义与基本义具有相似性的关键词。

在《新华字典》和《现代汉语词典》中,以"蜂"为例,隐喻义释义也经常借助"用于比喻""形容"等字样来说明该义项为修辞性用法(表2.2)。与英语单语学习词典相同的是,汉语单语学习词典也在释义中重述基本义的关键词,暗示隐喻义与基本义之间的联系(如隐喻义中的"成群地"与基本义中的"群居")。这与Meer

(1997)的研究结果"隐喻义与基本义之间的关联具有隐形性特征"基本一致。

表2.2 汉语词典中的"蜂"隐喻义释义

词典	基本义	隐喻义
《新华字典》	昆虫,会飞,多有毒刺,能蜇人。多成群住在一起。有蜜蜂、熊蜂、胡蜂、细腰蜂等多种。特指蜜蜂。	成群地
《现代汉语词典》	昆虫,种类很多,有毒刺,能蜇人,常群居在一起。特指蜜蜂。	用于比喻,形容成群地

注:下划线词汇为提示隐喻义与基本义具有相似性的关键词。

为增强与单语学习词典的可比性,双语学习词典的隐喻义译义仍以 morass 为例。① 如表3所示,在英汉词典中,隐喻义与基本义之间缺乏直接联系,基本义的关键词很少出现于隐喻义之中。从语义认知关联角度来看,双语学习词典的隐喻义译义较单语学习词典的隐喻义释义更需要改进。虽然中国英语学习者在使用英汉词典时,可以借助母语知识系统推导基本义与隐喻义之间的语义关系,但鉴于学习者的英语水平存在差异,并且隐喻义是隐喻认知的基础,以辅助二语隐喻能力发展为目标的双语学习词典仍然需要在隐喻义的译义表征方面突显义项之间的隐喻性联系。

表2.3 英汉词典中的 morass 隐喻义译义

词典	基本义	隐喻义
《新时代英汉大词典》	沼泽(地);泥潭	乱成一团;困境
《英华大词典》	泥淖,沼泽	艰难;困境;堕落
《新英汉词典》	沼泽,泥淖	陷阱;困境

由此,当前学习词典隐喻义释义以解释用法为主;隐喻义与基本义的语义关联主要通过重复基本义中的关键词呈现,并无其他表征手段明示两者之间的联系。从用户视角来看,虽然 Meer(1997)倡导的"添加解释性语言以明确基本义与隐喻义的联系"有助于学习者系统认知与记忆所查词汇,得到不少学者的支持,但至今

---

① 根据魏向清(2005)提出的双语学习词典译义研究路向,双语学习词典的主要任务是"译义",与单语学习词典的"释义"目标有所不同。为简略起见,在不强调学习词典的具体类别时,以"释义"代指两者。

该释义模式尚未大规模应用于学习词典编纂(尤其是双语学习词典编纂),也缺乏充分证据说明该新型释义受到学习者的认可,能够有效促进词汇语义习得。

四、隐喻义的标注

关于隐喻义标注的问题,学界分歧较大。一方面,Svensén(1993)提出,如果隐喻义与基本义非常接近,能够通过语境推测出词汇意义,就不必在学习词典中单列出该隐喻义,更不必使用标签加以区别,因为任何一部学习词典都无法穷尽词汇的所有意义。例如,crackle 的隐喻义"to be full of something such as nervousness or excitement"(使紧张或充满生气)常规化程度较高,无需添加"fig."标签。学习词典使用调查结果也说明,大部分用户不会留意包括"fig."或"喻"在内的各种语体标注。即使注意到该义项为隐喻义,也未必会加以使用,以达成特定的语用效果(Wolf,1992)。这样看来,似乎没有必要标注词汇的隐喻义。

另一方面,根据亚里士多德的修辞语言观,隐喻性语言被视为常规语言的异化产物,因此备受歧视。Hobbes(1651)甚至断言,"隐喻和转喻永远不可能成为任何推理的真正依据。"作为对这一传统修辞语言观的挑战,20 世纪 70 年代末兴起的认知语言学倡导"思维本质隐喻观",认为隐喻、借代、转喻和反语都具有重要的认知地位。徐昊(2003)提出,比喻义作为一种常见的修辞义,有必要使用释义提示词(如"比喻"或"喻")以表明义源与义项之间的关系。虽然传统的括注式缩略标注(如"fig."和"〈喻〉")呈衰落之势,甚至可能会消失,但并不意味着该标签所蕴含的信息也会随之消失。相反,学习词典编者必定会采用其他方式来标示这一特殊用法(Janssen et al.,2003)。例如,Osselton(1988)和 Meer(1997)认为,可以将该标签所蕴含的隐喻信息置于释义中。虽然学界对隐喻义标注尚未达成共识,然而,从现代语言学研究视角来看,隐喻义不仅是一种特定语境下的修辞用法,也具有关联基本义与强化语义认知的重要作用。

学习词典广泛使用"喻"标注(即 figurative)始于 19 世纪早期(Osselton,1988)。从功能上看,该标签在明确基本义与隐喻义的区别的表象下,根本初衷在于提醒学习者隐喻义是一种"危险"或"不正常"的有标记性用法。由于传统词典编纂旨在向较低的社会阶层提供正确与规范的语词用法,当时通行的做法是将多数语言用户接受的无标记语词视为具有缺省值的正常语词,在此之上(即"正式用法")与在此之下(即"非正式用法")的语词,则用语体标签进行标示,以提醒用户注意这些语词的特定社会语用后果。"喻"标注作为非正式用语的符号标识,就是该编纂理念的产物之一。

从标注使用来看,八部单语学习词典中有五部仍然保留了隐喻义标签,①三部双语学习词典则全部使用了隐喻义标签(分别为"〈喻〉""〔喻〕"或"〈比喻〉"等)(表2.4)。OALD 和 CALD 在学习词典前件中的标签用法说明中,明确了隐喻义标签的用法与意义。其他六部词典则将隐喻义标签与其他标签(或略语),在释义范例中加以说明。OALD 和《新华字典》还专门为隐喻义标签提供了例证。

从标注说明来看,双语学习词典的解释较为简单,大多归于"修辞略语"之列。单语学习词典更倾向于从语用层面解释隐喻义,将其视为一种特殊词汇用法。《新华字典》还特意对隐喻义的来源及其类别进行了较细致的说明。虽然如此,这些标注说明均未提供该标签的具体位置、标注对象等信息,再加上例句的缺失,在一定程度上造成了不同学习词典文本中隐喻义标注不一致的现象(Osselton,1988)。

从标注对象来看,不同词典的处理方式亦不尽相同。OALD 重视义项在例证中的隐喻性用法,不直接标注隐喻义;CALD、MW 和《新时代英汉大词典》或标注例证,或标注隐喻义,但不会对两者同时标注,MW 还在标注前使用英文破折号"—"进行提示;《新英汉词典》和《英华大词典》主要标注隐喻义;《新华字典》在为字条隐喻义加注的同时,既考虑到汉语词典"以字代词"的传统,也标注词语的隐喻义,但标注对象仍以字的隐喻义为主;《现代汉语词典》由于在释义中已使用"比喻"提示,标注对象主要为例证。

表2.4 英语单语与双语词典的隐喻义标签

词典	隐喻义标签	标签说明	例证	标注对象
OALD	+	+	+	例证
LDOCE	—	—	—	—
CALD	+	+	—	隐喻义;例证
MEDAL				

---

① 就隐喻义标注形式而言,OALD 与 CALD 采用 figurative;《新华字典》使用喻;《现代汉语词典》使用◇。虽然 MW 的用法标签并无类似的特殊符号,但在词目释义中多使用"used figuratively"提醒学习者该义项为隐喻性用法(即隐喻义),本书将其视为一种特殊形式的隐喻义标注。

续表

词典	隐喻义标签	标签说明	例证	标注对象
COBUILD	—	—	—	—
MW*	+	+	—	隐喻义;例证
《新华字典》	+	+	+	隐喻义
《现代汉语词典》	+	+	—	例证
《新时代英汉大词典》	+	+	—	隐喻义;例证
《英华大词典》	+	+	—	隐喻义
《新英汉词典》	+	+	—	隐喻义

注:"+"表示有此类信息,"—"表示无此类信息,"*"表示使用了特殊标注。

五、隐喻义的排序

与隐喻义标注相比,隐喻义的排序问题更受关注,相关讨论也更充分。黄建华和陈楚祥(2001)认为,义项排列主要遵循三个基本原则:历史发展原则、逻辑联系原则和使用频率原则。由于隐喻义源于基本义,两者在逻辑关系上有从属或派生关系,以历史发展原则或逻辑联系原则排列义项,通常会使得隐喻义排列于基本义之后。按照使用频率高低排序,很可能会导致隐喻义列于基本义之前,割裂义项之间的语义关联(Meer,1999)。由于语义引申意识是词汇学习的重要方面,将隐喻义置于基本义之前,不利于二语词汇语义认知,还会降低学习者对基本义和隐喻义之间语义关系的关注,因此,Meer(1997,1999,2012)主张将基本义置于隐喻义之前,以便学习者及时意识到并掌握义项之间的共时同源性,也有助于充分发挥学习词典的词汇拓展功能(Scholfield,1999)。国内学者(赵彦春,2003;李爱华,2006;朱珂,2009;武继红,2010;章宜华,2010)在分析、论证英语学习词典的义项排列后指出,基本义先于隐喻义的义项排列策略更符合语言习得规律,体现了语言学习的认知特点,能够通过构建义项之间的语义关联,在学习词典中营造良好的二语认知环境。苏宝荣(2004)对汉语语文辞书释义进行考察后也提出,对于通过隐喻形成的以"家族相似性"原则组织起来的表示抽象概念与集合概念的词或义项(即隐喻义),传统的释义方式已经很难进行全面概括,必须进行创新。隐喻义的排序问题也在考虑之列。

学习词典文本分析结果显示,在三种主要义项排列原则中,基于学习词典的编纂宗旨与用户需求,逻辑联系与使用频率原则的应用更为广泛(表2.5)。具体而言,英语单语学习词典的义项排列以使用频率为主,或是以使用频率为主、逻辑联系为辅。这与当前语料库技术的日趋成熟与广泛应用紧密相关。相较之下,国内学习词典编纂尚未大规模借助语料库,义项编排仍然以逻辑联系为主。除《新时代英汉大词典》外,《英华大词典》《新英汉词典》《新华字典》和《现代汉语词典》等四部词典并未在前件中说明义项排序原则,这在辅助用户对义项区别化对待方面略显不足。

表2.5 英语单语与双语词典的义项排列

词典	主要原则	例证	语料库	defuse *v*.	morass *n*.	cosmetic *adj*.
OALD	使用频率	+	+	fig./lit.	fig./lit.	fig./lit.
LDOCE	使用频率	+	+	fig./lit.	fig./lit.	fig./lit.
CALD	逻辑联系+使用频率	+	+	lit./fig.*	fig./lit.*	fig./lit.*
MEDAL	使用频率+逻辑联系	+	+	fig./lit.	fig./lit.	fig./lit.
COBUILD	使用频率	+	+	fig./lit.	fig./—	fig./—
MW	逻辑联系+使用频率	—	+	lit./fig.	lit./fig.	lit./fig.*
《新时代英汉大词典》	使用频率	+	+	lit./fig.	lit./fig.	lit./fig.
《英华大词典》	逻辑联系	+	—	lit./fig.	lit./fig.	lit./fig.
《新英汉词典》	逻辑联系	—	—	lit./fig.	lit./fig.	lit./fig.

注:"—"表示无此类信息,"lit."表示基本义,"fig."表示隐喻义,"*"表示隐喻义与基本义分属不同词条,主要以词典文本的表呈次序为排序依据。

虽然英语单语词典提供频率信息,但是大多数标注只是针对词目词(即"词频"),并非义项(即"义频")。例如,OALD近义词辨析栏中的目标词汇排列、LDOCE对常用词在口语及书面语中的频率标注、MEDAL针对常用词的红色星标、COBUILD为词目词添加的蓝色菱形标注等均为词频信息。唯有CALD根据欧洲共同语言参考标准(*The Common European Framework of Reference for Languages*,CEFR)将二语学习者需掌握的词汇语义分为六个等级,并配以不同标识,真正实现了"义频"标注。

研究结果显示,以使用频率为序能够"指示该义项在多义词众多义项中的地位和价值,帮助用户决定义项学习和掌握的顺序"(田兵 等,2008),有利于信息查检。

然而,此举割裂了义项之间的语义关联,造成大量隐喻义被排列于基本义之前,不符合语言认知规律,对词汇系统的认知弊大于利。不仅如此,由于学习词典编纂的复杂性以及语料库数据的不稳定性,也很难真正做到按照使用频率排列义项。此外,语料库之间的差异也是造成同一义项在不同学习词典文本中排序差别的主要原因之一,很容易干扰用户的判断。如何在义项排列中将使用频率原则与语言认知目标相结合,更好地辅助二语词汇能力发展,是双语词典研编创新需要深入思考的一项课题。

六、隐喻义的配例

例证肩负着"以例示义、以例示用、以例定义、以例补义、以例证义"等重任(Atkins,1995;Svensén,2009),具有重要的语义、句法及语用意义。因此,例证的选择在词典编纂中极其重要。为了发挥隐喻义的认知功能,也为了实现学习词典对语义引申能力发展的辅助功能,隐喻义的配例不容忽视。目前,国内外学习词典配例的理论研究众多,主要包括配例的影响因素(Xu,2008)、例证的数量(徐海,2009)、例证的实际效用(Summers,1988;Laufer,1993)、例证的类型(Kharma,1984;Fox,1987;Williams,1996;黄建华,2001;徐海,2009)等。虽然大多数讨论以义位为基本的配例单位,但较少针对隐喻义进行单独讨论。

从学习词典文本来看,单语学习词典提供的例证数量整体高于双语学习词典;整句例证占绝对优势,短语例证数量极少;动词例证数量略高于形容词与名词(表2.6)。虽然整句例证能够充分体现词汇的应用语境(Kharma,1984;Fox,1987;Williams,1996;徐海,2008),但短语例证的"概括力要比整句例证强得多。学习词典的编者正需要努力多提供这类'样板',使词典篇幅简短又能充分发挥效用。"(黄建华,2011)如果隐喻义短语例证的数量不足,将不利于隐喻信息表征从词汇内部层面向词汇组合层面延展,也为隐喻信息的系统表征制造了障碍①。

---

① 隐喻义短语例证是隐喻义在词汇组合中的应用,可归为隐喻性搭配,如 defuse tension/anger、a morass of lies and deceit,a cosmetic concession。隐喻义整句例证是隐喻义在句子层面的应用,可归为隐喻性句式,如"Local police are trying to defuse racial tension in the community.""We're trying to drag the country out of its economic morass.""Their recommendations are cosmetic and do not get to the heart of the problem"。

表 2.6　英语单语与双语学习词典的隐喻义配例

词典	defuse v.		morass n.		cosmetic adj.		共计
	短语例证	整句例证	短语例证	整句例证	短语例证	整句例证	
OALD	0	1	1	1	0	2	5
LDOCE	5	2	0	2	0	2	11
CALD	0	1	0	1	0	1	3
MEDAL	0	1	0	0	0	1	2
COBUILD	0	2	1	1	0	2	6
MW	0	2	2	0	0	3	7
《新时代英汉大词典》	2	3	1	2	1	2	11
《英华大词典》	0	0	0	0	2	0	2
《新英汉词典》	0	0	1	0	1	0	2
共计	7 + 12 = 19		6 + 7 = 13		4 + 13 = 17		49

综上所述,隐喻义已有较明确的界定,重要性也已得到学界认可。但在释义(或译义)、标注、排序、配例等编纂实践方面,仍有一些细节问题需要深入思考和创新探索。

第四节　隐喻性搭配的词典文本表征

一、隐喻性搭配的界定

为突显编码功能,学习词典研究历来重视搭配问题(Cowie,1984;Mittmann,1999;Lu et al.,2016;陈国华 等,2013)。然而,搭配的类别归属一直未在学界达到共识。Svensén(2009,158)将词汇组合分为固定与非固定两种。其中,最重要的固定组合①是习语,非固定组合有自由组合①与搭配之分。三者的"语义透明度"或"语义隐晦性"存在显著差异:固定组合的语义隐晦性最强,难以由构成的词汇推断;自由组合较为透明,构成词汇的语义具有自足性;搭配介于两者之间,语义自足的称为"基项",保留常见义,不能自足的称为"搭配项",语义随基项发生流变。

从构成词汇的性质出发,Svensén(2009)将搭配细分为"语法搭配"②和"词汇搭配"②。其中,语法搭配由实词和功能词组成,词汇搭配由实词构成。朱永生(1996)用"搭配"泛指所有词汇的组合,按照灵活程度分为"固定搭配""常规性搭配"和"创造性搭配"。除常规性搭配外,其余两者的语义皆具有隐晦性,不能从字面推测语义。这与Svensén(2009)提出的"固定组合""自由组合"及"搭配"颇有相似之处。也有学者(张金平,1990;任崇芬,1994;刘静敏,1998;谢英,2004)从功能上将搭配分为"正常搭配"(或"常规性搭配")与"非正常搭配"(包括具有修辞作用的"超常搭配"和纯属语言错误的"搭配不当")。作为一种修辞方式,隐喻性用法被归为超常搭配。

虽然根据不同的标准,搭配的界定与划分也不尽相同,然而部分词汇搭配或词汇组合在语义上具有不透明性或隐晦性,这是不争的事实。因此,Macis 和 Schmitt(2016)将此类"具有隐喻性用法且意义并非构成词汇语义叠加而成的搭配形式"统称为"隐喻性搭配"③。

二、隐喻性搭配的理论探索

Laufer(2011)指出,无论采用哪种形式,学习词典都需要确保搭配信息易于查找,以充分发挥词典效能。Nesi(1996)通过考察出版于 1995 年的 OALD、LDOCE、COBUILD、《剑桥国际英语词典》四部英语词典,将通用语文类学习词典的搭配信息表征归纳为八类:独立词条;次词条,并标注复合词或习语;在主词条内定义;在释义内暗示搭配范围;在例证中用黑体标识典型搭配;在例证中嵌入典

---

① 固定组合(fixed combination)也译作"习惯性组合",自由组合(free combination)也译作"自由结合"(陈国华 等,2013)。

② 语法搭配也译作"grammatical collocation",词汇搭配也译作"lexical/semantic collocation"(Benson,1985)。本书中的隐喻性搭配属于词汇搭配范畴。

③ 在本书中,隐喻性搭配译作"metaphorical collocation",与隐喻义(metaphorical sense)和隐喻性句式(metaphorical sentence)保持形式一致。

搭配;设置搭配信息专栏;在词典正文外添加搭配信息附页。

在搭配信息词典文本表征的梳理方面,Svensén(2009)的总结更为全面。从使用目的来看,他认为,辅助理解性语言活动(如阅读和听力)的学习词典,应将搭配信息设置在搭配项词条中(如 arouse suspicion 应为 arouse 的例证);辅助产出性语言活动(如写作和口语)的学习词典,应将搭配信息设置在基项词条中(如 arouse suspicion 应为 suspicion 的例证)。他还特别提到,由于专为二语学习者编纂的学习词典需要突显对语言产出的辅助功能,应该为基项提供大量的词汇搭配。Mittmann(1999)甚至提议,以辅助理解性语言活动为主的接受性词典的编纂质量,应将搭配项词条的搭配数量作为评价标准;以辅助表达类语言活动为主的产出性词典的编纂质量,则应以基项词条的搭配数量为评价标准。虽然 Svensén 也多次提及搭配的语义隐晦性,但并未针对隐喻性搭配的学习词典文本表征有过明确表述。

McGee(2012)对《精选英语搭配字典》(1997)、《英语组合词典》(2009)、《牛津英语搭配词典》(2009)和《麦克米伦搭配词典》(2010)四大主流单语搭配学习词典进行文本分析后建议,由于词汇搭配通常会受到语域和文体的限制,需要为词目提供详尽的语境信息;为辅助归纳性语言学习,不必将基项与搭配项区别对待。为突显隐喻性搭配的地位,Lu 和 Wei(2016)提出,搭配学习词典不仅应该收录常规性搭配,还需要将"模糊性习语""单个词汇""搭配失误"等纳入考虑,以强化搭配学习词典的编码功能。这些关于搭配在专项学习词典中的表征研究,虽然并未明确提出隐喻性搭配的概念,但对于通用语文学习词典中的隐喻性搭配表征,仍有一定的参考价值。

与单语学习词典相比,双语学习词典的编纂研究对搭配更为重视。例如,武继红(2011)基于应用语言学、认知语言学、心理语言学、词典学和语料库语言学相关理论,强调双语学习词典中的搭配应具备认知化特征,并以英汉学习词典为例,提出搭配认知化呈现应遵循四项基本原则:理据原则、语义原则、语用原则和文化原则。此外,她还指出,为更有效地辅助二语学习者搭配能力的提高,英汉学习词典应揭示英汉两种语言在概念体系上的异同。该研究结果为双语学习词典的隐喻性搭配表征提供了全新的视角。赵雪琴(2008)尝试通过学习词典宏观布局与微观结构相结合的设计方法,为英汉学习词典构建了搭配信息认知模型。她认为,在宏观结构上,学习词典的前言可介绍词汇搭配的认知理据与词汇搭配认知法的具体分类(如原型义搭配、隐喻义搭配等),通过图示法呈现学习词典内部的词汇搭配信息及其分布;在微观结构上,设置词目语义域菜单,选择原型对应词作为译义对应词,选择原型搭配词与高频搭配词作为例证;充分利用参见词条与附录,全面呈现词汇搭配信息。该研究是从认知语言学视角对双语学习词典词汇搭配信息表征进行的一项颇有成效的尝试。由此可见,将认知语言学理论(尤其是概念隐喻理论)应用于双语学习词典的研编,具有一定的可行性。然而,目前还未有专门以隐喻性搭配为研究对象的系统化理论探讨。

三、习语的词典文本表征

虽然搭配研究通常不区分隐喻性搭配与普通搭配,在通用语文学习词典中尤为如此,但有一类隐喻性搭配在词典学研究中备受关注,即习语①。作为一种特殊词汇组合,习语通常具有隐晦性(Ullman,1962;Moon,1998;张镇华 等,2006)。传统语言学研究将"不可分解性"作为习语的一大特色(Moon,2015)。然而,根据概念隐喻理论,由于受概念知识驱动,不少习语具有句法灵活性与词汇可替代性(陈万会,2008),并非完全不可分析。

Svensén(2009)根据语义隐晦性的程度,将习语分为完全型习语和半习语。完全型习语的隐晦性极强,字面义通常不成立,可进一步分为"部分可分析型习语"和"不可分析型习语":前者可通过构成词汇的隐喻性用法进行句法分析,如 spill the beans;后者则几乎无法从构成词汇中找到任何线索,如 saw logs(Harras et al.,2005)。相比之下,半习语的隐喻义与字面义均成立,并有一定关联,如 drive a hard bargain(Lea et al.,2002)。因此,从语义隐晦性来看,习语是一个连续体(图2.3)②。

由于习语的跨语特殊性,Dobrovol'skij(2000)提出,双语学习词典中的习语翻译应遵循"功能对等"原则,运用对比分析法,处理不同类型的习语,通过剖析习语深层次的语义内涵,搭建不同语言之间沟通的桥梁,不应满足于为习语提供对应

---

① 习语有广义与狭义之分。在本书中,习语特指具有隐喻性用法的固定词汇组合,因此也称为"隐喻性习语"。若无特殊说明,本书中的"习语"即"隐喻性习语"。
② Macis 和 Schmitt(2016)根据语义隐晦性将搭配分为"表层搭配(literal collocation)""隐喻性搭配(figurative collocation)"和"双层搭配(duplex collocation)"。其中,兼具字面义和隐喻义的双层搭配具有可分析性,仅具有隐喻义的隐喻性搭配具有不可分析性。

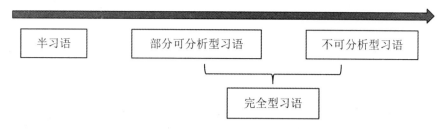

图 2.3　基于语义隐晦性的习语连续体

词。他还强调,在习语翻译时,需要重视跨语文化认知,还特别指出,概念隐喻理论的应用,对学习词典中的习语处理具有重要意义。文秋芳等(2013)也针对概念隐喻理论在习语教学研究中的应用,提出了四点原则:以概念隐喻解释为基础和起点,帮助学习者深入理解与掌握习语;建立基于概念隐喻的习语语族,帮助学习者系统记忆习语;比较隐喻在不同语言文化中的共性与差异,帮助学习者深层次理解习语内涵;培养学习者的隐喻能力,发掘创造性使用现有习语及创新习语的能力。

　　与其他的隐喻性搭配相比,习语在学习词典的编纂中更受关注。学习词典文本调查结果显示,从宏观结构来看,九部英语词典中有两部(OALD 和 MEDAL)专门设置了习语学习栏。其中,OALD 在词典后件中介绍了习语的定义与特点,并提供检索路径等信息。MEDAL 在词典插件中提供了习语专页,系统呈现习语的结构、类别、特点、使用等信息,以强化学习者对习语的认知。其他学习词典既无类似设计,也未在正文之外明确习语的具体类型。只有《新时代英汉大词典》在凡例中提及所列习语包括谚语和短语动词。由于习语在语言学界与词典编纂领域的界定有所不同(Jiang et al.,2007;Moon,2007,2008;Szczepaniak et al.,2011;Xu,2012;Wray,2012,2013;Siyanova-Chanturia et al.,2014;常晨光,2005;陈玉珍,2010;张辉 等,2012),有必要在词典外件中说明习语的所指范围,以便查检与学习。

　　从微观结构来看,LDOCE 和 COBUILD 将习语单列为独立义项,分别根据使用频率和字母顺序列于其他义项之后。其他七部词典将习语作为内词条,按照字母顺序排列于主词条末尾。其中,MEDAL、MW、《新时代英汉大词典》和《英华大词典》将习语与其他固定搭配及常用语言表达,按照字母顺序排列。如此编排虽然有助于集中学习,但却忽视了习语的特殊性。相较之下,OALD、CALD 和《新英汉词典》设置习语栏的做法似乎更值得提倡,原因在于,这样不仅有助于学习者区分习语与其他常用语言表达,而且能够突显习语的重要性,提高学习者的习语意识。

学习词典中的习语标注或为标签,或为字体,或为符号,但大多并非为习语所专用。例如,COBUILD 使用 PHRASE 同时标注习语、固定搭配及其他常用短语。MEDAL 将习语与其他常用短语同时作为内词条,但只用 phrasal verb 标注短语动词,不标注习语。《新时代英汉大词典》和《英华大词典》也将习语作为内词条,但只用黑斜体标识,并不提供其他符号。唯有 OALD、CALD 和《新英汉词典》提供了习语专用标示(分别为"IDM""IDIOM""◇"),以突显习语栏。

至于习语的位置,除 COBUILD 之外,其他学习词典均有提及。虽然大多数学习词典将习语归于核心词汇条目下,但不同学习词典文本仍然存在表征差异(表2.7)。具体而言,OALD 列出了主词条的所有习语,但只为其中一部分提供了释义与例证,余者仅列出参见词条。LDOCE 只列出部分习语,但却通过参见词条实现了不同习语之间的关联,并注明具体位置。CALD 不列出参见词条,而是提供习语的使用频率。MEDAL 在习语所属词条中提供释义,其余主要构成词汇均展示在参见词条中。COBUILD 和 MW 或为习语提供说明,或列出参见词条,但均未标明具体位置。《新时代英汉大词典》《英华大词典》和《新英汉词典》将习语严格按照字母顺序排列,仅在核心词所属词条中进行解释;若有多个核心词,则在一处提供译文,其他使用情况参见词条;所有习语均配译文,但并非都提供例证,即使有,数量也非常有限。此外,《新时代英汉大词典》还别出心裁地为习语标注词性,以提高学习者的习语应用能力。

表 2.7 英语单语与双语学习词典的习语表征

词典	界定	地位	标示	归属
OALD	A phrase whose meaning is difficult or sometimes impossible to guess by looking at the meanings of the individual words it contains.	内词条（专栏）	IDM	首个实词
LDOLE	—	义项	—	首个重要词汇
CALD	—	内词条（专栏）	IDIOM	首个重要词汇

续表

词典	界定	地位	标示	归属
MEDAL	Semi-fixed expressions that are typically used in a figurative sense.	内词条	PHRASE	首个重要词汇
COBUILD	—	义项	PHRASE	—
MW	—	内词条	—	语义相关词汇
《新时代英汉大词典》	—	内词条	黑斜体	关键词
《英华大词典》	—	内词条	黑斜体	关键词
《新英汉词典》	—	内词条	◇	关键词

注："—"表示无此类信息。

虽然习语的意义通常难以判断(Moon,1998)，但充分了解习语核心词的隐喻义，仍然有助于习语的解读(Meer,1997)，加之隐喻义是隐喻性搭配的认知基础，有学者(张珊珊,2000；戴远君,2008；武继红,2010,2011)提出在学习词典中将隐喻义与隐喻性搭配相关联的设想。遗憾的是，目前该研究仍不够成熟，并且从当前的词典表征来看，也鲜有这方面的编纂尝试。

第五节　隐喻性句式的词典文本表征

隐喻性句式隶属于句子层面的隐喻信息，主要包括隐喻义的整句例证和隐喻概念表述。由于前者已在上节中予以说明，本节将聚焦隐喻概念表述，进行简要评述。① 将隐喻概念与编纂相结合的学习词典，主要包括隐喻专项学习词典(如《英语语法系列:7.隐喻》《英汉概念隐喻比较词典》《英语常用隐喻辞典》等)和通用语文学习词典(如 MEDAL)。

---

① 为了与"隐喻义"和"隐喻性搭配"保持一致，除关乎概念隐喻理论外，本书均使用"隐喻概念"的表述，其意义与"概念隐喻"没有本质区别。

一、隐喻专项词典中的隐喻概念表征

《英语语法系列:7. 隐喻》是以 Collins Cobuild English Guides：7 Metaphor 为蓝本编写的英汉隐喻学习词典。该学习词典借鉴认知语言学概念隐喻研究成果,通过解释英语词汇的字面义与隐喻义之间的关系,加深学习者对英语隐喻用法的了解。整部学习词典采用主题编排模式,共分12章,包括"人体""健康和疾病""动物""建筑物和建造""机器、机动车辆和工具""游戏和运动""烹调和食物""植物""天气""热、冷和火""光、黑暗和颜色""方向和运动"等自然现象、物质世界及人类生活专题。每个专题细分为数量不等的小标题,分别探讨字面义与隐喻义的使用情况,并辅以选自 The Bank of English 语料库的大量例证。所有例句编排以关键词在语料库中的使用频率为准则。

例如,"人体"一章包括"身体""头""脸""身体其他部位""骨"和"人体内的运动过程"六节。在"身体"一节所列 body 词条下,分4条详述该词汇基于字面义的主要隐喻性用法,并配有6个例句及其译文。整部学习词典涉及的隐喻分为12类,55小节,共计800多条隐喻信息。此外,部分词汇还配有"参见"和"注意"等提示性信息:参见关联不同词汇及短语,以体现文本信息的系统性;"注意"栏旨在确保学习者词汇使用的正确性与恰当性(图2.4)。遗憾的是,由于该学习词典的目标用户为所有非英语母语用户,虽然前言部分称其"有助于进行文化比较",并提供了使用建议,但对中国英语学习者而言,仍然需要更多的显性文化对比信息。

《英汉概念隐喻比较词典》通过对比英汉两种语言的隐喻概念用法,明示两种语言在相似隐喻概念上的本质区别,并结合文化差异进行探讨,具有更强的针对性。该学习词典编写体例依托概念隐喻的认知语言学理论研究模式,借鉴并参考了《英语语法系列:7. 隐喻》,从文化对比视角呈现隐喻概念与语言表达之间的内在联系。整部学习词典同样按照主题模式展开,涉及20个专题,包括"人体""健康与疾病""动物""植物""烹饪与食物""建筑物""机器与工具""旅行、交通与车辆""市场""戏剧与舞台""服装""游戏与运动""战争""天气""颜色""光明与黑暗""温度""时间""空间与容器""位移"等。词条较多的专题再进行细分。例如在"动物"专题中,下设"通用动物词汇""宠物""家禽""牲畜""野生动物"五大类别。其中,

> **1.26** 说an organization **has teeth**指一个组织强大、有力并具有进取精神,因此有时能够获得成功。说an organization **has no teeth**则指一个组织不够强大、不够有力,因此不太可能获得成功。说something such as a rule or a plan **has teeth**是说话者想暗示某项规定、计划等有可能获得成功,尤其是要暗示,该规定,计划等将通过有力的、强制性的措施加以推行。这类用法最常见于新闻报道。
>
> > The resolution will be supported by as many countries as possible and **will have teeth**.
> > 这个决议将得到尽可能多的国家的支持并将通过有力措施加以贯彻推行。
> > Since a big part of every employee's compensation is tied to achieving the standards,
> > the system **has teeth.**
> > 既然每个雇员的赔偿金的一人部分与达到的标准相符,这个制度就很有效力。
> > But other instructions to politicians **have had no teeth**. There've been daiy violations
> > of a code of conduct which teils politicians to refrain from personal attacks.
> > 但其他对政客们的指令并没有什么作用。有一条行为规范要求政客们不要进行人身攻由。但每天都有违反这条行为规范的情况发生。
>
> ▶注意◀ teeth的单数形式tooth无此种隐响用法。
>
> **1.48** something that is **heart-warming**是使人更快乐并对他人更有信心的事物。
>
> > His case is a remarkable and **heart-warming** story of care and devotion.
> > 他的情况不同寻常,令人感动,是个关怀和忠诚的故事。
>
> **1.49** 另见**warm**: 10.17~10.22节。

图 2.4 《英语语法系列:7. 隐喻》中的提示信息

"通用动物词汇"包括 animal、beast、beastly、brute 4 个词条,全部按照字母顺序排列。条目释义包括基本义与隐喻义,涉及英汉两种语言,分两栏呈现;例证中的条目词与常用搭配使用下划线,以示提醒(图 2.5)。

此外,在学习词典正文中,还另设有"跨语概念隐喻对比栏"(表 2.8)。为便于查检,学习词典前件提供对比栏索引,学习词典后件附有"英语常用概念隐喻"和"词条英文字母顺序索引"等检索信息,以及相关的参考书目。作为国内首部隐喻概念用法比较的学习词典,《英汉概念隐喻比较词典》的全篇架构具有较强的系统性。然而,作为核心设计特征的文化对比信息,却仅仅停留在信息的罗列上,缺乏较详尽的文字说明。这使得该学习词典更像是一部翻译工具书,无法对深入学习隐喻概念提供全面、系统的帮助,不能不说是一大缺憾。

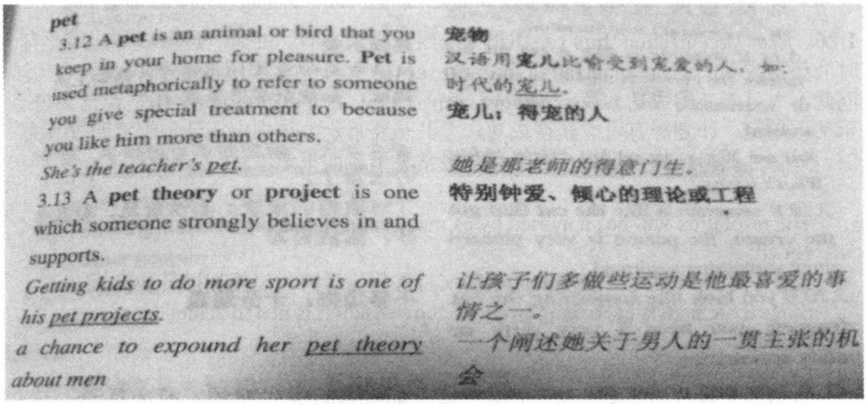

pet	
3.12 A **pet** is an animal or bird that you keep in your home for pleasure. **Pet** is used metaphorically to refer to someone you give special treatment to because you like him more than others.	**宠物** 汉语用**宠儿**比喻受到宠爱的人，如：时代的宠儿。 **宠儿；得宠的人**
She's the teacher's pet.	*她是那老师的得意门生。*
3.13 A **pet theory** or **project** is one which someone strongly believes in and supports.	**特别钟爱、倾心的理论或工程**
Getting kids to do more sport is one of his pet projects.	*让孩子们多做些运动是他最喜爱的事情之一。*
a chance to expound her pet theory about men	*一个阐述她关于男人的一贯主张的机会*

图 2.5 《英汉概念隐喻比较词典》样条

表 2.8 《英汉概念隐喻比较词典》“跨语概念隐喻对比栏”样例

中文	英文
阿猫阿狗	people of small importance；Tom，Dick and Harry
猫哭老鼠	the cat weeping over the dead mouse — shed crocodile tears
夜猫子	a person who goes to bed late；night owl
醉猫儿	drunken cat — a person acting oddly under the influence of liquor

《英语常用隐喻辞典》共收录 7100 多条隐喻信息，包括谚语、习语及成语等。选词立目和编写体例与《英语语法系列：7. 隐喻》有所不同，具体表现在：所有词条以短语为主；按照首个实词的首字母顺序排列；虽然提供汉英两种解释，但两者互为补充，而非互为译文；例证选自英文原著，大多提供出处（多使用省略语，节省篇幅，具体信息需查询学习词典后件）和汉语译文（图 2.6）。该学习词典主要用于信息查检，并非系统的隐喻学习。最重要的是，条目之间缺乏关联，更不涉及隐喻义

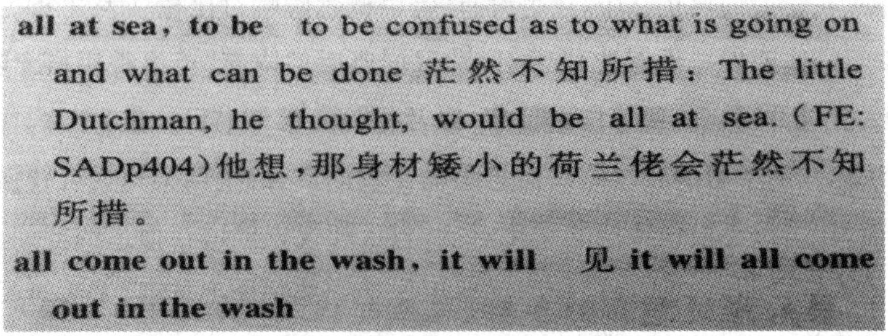

all at sea，to be to be confused as to what is going on and what can be done 茫然不知所措：The little Dutchman, he thought, would be all at sea.（FE：SADp404）他想，那身材矮小的荷兰佬会茫然不知所措。
all come out in the wash，it will 见 **it will all come out in the wash**

图 2.6 《英语常用隐喻辞典》样例

对习语的贡献。因此,该学习词典的隐喻概念表征还不够深入。

二、通用语文词典中的隐喻概念表征

与专项词典不同,通用语文词典通常不以隐喻性搭配为主要立目对象,这就给隐喻信息与学习词典编纂相结合增加了难度。出版于 2002 年的 MEDAL 创造性地从宏观结构与微观结构两个层面探索隐喻概念表征。从宏观上看,该学习词典设计了隐喻插件,主要介绍隐喻的界定、功能、类别、隐喻概念、不同语言中的隐喻、学习词典正文中的隐喻栏、其他隐喻信息说明、隐喻阅读拓展材料等。客观上讲,该设计特征具有较高的系统性、科学性与实用性,只是在语言文化对比方面有所欠缺。例如,以法语、德语、西班牙语、日语与英语在隐喻概念上的差异为例,说明隐喻存在于不同语言,但并没有将全世界使用人数最多的汉语纳入其中。考虑到汉语在全球的地位与影响力,以及该学习词典在国内市场上的推广等因素,如此设计略显不周。

从微观上看,MEDAL 为 64 个常用英语词汇设计了隐喻栏,主要由"隐喻概念表述"和"隐喻概念例句"两部分构成。隐喻概念表述使用 like 或 as if 将分属不同范畴的概念相关联;隐喻概念例句是隐喻概念的实际应用。以 love 下设隐喻栏为例(图 2.7)。该隐喻栏列出 2 条隐喻概念表述(即"When you love someone very deeply, it feels as if you are physically weak or falling over. The effect that an attractive person has on you is like being hit or knocked over by them."和

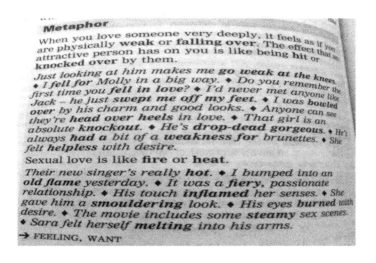

图 2.7　MEDAL 隐喻栏样例

"Sexual love is like fire or heat."),分别提供相应的隐喻概念例句。此外,隐喻栏末尾还借助参见词条,提示 feeling 和 want 下设了相似的隐喻栏,体现了不同隐喻概念之间的横向联系。

虽然体现同一隐喻概念的隐喻概念例句集中呈现于隐喻栏,但也有不少与这些例句相似的句子在学习词典正文中充当隐喻义的例证。例如,在 love 隐喻栏所列的 18 个隐喻概念例句中,有 10 个与其核心词汇或短语的隐喻义例证相关或相似(表 2.9),但却没有任何关联机制将两者相联系。虽然隐喻栏借助参见词条,实现了部分隐喻概念的横向联系,然而这种"从概念到概念"的抽象表征方式,难以体现隐喻信息的层级性,又与由易到难的二语习得规律相悖,不利于系统认知隐喻信息,还会影响学习词典使用与二语语言能力发展的融合(Wei,2012)。此外,隐喻栏列于目标域词条,与源域词条无关。这样设计,无论从信息的可及性或是可获得性来说,均有不足。在融媒体时代,若能借助学习词典的数字化发展态势,充分发挥链接优势,选择恰当的表征手段关联源域词条与目标域词条,对优化学习词典文本信息的系统性将大有裨益。

表 2.9 MEDAL 隐喻栏例句与其核心词汇例证的对应关系

隐喻概念例句	核心词汇或短语的隐喻义	隐喻义例证
Just looking at him makes me go **weak at the knees**.	affected by a strong emotion and unable to do anything	Just seeing him makes me go **weak at the knees**.
I **fell for** Molly in a big way.	to be very attracted to someone and to start to love them	He **fell for** Rosie when he was in hospital and she was his nurse.
Do you remember the first time you **fell in love**?	to start to love someone	Why do we **fall in love** with one person rather than another?
I'd never met anyone like Jack-he just **swept me off my feet**.	to have a strong effect on someone so that they quickly become attracted to you	He was hoping to **sweep her off her feet**, but she just laughed.
I was **bowled over** by his charm and good looks.	to surprise someone by being very beautiful, impressive, unexpected etc.	—

续表

隐喻概念例句	核心词汇或短语的隐喻义	隐喻义例证
Anyone can see they're *head over heels* in love.	If you are or fall head over heels in love with someone, you love or start to love them very much	We met in 1998, and fell *head over heels* in love.
That girl is an absolute *knockout*.	someone or something that is extremely attractive or impressive	—
He's *drop-dead gorgeous*.	extremely attractive	—
He's always had a bit of *weakness for* brunettes.	a person's love or enjoyment of something	You know my *weakness for* chocolate.
She felt *helpless* with desire.	helpless laughter, tears etc. are so strong that you cannot control them	This witticism reduced both of them to *helpless* laughter.
Their new singer's really *hot*.	involving sexual feelings or images	love scenes that are too *hot* for TV
I bumped into an *old flame* yesterday.	someone who you had a romantic relationship with in the past	—
It was a *fiery*, passionate relationship.	speaking with great emotion	—
His touch *inflamed* her senses.	to make someone's feelings stronger, especially anger or sexual feelings	—
She gave him a *smouldering* look.	to feel very strong emotions that you do not express in words, especially anger or sexual feelings	—
His eyes *burned* with desire.	to feel a very strong emotion or a great need for someone or something	I was *burning* with curiosity, but didn't dare ask what happened.
The movie includes some *steamy* sex scenes.	sexually exciting	a *steamy* love scene
Sara felt herself *melting* into his arms.	If you melt into or against someone, you relax as they hold you close in a romantic way	—

注：隐喻概念例句的核心词汇或短语用黑斜体标出；"—"表示核心词汇或短语无相关隐喻义例证。

综上所述,学习词典的隐喻信息表征考察结果显示,一方面,当前隐喻信息学习词典文本表征已初具规模,主要表现在隐喻信息内容较为丰富、全面,表征手段也随学习词典编纂理念的变化呈多样化发展。相比而言,单语学习词典较双语学习词典在隐喻信息表征实践方面的探索更加积极与深入,研究成果具有极高的参考价值。另一方面,学习词典隐喻信息表征的系统性与针对性较为缺乏,主要表现在不同隐喻信息之间、不同表征手段之间以及不同学习词典文本结构之间缺少必要的关联机制,造成信息分散、查找困难、不利于系统学习等障碍。

《章末小结》

本章通过界定"隐喻信息"和"表征"这两个核心术语,明确了面向二语隐喻能力发展的双语学习词典的编纂内容和形式,然后从理论和实践两个方面对不同类别隐喻信息的学习词典文本表征现状展开述评。

在学习词典隐喻信息表征的理论研究方面,目前隐喻义已有明确界定,但在标注、排序与配例方面仍未达成共识;隐喻性搭配的概念基本形成,虽有认知语言学研究成果应用于双语学习词典搭配信息表征的可行性探讨,但大多并非以隐喻性搭配为研究对象;习语作为隐喻性搭配的特殊形式,所受关注最多,但目前将隐喻义与习语相关联的研究路径尚未成型。

在学习词典隐喻信息表征的实践研究方面,隐喻义与基本义之间、隐喻义与隐喻性搭配之间、隐喻义与隐喻概念之间缺乏显性关联手段。这就造成了隐喻信息表征在系统性方面的缺失,也不利于学习者掌握不同层面隐喻信息之间的联系。本书将从系统性和针对性入手,结合双语学习词典的特殊性,通过构建不同层面隐喻信息之间、不同文本表征手段之间以及不同学习词典文本结构之间的关联,完善英汉高阶学习词典隐喻信息表征的文本设计。

第三章 二语隐喻能力发展研究现状

对于致力于辅助二语隐喻能力发展的双语学习词典而言,一方面需要界定隐喻信息、划分类别,明确学习词典文本中的可用性内容(availability),同时考虑隐喻信息的具体表征,提供可及性方式(accessibility),另一方面还要结合二语隐喻能力的内涵与区别性特征,使隐喻信息的内容选择与表征形式更具针对性,以辅助二语词汇深度习得。

第一节 二语隐喻能力的界定

二语隐喻能力(或称外语隐喻能力)主要指学习者在第二语言应用过程中表现出的隐喻能力,隶属于隐喻能力,与"母语隐喻能力"相区别。由于迄今为止的文献资料并未对该术语有明确界定,本节将从隐喻能力的本质入手,结合第二语言学习特点,在客观分析的基础上,对二语隐喻能力的定义进行限定。

首先,通过文献分析法,将现有国内外文献对隐喻能力的解释及定义进行整理,通过综合分析、筛选与合并,得到出现频率在10次以上的关键词共12个(表3.1),再以此为基础,划分出语言知识要素、认知要素、实施要素和心理要素四个类别(表3.2)。从各类要素所包含的关键词数量及其排名来看,实施要素是隐喻能力的核心,认知要素次之,语言知识要素和心理要素所受重视程度最低。由于四类要素分别从内因与外因、知识与技能等不同方面阐释隐喻能力不同于其他能力的本质特征,缺一不可,因此,忽略语言知识要素与认知要素的影响作用,孤立地探讨仅包含隐喻形式处理技能的隐喻能力的做法,实不可取。

表 3.1　基于文献分析的隐喻能力关键词

频次排序	关键词	主要内容
1	表达	使用现有的、恰当的隐喻表达式表述思想
2	词汇	掌握一定的词汇量并熟知其常用义项
3	联想	通过义项间的相似性在词汇内部与词汇之间进行关联
4	创新	创造性地使用新颖、独特的隐喻表达式
5	理解	理解并接受词汇隐喻义与隐喻表达式所传达的意义
6	阐释	对隐喻表达式做出合理的解释
7	文化	了解隐喻表达式所承载的社会文化背景知识
8	识别	区分隐喻表达式与非隐喻表达式
9	语法	了解并运用语法规则
10	意识	自觉主动地使用隐喻表达式
11	信心	相信自己能够使用恰当的隐喻表达式
12	兴趣	对隐喻表达式的喜爱情绪

表 3.2　隐喻能力的四大组成要素

类别	关键词	主要内容
语言知识要素	词汇(2)、语法(9)、文化(7)	掌握语言及相关文化知识
认知要素	联想(3)、创新(4)	构建词汇语义关联的能力
实施要素	表达(1)、理解(5)、阐释(6)、识别(8)	处理隐喻表达式的能力
心理要素	意识(10)、信心(11)、兴趣(12)	影响隐喻表达式处理的心理因素

注:关键词后,括号内的数字为其在表 3.1 中的频次序号。

　　从语言习得的过程来看,语言知识要素作为信息输入机制,是隐喻能力的基础。认知要素是隐喻能力的内部运作机制。实施要素在语言知识要素和认知要素的共同作用下,使隐喻能力显性化,这属于信息输出机制。心理要素是影响隐喻能力实施的内部驱动力(图 3.1)。

图 3.1　隐喻能力构成要素的内部关联

以上分析结果表明,隐喻能力是一种高层次的人类思维能力,属智力范畴,与语言能力、交际能力、认知能力、语用能力等有一定程度的重合,但又不完全相同。因此,将隐喻能力纳入智能范畴,更加合理,也更为妥当。[①] 根据 Jiang(2011)对中国英语学习者隐喻表达语料库的研究,二语学习者的大脑中同时存在两套隐喻系统,母语与二语之间的隐喻化异同会直接导致学习者受源语概念的影响,二语语言水平也在很大程度上制约学习者的隐喻系统发展。因此,与母语隐喻能力相比,二语隐喻能力更加依赖二语隐喻知识的输入与储备,以及母语与二语在不同隐喻信息层面的异同,同时,还受到二语语言水平的影响。

基于以上考虑,本书将二语隐喻能力界定为"学习者基于自身二语语言水平和文化知识背景,在母语语言系统和二语语言系统的共同作用下,以相似性为基础,有意识地通过联想与创新机制处理二语语义认知关联的一种高级思维能力"。[②] 根据该定义,二语隐喻能力发展的关键在于有效处理二语语义认知关联,涉及理解与产出两个方面。二语语义认知关联的客观存在与联想创造,是二语隐喻能力得以持续发展的前提要件。在双语学习词典中系统表征隐喻信息,正是通过有效的学习词典编纂手段提供较全面、系统的隐喻信息,从理解与产出两个维度,辅助学习者完成二语语义认知关联的处理,进而发展二语隐喻能力。这也是充分发挥学习词典信息查检与语言认知双重功能的主要途径之一。

[①] 作为人类智能之一的隐喻能力,译作 metaphorical intelligence 更加贴切。为了体现汉语表述的一致性,本书仍然使用"隐喻能力",而非"隐喻智能"。

[②] 在本书中,二语隐喻能力特指中国的英语学习者的英语隐喻能力,以加强英汉高阶学习词典隐喻信息表征研究的针对性。

第一节 二语隐喻能力发展的理论研究

一、二语隐喻能力与二语习得

近年来,随着认知语言学应用研究的不断深入,隐喻能力研究日益引起国内外学者的重视。早在 20 世纪 70 年代末,国外学者 Flahive 和 Carrell(1977)、Gardner 和 Winner(1978)、Pollio 和 Smith(1980)等就开始关注隐喻能力。国内隐喻能力研究起步稍晚,最早能查到的关于隐喻能力的研究成果发表于 1998 年。截至 2023 年 4 月,在中国期刊全文数据库中以隐喻能力为主题,可搜索到 680 篇学术期刊论文、267 篇学位论文、10 篇会议论文、3 部学术专著。在 2008 年、2010 年、2012 年和 2014 年,中国认知语言学研究会分别在安徽财经大学、广州大学、中国石油大学和宁波大学召开了"全国认知语言学与二语习得学术研讨会",隐喻能力均为热门话题。众多从事二语习得与教学研究的学者开始从隐喻视角审视第二语言习得中的诸多问题,并致力于探索有效的解决之道(Littlemore,2001;Qiu et al.,2009;Kathpalia et al.,2011;Littlemore et al.,2013;姜孟,2006;陈朗,2010;孙启耀,2011;苏远连,2012;袁凤识 等,2012a;袁凤识 等,2012b)。

二语语言能力的获取不仅体现在运用目标语的正确性与流利性上,还与自然性或地道性有关。① 换言之,二语语言能力既关乎语法能力,更与交际能力和二语隐喻能力关系密切(严世清,2001;王寅 等,2004)。Danesi(1995)认为,虽然大多数二语学习者能够遵循句法规则写出正确的语句,但仍然需要借助母语思维,将二语词汇与句法结构视为母语概念的载体,并未形成真正的二语概念系统,即二语隐喻能力发展不足,于是陷入二语语言能力发展的瓶颈。鉴于二语隐喻能力的形成

---

① 正确性指语法知识掌握是否牢固,语言表达是否存在较多严重语言错误;流利性指能否使用第二语言与他人(尤其是本族语者)交流,较少出现交际失误;自然性指是否形成类似本族语者的语言文化概念系统,从而准确理解并产出地道的隐喻表达式。

是成功习得第二语言的重要标志(陈道明,1998;吴蓉 等,2011;刘英杰,2012;田苗,2013;杨娜,2014),不少学者(Danesi,1992,1995,2003;王寅 等,2004;陈朗,2010)提出在外语教学中培养二语隐喻能力。本节将通过梳理国内外二语隐喻能力发展的研究成果,为学习词典使用与二语隐喻能力发展相融合奠定理论基础。

20世纪70年代末,Flahive和Carrell(1977)在第十一届中美洲语言学年会上首次明确提出"metaphoric competence(隐喻能力)",强调隐喻能力的获取与词汇拓展之间存在密切联系。可见,隐喻能力自诞生开始就与语言习得(尤其是词汇习得)密不可分。由于语言习得有母语习得与二语习得之分,隐喻能力亦应分为母语隐喻能力与二语隐喻能力。① 两者既有区别也有联系。虽然目前"二语隐喻能力"这一术语尚未在学界获得广泛应用,但不少研究者以二语学习者为目标群体,在二语或外语教学环境下对其进行探讨(Low,1988;Danesi,1995;Littlemore et al.,2001,2013;Azuma,2004;Qiu et al.,2009;Xu,2010;Taki,2011;陈朗,2010;石进芳,2012;田苗,2013;陈清,2014)。

二、二语隐喻能力的内涵

二语隐喻能力有广义与狭义之分。从狭义上讲,二语隐喻能力指二语学习者对目标语中隐喻性语言的处理能力。例如,Gardner和Winner(1978)认为,隐喻能力包括改述隐喻的能力、解释隐喻效用存在的理论依据的能力、产出与特定语境相符合的隐喻的能力、评估相同语境下若干不同隐喻表达式优劣的能力。Kogan(1983)和Danesi(1986,1992,1995)从理解与产出两个维度考察隐喻能力,着重考察对创新隐喻的处理能力。也有学者(Azuma,2004;Iijima et al.,2006;王寅和李弘,2004;武继红,2010)认为,隐喻能力还应包含"识别"或"辨认"这一维度,这些对隐喻能力内涵的阐释也同样适用于二语隐喻能力。

Azuma(2004)是较早明确提出二语隐喻能力这一概念的国外学者。她将"外语教学情境下的隐喻能力"界定为"外语学习者理解和运用英语隐喻表达式的能力",主要包括三个方面:在听力和阅读时,识别隐喻表达式的能力;在口头与书面表达时,恰当使用隐喻表达式的能力;理解英语隐喻概念与日语隐喻概念的能力。

---

① 在部分研究中,"二语隐喻能力"也称为"外语隐喻能力"。

相较之下，Low(1988)、Danesi(1995)、Littlemore 和 Low(2006)对二语隐喻能力的阐释在学界的影响力更大。Low(1988)从二语隐喻性语言的社会互动功能出发，将二语隐喻能力归为八个方面：理解语言的隐喻本质及普通隐喻的能力；从反常及矛盾话语中获取合理意义的能力；了解常规隐喻的界限；掌握词性差异；掌握典型模糊语的限制手段；隐喻的多层次意识；正确运用隐喻的敏感性；发展隐喻互动性意识。这是迄今为止对二语隐喻能力内涵最全面的总结。

Danesi(1995)认为，二语隐喻能力的本质在于"概念流利"，即匹配词汇、句子等表层结构与底层概念结构的能力。即使二语学习者在句法与交际方面具备了良好的语言流利性，能够根据目标语的句法规则理解并产出正确的语句，但似乎难以像本族语者那样，在语言运用中达到概念层面的恰当性，即缺乏"概念流利"。"要想实现概念流利，语言学习者需要以隐喻性推理为基础，充分了解与掌握目标语语言系统如何反映概念或进行概念编码"(Danesi,1995)。Littlemore 和 Low(2006)提出二语隐喻能力由四大要素构成：创新隐喻的能力、发现隐喻意义的能力、发现隐喻意义的速度、解释隐喻的流利性。以此为据，她们还明确了二语隐喻能力的具体内容，即对二语隐喻知识的了解、隐喻形式的恰当使用以及隐喻技能的有效运用。该研究的重要贡献在于，将"隐喻知识学习"提高到与"隐喻使用技能"同等重要的地位，认为两者是二语隐喻能力发展不可或缺的两大助力。

可见，狭义上的二语隐喻能力主要包括两方面内容：一是目标语隐喻性语言形式的加工处理技能，涉及理解（即对目标语隐喻性语言的识别与理解）与产出（即对目标语隐喻性语言的解释、运用与创新）两个维度；二是目标语隐喻概念知识的掌握。

广义上的二语隐喻能力更注重二语隐喻能力与语法、语用、思维、文化、认知、意识等的内在关系。例如，Gardner 和 Winner(1978)认为，隐喻能力是一种高级语言能力，能够在目标语中通过隐喻性结构和其他认知机制对概念进行映射或编码。虽然在 Bachman(1990)的语言能力模型中，没有明确列出"隐喻能力"，但却提出了与之类似的"阐释文化关联及修辞格的能力"这一概念，并将其并入隶属语用能力的社会语言能力之中。由此可见，二语隐喻能力也可归为二语语言能力或二语语用能力。但事实并非如此简单。Azuma(2004)以日本英语学习者为研究对象展开实证研究，结果显示，二语隐喻能力涉及对目标语的语言、语义及文化三个层面的掌握，并非简单地等同于语言能力或交际能力。Boers(2000)主张将"隐喻意识"纳入二语隐喻能力范畴,并特别提出,对二语学习者而言,需要先培养隐喻意识这一略低于二语隐喻能力的目标,继而通过技能训练与知识学习,有效提高二语隐喻能力。Danesi(1992,1995)将二语隐喻能力提升至思维层面,认为它等同于"概念流利"。他提出,外语学习最大的问题不是语法而是概念,大量外语使用不地道的现象,皆因学习者误将外语的形式映射到母语的概念结构上。

国内学者在该方面的研究结果与Danesi(1992,1995)基本一致。例如,严世清(2001)提出,外语教学环境下的二语隐喻能力至少应包含认知主体在不同的认知域之间自发地建立系统的类比关系的能力;认知主体在面临不相容的概念域共存(即传统上所说的隐喻性表达)的情形时,理解其间系统的类比关系以及借助隐喻性认知机制创造隐喻性表达方式,使之能引导听者或读者理解不同认知域之间某些独特的关联方式等方面的能力。孙启耀和张建丽(2011)认为,二语隐喻能力是一种思维能力,这种能力可以帮助说话者有效地提取并破译话语表达中所蕴含的隐喻机制,并能够随时激活并应用这一隐喻机制来实现语言表达的地道性。同样,袁凤识等(2012a)也将二语隐喻能力视为认知本体基于自身体验在两个不同范畴的认知对象之间构建一定的语义关联的能力。

由此可见,广义上的二语隐喻能力不仅涉及语言层面,而且涉及目标语隐喻概念的形成、思维方式的转变以及对第二语言文化系统的认知体验。因此,二语学习者需要根据目标语隐喻概念,完成语言解码与语言编码。这既是二语隐喻能力发展的内在要求,也是二语习得的终极目标之一。

总体来看,二语隐喻能力的内涵较母语隐喻能力更丰富,不仅包括二语隐喻性语言形式的加工处理技能和二语隐喻概念知识的掌握,而且与语用、文化、思维、交际学、社会学、心理学、认知科学等相关。因此,在培养二语隐喻能力的过程中,既要重视二语学习者的技能训练与知识学习,又要关注其他相关领域的研究动态,发挥有利因素的积极作用,避免消极干扰,以促进二语隐喻能力的有效提高。

三、二语隐喻能力的影响因素

根据辩证唯物主义的观点,事物皆为主客观原因共同作用的结果。二语隐喻能力的影响因素亦有主客之分。石磊和刘振前(2010)、许保芳和袁凤识(2012)的研究结果显示,影响二语隐喻能力的客观因素主要包括词汇(如母语与二语的词汇系统差异、二语词汇的词性、二语词汇语义的广度与深度、二语词汇语义的关联性及不可预测性等)与文化(母语与二语的文化差异)两个方面,主观因素包括二语学习者的认知风格、语言水平、性别差异、创造能力等。首先,在认知风格方面,Littlemore(2001)证实,隐喻识别和理解的速度与二语学习者的整体认知风格显著相关。许保芳等(2012)的隐喻理解水平测试结果也证实,隐喻理解能力与认知风格显著相关。还有学者(Johnson et al.,1993;Littlemore,2001)提出,除认知风格外的其他认知因素,也会影响二语学习者阐释目标语隐喻形式的复杂度。

其次,由于语言是隐喻的载体,二语隐喻能力的发展需要以二语语言水平为基础。由于研究方法与研究对象不同,二语隐喻能力与二语语言水平之间的关系至今未有定论。一方面,Johnson(1989,1991,1996)、Johnson 和 Rosano(1993)对双语儿童的隐喻能力测评结果表明,二语语言水平似乎与二语隐喻解释的复杂性无关,不会构成二语隐喻交际障碍。由此,Johnson 推断,第二语言水平对二语隐喻理解的作用甚微,认知能力才是决定二语隐喻理解水平的关键。姜孟(2006)对英语专业学生二语隐喻能力发展的实证研究结果也显示,虽然高水平组的二语隐喻能力较低水平组略高,但两者并无显著差异。袁凤识等(2012a)对中国、美国学生的英语隐喻理解能力进行对比,实验结果表明,中国学生的表现优于美国学生,只是该数据并未达到统计学上的显著性。另一方面,Martinez(2003)对英语和西班牙语双语者的研究发现,二语隐喻意义的激活取决于二语语言水平。魏耀章(2012)对中国英语专业学生二语隐喻理解能力的测试结果显示,二语语言水平和认知能力同为影响二语隐喻理解能力的显著因素,但两者的作用有所不同。当认知能力较低时,二语语言水平对二语隐喻理解能力的作用更大;当认知能力较强时,二语语言水平对二语隐喻理解能力的影响则不具有统计学上的显著意义,认知能力的作用反而更加明显。换言之,随着二语语言水平的提高,认知能力对二语隐喻理解能力的影响逐渐增强。同样,徐知媛和赵鸣(2014)对中国英语学习者二语隐喻理解策略的调查结果也表明,二语语言水平对二语隐喻理解的策略选择具有显著影响。在理解二语隐喻性语言的过程中,高水平的英语学习者会充分利用所掌握的二语文化知识,低水平的英语学习者则更倾向于选择母语知识、心理意象、盲目猜测与句法分析策略等。此外,英语水平较高的学习者在二语隐喻理解过程中所表现出的母语负迁移现象明显少于英语水平较低的学习者。这与石进芳(2012)的研究结果完全吻合,即二语语言水平越高,母语概念迁移能力对二语隐喻能力的促进作用越弱。这主要是因为中国英语教学重视语言形式与技能训练，忽略二语概念体系的介入，所以造成学习者的二语隐喻能力发展明显滞后于其二语语言水平。

与二语语言水平相比，母语语言水平对二语隐喻能力影响的研究较少。刘英杰(2012)的问卷调查结果显示，英语水平和汉语水平对中国英语学习者的二语隐喻理解能力具有显著影响。他认为，发展二语隐喻能力不仅要加强二语语篇理解能力，还要重视母语教育，进而指出提高母语水平是第二语言学习的基础。因此，在培养二语隐喻能力时，母语语言水平与二语语言水平缺一不可。在对二语隐喻能力发展的影响因素进行研究时，需要将两者同时予以考虑。

在性别差异方面，Boers(2000)发现性别会影响隐喻主题的选择和隐喻产出的数量。Hussey和Katz(2006)对64组被试者的访谈证实，隐喻产出具有性别差异，特别是俚语。但Littlemore(2001)坚持，隐喻解释能力不存在显著的性别差异。与性别相比，创造能力对隐喻能力发展的影响已获得学界的广泛认可。Fine和Lockwood(1986)及Glicksohn和Yisraeli(1993)证实，隐喻能力和创新能力呈正相关，即创造能力越强，能够使用和产出的新型隐喻语言形式的数量越多。然而，这些关于性别差异和创造能力的研究均未明确指向二语隐喻能力，其研究结果是否适用于二语习得，仍需要探讨与求证。

四、二语隐喻能力的发展途径

王寅和李弘(2004)认为，由于隐喻能力的形成需要丰富的想象力和创新思维，应该在外语教学中建立一种隐喻能力、语言能力和交际能力"三合一"的教学观，通过提高二语隐喻能力深化二语习得发展进程。Hulstijn(2003)、Verspoor和Lowie(2003)的研究结果亦证明，在外语教学环境中，教师指导下的二语隐喻理解能力与不提供引导或训练情境下的二语隐喻理解能力相比，更能获得显著性提高。因此，二语隐喻能力发展无法脱离外语教学而单纯依赖二语学习者的个人努力来实现。

国内外学者还从不同视角针对"以二语隐喻能力发展为导向的外语教学模式"展开积极探索。例如，Lazar(1996)将隐喻性语言划分为四种类型(即隐喻义、概念隐喻表达式、习语及诗篇中的隐喻)，为不同语言水平的二语学习者设计了相应的课堂活动,并对隐喻性语言教学提出建议,主张从理解与产出两个维度发展二语隐喻思维能力。该研究为发展二语隐喻能力提供了切实可靠的资料。Littlemore(2001)及其研究小组根据隐喻概念表征的多样性与词汇拓展策略习得之间的联系,提出"词汇意义的隐喻化拓展策略",这是当前最具代表性与影响力的二语隐喻能力发展手段之一。她首先通过援引 Carter 和 McCarthy(1995)的语言意识概念,提出隐喻能力属于智力范畴,从理论上剖析了隐喻化拓展策略在外语教学中的必要性和重要性,即词义隐喻化拓展能力的增强会使二语学习者具备更强大的语言理解和产出潜能,从而形成更高程度的语言意识,有助于促进二语学习者"学习能力"与记忆力的发展。接着,Littlemore(2008)指出,外语学习者遇到的大多数词汇均具有隐喻化拓展意义,习得此类词汇需要经历三个阶段:理解基本义向内涵义的引申;类比推理;强化词汇隐喻性内涵的理解。她与 Azuma 还借助隐喻概念思维与类比思维及多样性思维的关联性,在课堂上将隐喻概念作为培养海外学生批判性思维能力的途径,探讨如何通过培养学生的比喻性思维促进其词汇习得和交际能力的发展(Littlemore,2004,2008;Azuma et al.,2010)。这些以二语隐喻能力发展为主题的探索性研究成果为构建以二语隐喻能力发展为导向的外语教学模式奠定了重要的理论基础。

相比之下,国内关于二语隐喻能力发展途径的研究,以外语教学经验总结为主。例如,王寅和李弘(2004)建议学习者通过多读诗歌、注重搜集各种隐喻表达形式、充分运用隐喻辅助表达、比较英汉隐喻中的异同来提高二语隐喻能力。王蓉和张丽(2007)主张通过提高隐喻意识、变机械词汇记忆为意义联想记忆、将文化视为隐喻认知机制进行学习等方式来提高学习者的二语隐喻能力。杨彦文(2009)提出,可以在教学大纲中增加认知成分,以突显英语语言文化特有的隐喻概念,同时探讨了以提高二语隐喻能力为目标的认知教学法的可行性。鞠晶(2009)强调,二语隐喻能力发展应从隐喻思维能力、基础课教学以及理论课教学等方面着手。也有学者就发展二语隐喻能力的外语教学模式进行了较充分的科学论证。陈郎(2010)提出,应将认知隐喻理论应用于具体的外语教学环节之中,鼓励学生运用隐喻性思维,具体涉及词汇教学、阅读教学和文化教学等。卢庆生和彭朝忠(2012)建议,教师应从认知角度分析语义引申机制,帮助学生厘清多义词义项之间的隐喻关联,以提升多义词的教学效果;教师应重视语言文化内涵教学,一方面引导学生充分利用母语进行正迁移,深入理解中西方文化内涵相似的语言表达形式,另一方面通过文化对比,了解英汉两种语言的思维方式差异;教师应带领学生阅读内涵丰富的英语诗篇,在加强学生英语表达地道性的同时,对发展其创新性思维也大有裨益。

除外语教学模式外,也有学者从其他视角探索二语隐喻能力的发展途径。例如,刘丰和刘婷婷(2006)对国内英语教材编写的认知语言学基础进行了探究,认为外语教材作为重要的学习资源应该充分透过语言表征体现目标语的隐喻概念体系,以培养学习者的二语隐喻能力。董保华和刘寅齐(2012)对教材编写与自主学习对发展二语隐喻能力的辅助作用进行了探讨。田苗(2013)通过剖析阻碍二语隐喻能力提升的主客观因素,提出发展二语隐喻能力需要重视隐喻思维模式的建构、常规隐喻的积累、目标语文化的导入与二语语言体系的完善。周桂华(2014)将二语隐喻能力发展与学习词典使用相结合,详细阐释了如何在外语教学过程中充分利用《英语常用隐喻辞典》《英汉概念隐喻比较词典》和 MEDAL 等中的二语隐喻信息,系统训练二语隐喻思维,以促进二语隐喻性语言的辨识与理解,进而提高二语隐喻产出能力。虽然该研究的总体设想不够全面,论述也不够详尽,但对学习词典辅助下的二语隐喻能力发展研究仍有一定的启发意义。

第三节 二语隐喻能力发展的实证研究

一、国外二语隐喻能力发展实证研究

近十多年来,国外学者以概念隐喻观为理论依据,在隐喻能力研究方面逐渐达成一系列共识。例如,隐喻是人类思维的基础;人类倾向于通过具体事物以及自身体验来理解抽象概念;对隐喻的理解与产出属于认知过程,包括激活源域与目标域的知识体系、大脑意象、片段化记忆、类比型推理、概念映射、概念整合等(Evans et al.,2006)。陈朗(2013)在此基础上提出,隐喻能力研究的本质在于揭示人作为隐喻的创造者和用户对隐喻进行概念上的深层加工水平,包括隐喻的理解和产出水平及个体在加工过程中表现出来的特点和规律,同时揭示借助隐喻实现语言交际的基本过程和效果。这个结论同样适用于二语隐喻能力研究。

整体而言,国外二语隐喻能力发展的实证研究成果丰硕,尤以英国伯明翰大学Littlemore博士及其研究团队的系列研究为典型代表。从研究主题来看,一是二语隐喻能力与个体差异变量之间的关系,例如,二语学习风格和二语学习策略对二语隐喻能力发展的影响(Littlemore,2001,2002)和类比思维在二语隐喻理解过程中的核心地位(Goatly,1997)等。根据类比思维与多样性思维是创造性思维的重要组件这一观点,Boers和Littlemore(2000)分析了二语学习者诠释隐喻概念时的认知风格差异。为考察教学方法对基于隐喻的词汇猜测策略的影响,Littlemore(2004)对42名不同母语背景的研究生,分别进行了过程教学训练和自主学习训练。结果显示,个体隐喻认知受教学因素的影响并不显著。此外,由于部分学者主张将智力因素纳入隐喻能力范畴,二语隐喻能力甚至被视为影响二语习得的第九种智力要素,对丰富语言产出、促进隐喻理解及全面提高学习者的交际能力均有重要作用(Littlemore,2001,2002)。不过,二语隐喻能力能否完全超越语言能力成为智力组成要素,这一点至今在学界尚未达成共识。

二是二语词汇习得拓展策略与创造性隐喻思维能力的培养,也是国外二语隐喻能力发展实证研究的一个重要视角。根据概念隐喻理论,隐喻表征具有文化特异性,不同的语言文化具有不同的隐喻概念系统。即使共享同一隐喻概念,不同语言的具体表征也有差异。由于隐喻义是隐喻概念在词汇层面的具体呈现,如何有效习得词汇隐喻义,在某种程度上决定了二语隐喻能力能否向纵深方向发展。Verspoor和Lowie(2003)、Littlemore(2004,2005)、Littlemore和MacArthur(2007,2012)、MacArthur和Littlemore(2008,2011)的系列实证研究结果证实,隐喻义的有效认知是二语词汇习得的必要过程,有助于提升二语习得的总体效果。Littlemore(2004,2008)、Azuma和Littlemore(2010)还根据隐喻概念思维、类比思维及多样性思维之间的关联,在英语课堂上将隐喻概念作为培养非英语国家学生批判性思维的方法,实验结果证实,二语隐喻能力的发展能够有效促进二语词汇习得,对交际能力与创造性思维的发展也有助益。

三是母语隐喻能力、语言水平与二语隐喻能力之间的关系,主要围绕两个问题展开:第一,母语隐喻能力与二语隐喻能力是否一致?第二,语言水平是否对二语隐喻能力的发展具有显著影响?多数实证研究结果表明(Azuma,2004;

Littlemore,2010),母语隐喻能力和二语隐喻能力在理解与产出维度上确有一定关系,即母语隐喻能力较强者,二语隐喻能力也较高。虽然如此,当前二语隐喻能力发展的实证研究对母语隐喻能力迁移作用的关注仍然不足,不利于客观、全面地考察二语隐喻能力的发展现状。至于语言水平对二语隐喻能力发展的影响,以Littlemore 等(2013)的研究最具代表性。该研究将二语学习者的写作文本作为研究对象,将二语语言水平分为不同等级,考察隐喻使用失误与母语迁移之间的关系。结果证实两者具有相关性。

二语隐喻能力在交际场景中的应用,是进入 21 世纪以来的一项重要研究议题。Littlemore(2001)以英国大学课堂讲座中的隐喻应用为基础,考察了授课教师话语中的隐喻概念表达式对不同母语背景的英语学习者带来的跨文化交际效用。结果发现,隐喻意识、隐喻理解及产出能力是培养二语学习者跨文化交际能力的重要影响因素。Littlemore(2010)基于个案研究,分析了学术口语中的隐喻性语言,并归纳出隐喻在大学讲座语言中的方式、规律及功能。不仅如此,近年来Littlemore(2011)还将焦点转向口语交际中的手势隐喻,主要比对英语本族语者与以英语为外语的学习者在手势语中应用隐喻的具体情况。不过,与其他三项相比,该研究议题尚未形成主流。

就研究方法而言,国外二语隐喻能力发展的实证研究以定量与定性相结合的多样化手段为主,包括隐喻教学实验、隐喻能力测试、个案分析、问卷调查、访谈、刺激回忆、课堂录音、文字转录分析等。值得注意的是,这些研究使用的测试题和问卷,大多先进行试点研究,根据用户的反馈作出调整之后,才会用于主体研究,以确定研究材料的适用性。此外,在实验正式开始之前,还会对研究对象进行隐喻意识培训,尽量避免由于研究对象对隐喻能力概念的缺失或理解不到位而导致变量失衡,以确保研究结果的可信度(Littlemore,2008)。这对学习词典辅助二语隐喻能力发展的实证研究设计具有重要的借鉴意义。

国外二语隐喻能力发展的研究对象以欧洲语言本族语用户为主,包括波兰英语学习者(Hashemian et al.,2006)、荷兰与法国英语学习者(Groot et al.,1995;Verspoor et al.,2003)、希腊和德国英语学习者(Littlemore et al.,2013)等,偶尔涉及日本英语学习者(Azuma,2004)和韩国英语学习者(Slabakova,2014)。目前,鲜有国外学者关注中国英语学习者的二语隐喻能力发展状况。

二、国内二语隐喻能力发展实证研究

虽然国内学者对二语隐喻能力的关注逐年增多,但与国外相比,实证研究数量仍显不足。截至 2023 年 4 月,在中国知网上以"隐喻能力"为主题检索到的 680 篇学术期刊论文中,实证研究数量仅有 58 篇(2006—2022 年)。

与国外多元化的研究主题、丰富的研究方法及多层面的研究对象相比,国内的实证研究较为单一,研究主题大致分为两个:一是针对中国英语学习者的二语隐喻能力调查,大多采用自行设计的调查问卷或二语隐喻能力测试题完成数据搜集。例如,姜孟(2006)运用横向式研究方法,以两组中国英语专业大学生(分为低水平组和高水平组)和以英语为母语的美国大学生为被试,采用自行设计的 92 个句子完型题目为测试材料,要求被试对所给句子的隐喻性进行判断。刘英杰(2012)、徐知媛和王小潞(2014)分别对中国英语学习者的二语隐喻理解能力、二语语言水平以及二语隐喻理解策略进行问卷调查与测试。袁凤识(2014)采用隐喻归纳调查(填空题)与反思性调查(书面报告)为研究手段,分析了 522 名英语专业大学生的隐喻概念归纳能力。

二是隐喻教学对提升二语隐喻能力的验证性报告,以隐喻教学实验为主。例如,刘丰和刘婷婷(2006)依托《综合英语教程》第五册和第六册,对隐喻概念对比教学模式进行可行性分析,然后详细介绍教学实验过程,并基于教学评估结果提出隐喻教学建议。葛向宇(2022)对实验组在阅读、文化和口语教学中引入隐喻相关知识,以辅助教学活动的开展,结果显示,实验组的创造性思维成绩显著高于接受传统教学方式的对照组。陈清(2014)采用测试法与问卷调查法,对 100 名英语专业大三学生在有策略指导下的二语隐喻能力发展进行实证研究。赵明(2009)将 66 名英语专业学生分为实验组和对照组,在对实验组进行一学期的隐喻教学实验后,以国外设计者的隐喻测试题为基础,设计了四套二语隐喻能力测试题,同时对两组被试进行测试。结果显示,实施隐喻教学能够显著提高二语学习者发现隐喻、理解隐喻与解释隐喻的能力,但对隐喻产出能力的影响并不显著。为考察隐喻生涯假说对隐喻能力发展的影响,苏远连(2012)将 80 名英语专业大三学生随机分成四个实验组,分别运用"多种本体输入""单纯重复输入""相似度判断"和"相似性辨别"等教学手段进行 24 个新异名词的隐喻教学,再对习得效果进行检测。结果证实,不同的隐喻教学方法对二语隐喻能力发展有不同程度的促进作用；隐喻类型是二语隐喻能力发展的决定因素之一；隐喻生涯假说可作为二语隐喻能力发展的理论框架。这些发现虽然与部分国外研究结果存在一定差异，但可能与研究手段及研究对象不同有关。

综上所述，国内二语隐喻能力发展的实证研究在总体数量、研究主题、研究方法等方面都难以与国外比肩，亟待补足。在二语隐喻能力发展与学习词典使用相结合的实证研究方面，基本是一片空白。这既为拓展二语隐喻能力发展的实证研究视角提供了契机，也为隐喻信息学习词典文本设计的效用验证带来了一定程度的挑战。

《章末小结》

本章首先界定了"二语隐喻能力"这个核心术语，再对其研究现状进行述评，以更好地服务于英汉高阶学习词典的隐喻信息表征实践。

从理论层面来看，二语隐喻能力内涵丰富，不仅涉及技能与知识，还使语言与思维、认知等领域相关联。影响二语隐喻能力的因素主要包括语言水平、认知能力、创新能力及性别差异四个方面。与国外多样化的研究路径相比，国内二语隐喻能力发展途径的研究较为单一，鲜有将学习词典使用与二语隐喻能力发展相结合的理论研究。

从实证层面来看，虽然国内研究在诸多方面落后于国外研究，但由于国内研究专门以中国英语学习者为研究对象，具有较强的针对性。为了拓展二语隐喻能力发展研究的新视角，也为了确保学习词典编纂的质量，促进学习者的认知发展，本书将学习词典使用与二语隐喻能力发展相联系，作为验证英汉高阶学习词典隐喻信息表征效用的重要依据。

第四章　英汉学习词典隐喻信息表征的认知语言学理据

人类关于隐喻的研究历史悠久。根据研究方法和研究范围，西方隐喻研究可简略划分为三个时期：修辞学研究时期（公元前 300—1930 年）、语义学研究时期（1930—1970 年）和多学科研究时期（1970 年至今）（束定芳，2000）。它们从不同的视角界定隐喻，阐释隐喻的本质，由此引发关于隐喻功能的探讨。西方传统隐喻研究"以修辞中的认知逻辑开始，强调概念范畴之间基于相似性的置换，即亚里士多德所谓的"把属于别的事物的字，借来作隐喻"（谢之君，2007）。隐喻语义学研究受结构主义思想影响，从语言系统功能考察隐喻，认为语言体系可以用两种表现形式来说明：隐喻和换喻。其中隐喻表现的是以相似性为特点的选择关系，换喻表现的是以毗邻性为特点的组合关系。在隐喻的多学科研究阶段，尽管不同领域的学者对隐喻现象存在认识论层面的差异，研究方法也呈现多样化，但对隐喻在人类思维层面的重要价值已达成共识，开辟了从不同视角探究基于相似性的跨域映射机制及其认知本质的新路径。这表明，尽管现代语言学发展历经不同的研究范式，但隐喻始终是人们考察语义生成与演化的重要对象，其认知功能对语言的理论与应用研究发展影响重大。

作为语言理论与应用研究的新范式，认知语言学将认知科学与语言学研究相融合，对语言本质的认识有着独特的见解。从认知语言学视角来看，语言是一个独立于现实世界而存在的自治系统，其不仅仅是一个由有限的规则所组成、拥有无限生成能力的句法体系。虽然认知语言学也将意义作为语言研究的核心内容，强调语言与社会文化之间的紧密联系，但它在重视语言的交际功能之外，更关注语言辅助认知活动的工具属性。

第一节　语义流变的隐喻机制

一、隐喻的语义认知功能

隐喻的语义认知功能始终是隐喻研究的重点。在隐喻修辞学研究时期，亚里士多德和昆体良分别提出了"对比论"和"替代论"（束定芳，2000）。他们将隐喻视为词汇层面的一种修辞方式，认为隐喻是对正常语言规则的偏移。这种传统隐喻观虽然仅仅强调隐喻基于相似性的替代和类比的修辞作用，但却渗透着逻辑的、认知的哲学思考（谢之君，2007）。这就为隐喻研究的后期发展奠定了基础。然而，传统隐喻研究将隐喻限定在词的基础上，仅将隐喻与名词相关联，从客观上排除了其他词类用作隐喻的可能，无法揭示隐喻的话语特征。

隐喻语义学突破了传统隐喻修辞学偏重词汇层面的历史局限，其代表性成果是由 Richards 提出并经 Black 进一步完善的"交互作用理论"（张光明，2003）。该理论认为，隐喻无所不在，除了文学作品，还可应用于美学、伦理学、心理学、政治学、哲学、社会学、自然科学等领域。这就将隐喻从词汇层面拓展至句子层面。此外，隐喻通过词义互动创造新维度与新意义，兼具拓展语言、创造现实的作用，这就给隐喻与思想相关联奠定了基础。然而，研究者们并未进一步解释隐喻和概念的具体关系，说服力稍显不足。

在隐喻逐渐步入多学科研究阶段之后，最受瞩目者当属隐喻研究与现代认知科学的结合。基于 Wiener 提出的"交际和信息理论的特点是传递或传导模型"这一观点（胡壮麟，2004），Reddy（1979）借助"传导隐喻"或"容器隐喻"揭示了语言的隐喻本质：作为外部世界概念化的产物，隐喻源于思想，而非语言；隐喻具有一系列语言表征方式，而非孤立存在的单个语言行为。这不仅为构建不同事物之间的联系奠定了基础，也为这一联系的存在提供了多种解释。在传导隐喻的启发下，不少语言学家和认知科学家致力于隐喻思想系统的研究，深度挖掘隐喻的认知功能，由此涌现出 Lakoff、Johnson 等认知语言学家,其代表性成果即为"概念隐喻理论"。

1980 年,Lakoff 和 Johnson 合作出版了《我们赖以生存的隐喻》(*Metaphors We Live By*)一书,系统且详尽地阐释了概念隐喻理论,之后又于 1999 年出版了《体验哲学》(*Philosophy in the Flesh*),从语言哲学层面,阐明概念隐喻理论的哲学基础,对该理论进一步加以完善。他们认为"隐喻的实质是通过一个事物来理解和体验另一个事物"(Lakoff et al.,1980),从而将隐喻与概念、思维和认知紧密相连。根据概念隐喻理论,隐喻并非纯粹的语言现象,而是一种深层的概念现象与思维方式,能够帮助人类认知世界。虽然在语言学史与哲学史上,也曾有不少学者提出"隐喻并非纯粹的修辞现象"(李葆嘉 等,2013),但 Lakoff 和 Johnson 却是系统梳理隐喻概念化本质的先驱。与 Reddy 关注单个隐喻不同,Lakoff 和 Johnson 引入了大量的词项研究成果,以揭示隐喻的普遍性,并通过例证有力地说明了语言隐喻是概念隐喻的具体表征,从而将语言、概念以及隐喻相关联。

以 ARGUMENT IS WAR 为例。WAR 是一个具象的、较熟悉的概念,称为"源域";ARGUMENT 是一个抽象的、较陌生的概念,称为"目标域"或"靶域"。由于该隐喻概念的存在,可以从 WAR 的视角看待、理解或谈论 ARGUMENT。例如,辩论双方作为相互对立的势力,各不相让;辩论的目的是在确保自身安全的前提下,攻占对方的阵地;辩论时暂时处于上风即扩大领地,反之则丢失领地;辩论中可以采用各种各样的战略战术迷惑敌方;辩论通常会有输赢之分。正因如此,用于形容 WAR 的语言表达就可以被"移植"到 ARGUMENT 中,从而衍生出下列隐喻表达式(Lakoff et al.,1980)。下列例句中带下划线的词汇或短语即为从 WAR 概念域移植到 ARGUMENT 概念域的语言表达形式。

Your claims are <u>indefensible</u>.

He <u>attacked every weak point</u> in my argument.

His criticisms were <u>right on target</u>.

I <u>demolished</u> his argument.

I've never <u>won</u> an argument with him.

You disagree? Okay, <u>shoot</u>!

If you use that strategy, he'll <u>wipe you out</u>.

He <u>shot down</u> all of my arguments.

由于隐喻将 WAR 和 ARGUMENT 两个不同的概念域相关联,帮助我们通过前者深刻认识并充分理解后者,隐喻被视为一种认知方式。它不但为我们提供了一个看待事物的全新视角,使我们对世界的认知更加丰富化、多元化,而且有助于"组织我们的思想,形成我们的判断,使语言结构化"(胡壮麟,2004)。这一点在自然科学领域与社会科学领域通过隐喻相互借鉴研究成果、形成新思路乃至推动学科发展等方面,也可获得佐证。例如,就语言学与自然科学理论的关系而言,转换生成语法中的核心术语"生成"来源于数学,语篇分析术语"语义场"来源于物理学。同样,将语言具有深层结构和表层结构的概念应用于建筑学,将语言符号学中的核心概念"图像"和"语符"等应用于计算机领域,可有效地避免文字的繁琐。可见,隐喻的语义认知功能除了体现在语言层面,还在其他层面有更广泛的拓展与应用。

由于在隐喻概念化的过程中不能缺少认知主体的参与,最终形成的隐喻概念具有一定的主观性,并受制于整个民族,乃至整个人类的隐喻思维模式(李国南,2001)。一方面,基于对共同的自然环境与相似身体特征的感知,人类思维具有共通性,具体体现在同一个隐喻概念可存在于不同语言文化中。例如,英语隐喻概念 LIFE IS A JOURNEY 和汉语隐喻概念"生命是一场旅行"就是相通的。另一方面,人类思维并非完全受限于外部世界,还有一定程度的想象,且与社会文化因素相互影响。这种多样性的思维方式决定了隐喻概念的文化特殊性,即不同的语言文化可催生不同的隐喻概念。例如,英语表达 BEING ANGRY IS BEING HOT 和汉语表达"热喻指尴尬、害羞、激动等情绪"具有明显差别。这种隐喻认知的跨域差异,在一定程度上使隐喻的认知内涵变得更加丰富。当两种语言在某些隐喻概念上具有相似性时,习得该隐喻将有助于强化对世界的共有认知,将已有概念体系顺利地迁移至不熟悉的另一概念体系,在促进深入了解另一语言及其思维方式的同时,辅助二语认知体系的构建。相反,当两种语言在某些隐喻概念上具有较大差异时,习得该隐喻既需要通过对比了解两种语言异域异质的特性,也要重视体验思维与文化的多样性。从隐喻认知的本质来看,隐喻为不同语言文化的认知搭建了一座沟通的桥梁。

由此可知,认知语言学的隐喻研究阐释了隐喻的认知本质,揭示了隐喻的认知功能。隐喻不仅是一种语言现象,可作语言修饰之用,而且是一种认知机制。人类的隐喻思维将不同认知域的概念加以关联,有助于实现跨概念域的映射认知,能够为我们认识世界提供不同的视角,有助于我们对相关概念语义的深度理解。隐喻的语义认知功能已成为现代语言理论与应用研究的广泛共识。

二、词义延伸与拓展的隐喻机制

(一) 隐喻与词义演变研究路向

在词汇语义研究中,词义的延伸与拓展机制备受关注。早期的词义演变研究仅针对个别语义事实进行观察与分类,难以归于某个具体的语义学研究范畴。直至 19 世纪八九十年代,该传统也未发生较大变革,仍以个别孤立的、较分散的词义演变个案为主要研究内容,如 Paul 的《语言史原理》、Darmesteter 的《词的生命》、Bréal 的《语义学探索》等,均缺乏较系统的宏观视角分析。在 20 世纪初,其他人文社会学科(如哲学、社会学、心理学、文化史等)的理论研究成果在语义学中逐渐得以应用,推动了词义演变研究的发展。真正开始对词义演变进行系统研究的学者当属 Ullmann,他于 1962 年出版的《语义学》还特意为"词义演变问题"设置了独立的章节,由此词义演变正式步入现代语义学研究领域,成为重要的研究课题之一。

张志毅和张庆云(2012)从系统描写汉语词义关系出发,提出五大词义演变研究路径,即心理学、修辞学、逻辑学、历史学与训诂学。心理学派认为"语义转化的研究最终应该永远归结为心理研究"(张志毅 等,2012)。虽然该主张有夸大心理作用之嫌,但该学派强调心理联想在语义变化中的作用,进而以此为据进行分类,这种做法值得肯定。该路向的不少研究成果均与隐喻相关。例如,流行于 18 世纪上半叶之前的三大联想定律之一的"相似律",与基于相似性的隐喻机制极为接近。Wundt(1900)在对"具体联想"分类时提出"近似的联想",与 Ullmann(1951,1962)在对"联想"分类时提出的"相似联想"类似,均是指隐喻这种思维方式。可见,词义演变的心理学研究实际上是将隐喻作为一种联想机制进行探讨,这与 20 世纪 80 年代兴起的认知隐喻观有极大的相关性。

修辞学派着重从修辞学视角探讨语义演变现象。早在 18 世纪,意大利哲学家 Vico 就注意到隐喻在语义演变中的作用。19 世纪 80 年代,Paul 提出使用四种修辞规则来阐释词义演变,即夸张、曲言、恶化和好转。直到 20 世纪 30 年代,Bloomfield 进一步完善了七类词义演变规则,即隐喻、换喻、提喻、夸喻、曲意、贬低和抬高,并提到隐喻的典型特征是相似和象征。Bloomfield 重视隐喻,甚至引用谚语"语言是一部褪了色的隐喻书"(张志毅 等,2012),以此强调隐喻在语言系统中的重要地位。20世纪四五十年代,Jakobson 提出,隐喻和换喻是人类言语活动的两大支柱。由此可见,隐喻在修辞学研究模式中同样占有重要地位。虽然如此,当研究认知语言学的学者提出,隐喻不仅是修辞手段,也是一种思维方式之后,仅从修辞学视角对词义演变进行客观、静态的描写,似乎不够充分。

逻辑学派基于内涵与外延的变化来分析词义演变。Proklos 在《柏拉图对话集评注》等其他早期研究成果中,对词义扩大与缩小等语义变化现象进行了简要说明(Ullmann,1962)。1880 年 Paul 出版专著《语言史原理》,后经多次改版,词义变化被归结为"扩大""缩小"和"转移"三种类型。自19世纪末至今,这一划分得到诸多国外学者的认可与推介,如 Bréal、Thomsen、Vendryes、Bloomfield、Ullmann、Fromkin、Rodman 等。在我国,自20世纪30年代开始,不少学者也倾向于采纳 Paul 提出的"三分说"①。虽然隐喻并未在列,但在词义分析中,大多数学者仍将其作为次类别进行探讨,以考量修辞意义与语用意义。由于逻辑学研究重点关注词义变化的结果,而非成因,故难以针对词义演变的整体趋势作出宏观概括。

历史学派与逻辑学派恰恰相反,主要采用历时分析法研究词义演变的过程,而非结果。例如,20世纪20年代的德国学者 Wellander 运用历史原则研究新义的起源,主要探索词义演变的语言内部因素和外部因素。虽然之后也有学者(如 Stern)尝试融合历史学视角与其他路径探究词义演变问题,但本质上都是对词义变化的内因与外因的探索。目前,对词义演变进行综合性研究,成果备受推崇的当属 Ullmann(1962)。他提出促进意义演变的六个因素,即语言的历时非连续性、语义的模糊性、理据的缺乏、多义现象、歧义现象及词汇结构,其中,多义现象与隐喻机制紧密相关。他还归纳了语义演变的六大成因,即语言原因、历史原因、社会原因、心理原因、外来语原因和新事物需要新名称(张志毅 等,2012)。这一概括性总结,在很大程度上推进了词义演变的成因研究,不过该分类标准似乎不够准确。

训诂学是我国传统的词义研究,隶属于语文学,旨在译解古代词义,同时分析古籍中的语法与修辞现象,为阅读古典文献提供帮助。汉语训诂学在词义演变方面提倡"引申说"。所谓引申,泛指由一个事物推及、延展至其他同类事物。最早将引申用于字义与词义研究的是清代江藩所著的《经解入门·说经必先通训诂》,正所谓"字有义,义不一。有本义,有引申义,有通借义"(张志毅 等,2012)。江沅在

---

① "三分说"指词义变化有"扩大""缩小"和"转移"三种类型。

《〈说文解字〉后叙注》中也提到"本义明而后余义明,引申之义亦明"。由此可见,清代的引申说主要用于研究多义现象,重在分析本义与引申义的关系。至于如何进行引申,清代段玉裁在《说文解字注》中总结了"体用引申"等规则,现代学者戚雨村等(1993)提出了三分法,即比喻引申、借代引申、反正引申,王宁提出二分法,即理性引申和状所引申。可见,我国训诂学极其重视引申对词义演变的效用,隐喻即为其中的一种。遗憾的是,国内学者主要将隐喻视为一种修辞手段,而非演变机制,这与国外修辞学派的观点非常接近。

由此,无论将隐喻视为一种纯粹的语言修饰手段的修辞学派、训诂学派和逻辑学派,还是将隐喻视为一种联想机制或思维方式的心理学派,抑或将这两种隐喻观相结合的历史学派,在探讨词义演变问题时都无法绕过隐喻这个主题。隐喻在词义延伸与拓展的演变进程中的实际作用非常值得研究。

(二)隐喻与词义演变的成因

词义演变通常受共时与历时两种因素的影响。共时性变化指因言语组合形成的语义流变,强调语境对词义的影响作用。例如,在 a bad mistake、a bad guy 和 bad conditions 中,形容词 bad 由于临近词汇的影响,词义由"not good(坏的、糟糕的)"分别演化为"serious/severe(严重的)""morally unacceptable(道德上难以接受的)"和"of poor quality(质量不高的)",体现了从具体到抽象的词义演变趋势。历时性变化指因语言聚合所造成的语义系统变化,强调单个词汇内部的语义关联。例如,head 的基本义"the part of the body on top of the neck containing the eyes, nose, mouth and brain(头)"经过联想与类推,逐步形成"the mind or brain(头脑、大脑)""the person in charge of a group of people or an organization(主管人)""the end of a long narrow object that is larger or wider than the rest of it(末端)""the top or highest part of something(顶端、前端)"和"the mass of leaves or flowers at the end of a stem(植物茎梗的顶端)"等引申义,为 head 构建了一个立体化的词义网络。①

虽然现代语义学认为,词义的演变单位包括语义场、词位与义位,但通常情况下最主要的研究内容仍为词义范围的变化(如词义数量的增加与减少)和义值的演

---

① 此处乃至本节所有词汇的英语释义均选自 OALD(2010)。

变(如核心义与非核心义的易位)。究其成因,张志毅和张庆云(2012)提出了三个观测词义演变的视角,即客体世界、主体世界以及语言世界。前两者为外部动因,后者为内部动因。每个视角都与隐喻有着千丝万缕的联系。①

首先,由于词义在语言诸要素中与客体世界的关系最为密切,词义所包含的客体物质因素使得"物"与"词"有着较强的对应性,因此客体世界的发展变化是推进词义演变的第一动力,其或创造新词,或赋予旧词新义。由于要达到以有限的语言单位表达无限的意义这一目的,后者的数量远超前者。然而,如何选择旧词以体现新义,必须有章可循,即具备一定的理据性。事物的相似性即为最主要的依据之一。② 例如,menu 的原义是"a list of the food that is available at a restaurant or to be served at a meal(菜单)",随着计算机的兴起与普及,该词逐渐演化出"a list of possible choices that are shown on a computer screen(【计】菜单)"的意义。两者之间的相似性在于都具有"提供多种选择"这一核心语义特征。汉语译名在提示该词的术语特征的同时,保留了其隐喻性,彰显出隐喻对旧词新义现象的突出贡献。

主体世界的变化发展被视为促进词义演变的第二大动力,主要涉及思维认识、思想观念与心理情感。人类思维最重要的功能在于将具象的事物抽象化,有助于我们从事物具体的可感特征认识其抽象的本质特征。认知的一般规律也是由具体到抽象。隐喻作为一种认知方式,同样遵循这一规律。例如,morass 的原义为"a dangerous area of low soft wet land(泥淖、沼泽)",在隐喻机制的作用下催生了抽象词义"an unpleasant and complicated situation that is difficult to escape from(困境)"。两者的相似点在于"bringing trouble, difficulty, or even death(带来麻烦、困扰,甚至死亡)"。思想观念的不断更新也可促使词义发生改变。例如,heaven 原为宗教学术语,指"the place believed to be the home of God where good people go when they die(天堂)"。然而,随着人类文明的不断发展,科学知识的更新换代,很多人不再相信天堂的客观存在性,但仍保留了该词的核心要素"a place where people feel happy(令人感到幸福的地方)",词义相应地引申为"an extremely enjoyable situation or place(极好的情境或地方)",这也是隐喻机制起

---

① 在本书中,隐喻机制指基于相似性的事物或概念之间的相互作用。
② 事物之间的相关性也是旧词催生新义的主要理据之一。由于相关性是转喻的基本特征,不属于本书的讨论范畴,在此不再详述。

作用的结果。心理情感既包括丰富多样的心理诉求,如"求新""求美""求雅""求省""求序"等,也涉及复杂的感情变化,每一项都可能成为引起词义变化的动因。与隐喻关系最密切者有二:其一,人们对富有美感与生动形象的语言表达的不断追求,即"求美"的内在驱动力;其二,人们将主体情感转嫁于客体事物或将有生命的客体事物的情感活动转嫁于无生命的客体事物之上的倾向,即"移情",或称"情感转移"。

"求美"可直接促成隐喻义的形成。例如,marriage 原指"the formal union of a man and a woman, typically recognized by law, by which they become husband and wife(结婚、婚姻)",其中的核心要素"union of two(两个个体的联合)"经引申得到的隐喻义"a combination or mixture of two or more elements(结合、融合)",既生动形象,又极为美妙,完全符合"求美"的心理需求。"移情"或"情感转移"与文化相关,是很多习语形成的理据之一。例如,"happy event"将人类的情感"快乐、幸福"推及事件,属于"移情"的典型代表。虽然"喜事"泛指"令人高兴、值得庆贺之事",但在不同的地域文化背景下,所指却不尽相同。在我国古代,"久旱逢甘霖,他乡遇故知。洞房花烛夜,金榜题名时"并称"人生四大喜事"。随着社会文化的发展,如今的"喜事"语义缩小,特指"结婚"。但是,在英语国家文化中,"happy event"主要指"the birth of a baby(孩子的降生)"。这也是"移情"隐喻机制起作用的结果。

从主体世界变化视角来看,隐喻对词义演变的影响,较之在客体世界中似乎更大,渗透在思维、观念与情感等多个方面。不过,作为词义演变的外因,主体世界与客体世界仍然需要通过语言世界这一内因,才能充分发挥效力。

语言世界的动因大致包括语义、语法和语用三个方面。语义着重体现在同义、反义、类义等语义场对义位演变的影响;语法主要表现在词类转换、使动意义与实词虚化现象中;语用则与异常语境的出现相关。与隐喻最密不可分者,当属语用的影响。探讨语用问题不能不提语境,正所谓"语流义变自然植根于语境,非语流义变也萌芽于语境"(张志毅 等,2012)。语境小至词组,大至篇章。在词汇组合中,部分词汇语义不变,被称为"基项",在其影响下,其他词汇语义可能会发生一定的变化,被称为"搭配项",这个过程通常需要隐喻的介入。例如,defuse 原指"to remove the fuse from a bomb so that it cannot explode(拆除炸弹的引信)",但在词组 defuse racial tension 中,该词义与基项 tension 的基本义形成了语义冲突,出现了"异常语境"。此时,需要借助隐喻机制从原义中提取核心要素"change a dangerous or difficult situation into a safe one(改变危险或困难的处境,给予安全保障)",以获取隐喻义"to stop a possibly dangerous or difficult situation from developing, especially by making people less angry or nervous(缓和、平息)"。defuse 由原义到隐喻义的转变,即为临近词汇引发的语义流变结果。

除语境外,修辞也是现代语用学视角下词义演变研究的焦点之一。张志毅和张庆云(2012)将不同修辞手段根据推动词义变化的显著性排序,名列榜首者即为"比喻",余者依次为"借代""委婉"和"夸张"。作为比喻的下分类,隐喻与明喻相对,不附带比喻词汇(如 as if 和 like)。由于人类思维具有隐喻性特征(Lakoff et al.,1980),隐喻可直接促成大量隐喻义的生成。委婉和夸张也与隐喻颇有渊源。其中,委婉的实质是隐喻变体,能够丰富词汇,促使词义演变。例如,answer the call of nature 的字面义是"响应自然的召唤"。由于"人有三急",非理性所能控制,故喻指"上卫生间"。夸张也常与隐喻同时出现。例如,sea 原指"the salt water that covers most of the earth's surface and surrounds its continents and islands(大海)",由"large in area or amount(面积大、数量多)"的核心要素衍生的隐喻义"a large amount of something that stretches over a wide area(广大、众多)"就具备了夸张的成分,如 a sea of smiling faces(无数张笑脸)、an endless sea of sandy plain(一望无际的沙原)、the seas of time(难以计数的时间)等。汉语中的"海"也喻指"极大、极广、极多",其夸张幅度之大、应用范围之广,更甚于英语中的 sea,如"海量"(极大的酒量)、"海碗"(极大的碗)、"人海"(极多的人)、"海口"(极其夸大的言辞)等。这些夸张手法的运用离不开隐喻,以此为基础,将原义与隐喻义相关联,不仅能达到修辞认知效果,而且促成了词义的不断演变。

虽然客体世界、主体世界以及语言世界作为词义演变的成因,仅构成了一个模糊的理论框架,但通过以上分析,仍然能够管窥在词义演变历程中,隐喻发挥的重要作用。可以说,隐喻是语义延伸与拓展的主要影响因素。正因如此,词典,尤其是学习词典,作为客观反映语言变化的载体,应当借助隐喻在词义历时演进中的效用,运用恰当的表征手段呈现丰富、系统的语义信息,辅助二语词汇的深度习得。

第二节　语义隐喻构建的系统性特征

Saussure(2002)指出,"正如下棋即为不同棋子之间的相互组合,语言也是一个以单位对立为基础的独立系统,既不能不熟悉这些语言单位,也不能孤立地使用它们。"这些单位是构成语言系统的要素,它们相互之间错综复杂的关系体现了语言的"系统性"。词义作为语言的重要组成部分,在基于隐喻的构建过程中,同样具有系统性特征,主要表现在"层级性"与"关联性"两个方面。

一、词义隐喻构建的层级性

任何结构都是由若干单位构成的。词汇系统也不例外。早期的哲学家与逻辑学家在探讨语义问题时,曾经谈及语义单位的确立问题。例如,Locke 和 Hume 等将"词"作为语义的基本单位,Frege 将"语句"或"命题"视为语义的基本单位,Wittgenstein 认为意义的基本单位是"语言游戏",Quine 甚至将整个理论体系与科学体系作为意义的基本单位进行研究(徐志民,2008)。

目前,语言学家普遍认同两个重要的语义单位:一是"义素"①或"义位",二是"义子"或"语义成分"。义子被认为是词义的最小单位,具有不可分性,具有语义区别性特征,用于区分不同的义素。例如,名词 man 在 OALD 中有 14 个义素,第一个义素"an adult male human"由 3 个义子构成,分别用大写字母表示,即 ADULT、MALE 和 HUMAN。义子还可根据性质再分为"一般义子"与"特殊义子"。前者指具有范畴性与概括性的语义特征,后者指不同语言符号特有的语义区别性特征,两者共同构成词义的外延。此外,Pottier 认为还存在一种"潜义子",即"潜存于说话人的联想记忆之中,具体呈现与交际状况的各种可变因素相关联的成分"(徐志民,2008),也就是词义的内涵,与隐喻相关。例如,tree 的义素"a very

---

① 义素指词汇的一个义项,不过义素的称谓更加客观。义项由于经过词典编者的删减、合并或细分而具有更强的主观性。

tall plant that has branches and leaves, and lives for many years"可切分为 PLANT(植物)、HAVING BRANCHES(有枝干)、HAVING LEAVES(有叶子)等特殊义子,同时包括 HAVING LIFE(有生命)、NON-ANIMATE(非生物)、PHYSICAL(物质性)、CONTINUOUS(连续性)等一般义子。此外,还可通过联想推断出可能的潜义子,如 GROWTH(成长)、PROSPERITY(繁荣)、SYSTEMATICITY(系统性)等。这些潜义子为 tree 的词义隐喻构建奠定了基础,并由此催生"树形图""家谱(图)"等隐喻义。可见,每个义素都能进行更细致的切分,直至获得颗粒度更小的义子。词义就是由义素和义子这两个基本单位,及其相应的下分类在隐喻的基础上构建而成的结构统一体(图 4.1)。

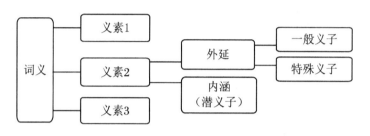

图 4.1 基于语义单位的词义层级

正如语义单位有层级性,语义类型亦不例外。传统语义研究基于词义的多样性提供了多种分类标准,以区分本义和转义、原义和派生义、基本义和附加义、常用义和特殊义、具体义和抽象义等不同组别的语义。然而,这些划分在理据上的差异造成了名称上的混乱。例如,与概念意义相关的汉语术语竟达 20 个之多(如指称意义、中心意义、词典意义等);与 basic meaning 相似的英语术语也不少(如 primary meaning、original meaning、fundamental meaning 等)。部分术语之间的逻辑性也不够明晰。例如,在 Leech 提出的六种词义中,理性意义和内涵意义存在蕴含关系,社会意义、情感意义、反映意义和搭配意义均隶属于联想意义,社会意义和情感意义有重合,反映意义和搭配意义依赖词义关联实现传递,区别在于前者见于同一词汇内部,后者见于不同词汇之间。

为明确现代词汇语义学在语义类型划分上的层级性,由 Peirce 提出,后经 Morris 完善的"三分说"(Lyons,1977),从句法、语用和语义三个视角进行了语义分类(图 4.2)。句法意义分为范畴意义(包括词类与形态)、结构意义(包括词汇内部与词汇之间的意义)和功能意义(包括句法功能、组合特点与类别提示功能);语用意义较简略,主要涉及组合意义和语境意义;语义意义最为复杂,可将语义的两个要素(即义值和义域)作为观测点。

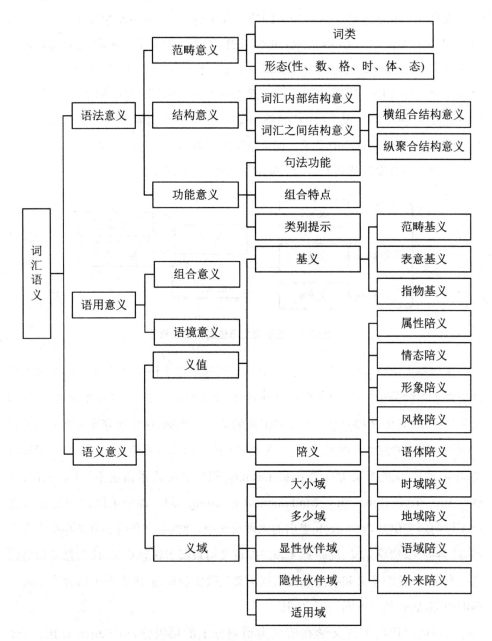

图 4.2 基于语义类型的词义层级①

---

① 该结构图参照张志毅和张庆云(2012),有改动。

首先,作为一个广义概念,义值指词形表达的内容,由基义和陪义构成。基义是义素的基本特征,有范畴基义、表意基义和指物基义之分,具有重要的交际价值。陪义是义素的附属特征,能够提高语言表达效果,可用于区别近义词,是二语词汇习得的主要难点之一,涉及属性、情态、形象、风格、语体、时域、地域、语域和来源等多个方面,隐喻义也在列。

其次,义域与外延相关,所指更加宽泛,涉及大小、多少、显性/隐性特征及其适用域。其中,显性特征指在词汇组合过程中给以明示的义素,在学习词典中常用括注标明。例如,thaw 在学习词典中的释义为"(of ice and snow) to turn back into water after being frozen",括注的主要用途在于提醒学习者,该动词的施动者常为 ice 和 snow。隐性特征指在词汇组合过程中未给以明示的潜在义素,在学习词典中常用例证提示。例如,"the atmosphere slowly began to thaw"暗指 thaw 具有"强度减弱"的隐喻性用法。可见,隐性语义特征是隐喻性用法的基础。适用域属语用范畴,与语体、时域、地域、语域及来源关系密切,常用以提示隐喻性用法的正式化程度。

二、词义隐喻构建的关联性

根据《现代汉语词典》(2013),"关联"指"事物相互之间发生牵连和影响"。词义的关联性以层级性为基础,是不同词汇语义成分在横组合与纵聚合两个维度上错综复杂的关系总和。[①] 组合关系和聚合关系最早由 Saussure 提出,主要用于分析言语链的线性延展以及揭示大脑中具有共同点的词汇的联合方式(徐志民,2013)。这对术语随后被广泛应用于语言学的各个分支(如形态学、句法学、音系学、语义学等)。就语义研究而言,词汇组合关系指"词汇系统中不同成员在同一语境中因语义驱动而形成的共现制约关联特征";词汇聚合关系指"词汇系统中各层级之间或者同一层级不同成员之间的语义关联性"(魏向清,2010)。因此,组合关系是词汇在横向维度上的语义共现现象,称为"横组合关系",与基于隐喻的语义流变密切相关;聚合关系是词汇在纵向维度上的语义关联现象,称为"纵聚合关系",体现基于隐喻的语义衍生关系或对立关系。

---

① 由于隐喻在词义延伸与拓展的过程中发挥重要作用,为与上文的标题保持一致,此处用"词义隐喻构建的关联性"以示呼应。

（一）词汇系统的横组合关系

横组合关系与语境下的词汇使用密切相关。常常相伴出现，在相关语境以及彼此语义的影响下呈现一定典型特征的词汇组合，即构成搭配。Stubbs(2002)认为，搭配是"两个或多个词语之间的词汇关系，这些词语在现行文本中的一些结构内部具有相互搭配的倾向"。张志毅和张庆云(2012)进一步将搭配分为两类：词汇或义位的固定性或习惯性组合(简称固定组合)、词汇或义位的相对自由组合(简称自由组合)。

固定组合是在长期语言使用过程中形成的典型词汇横组合关系，包括短语搭配、语义韵搭配、隐喻性搭配等形式(魏向清，2010)。短语搭配按词性可再分为名词搭配、动词搭配、形容词搭配、副词搭配等。其中，基项的语义特征通常保持不变，搭配项在基项的影响下，有可能发生语义流变。例如，动词搭配 defuse a crisis 的基项 crisis 与搭配项 defuse 的基本语义特征不吻合，需要借助隐喻机制将搭配项由本义引申为隐喻义"to stop a possibly dangerous or difficult situation from developing, especially by making people less angry or nervous"(缓和、平息)才能达到交际目的。

语义韵搭配涉及不同词义在内涵上的契合。例如，动词 cause 的释义为"to make something happen, especially something bad or unpleasant"，这意味着与其搭配的名词具有消极语义韵，如 concern、confusion、damage、danger、death、delay、embarrassment、fire、offence、problem、trouble、uncertainty、worry 等。

隐喻性搭配是不同词义借助隐喻而形成的词汇联合。例如，"犯错误"的隐喻性搭配有 trip sb. up 和 put your foot in your mouth；"心情沮丧、悲观失望"的隐喻性搭配有 feel blue/down/low、in a black mood、have dark thoughts 等。隐喻性搭配的形成既与修辞有关，也是隐喻概念起作用的结果。当自由组合在字面上形成语义冲突，具备临时语境下的特殊语义内涵时，也可归为隐喻性搭配范畴。例如，living 和 death 具有完全相反的语义特征，通常不会同时出现。但在 a living death 中，两者临时被赋予修饰与被修饰的关系，旨在突显"a life that is worse than being dead(生不如死的生活)"之意，强调"生活艰难"。再如，在 white blindness 中，原本存在语义矛盾的两个词被"not seeing anything"这个共同点捆绑在一起，用以表达"the state of being too white to see(白得耀眼、难以看见)"之意,非常贴切。

可见,词汇搭配只是表层现象,义位搭配才是深层现象。横向维度上的词汇关联,实则义位的组合结果,由此可形成诸多隐喻性搭配。

(二)词汇系统的纵聚合关系

与横组合关系相比,纵聚合关系更加丰富化和系统化。"根据现代语义学理论,词汇系统的实质就是词汇语义系统,词汇系统的呈现方式即基于上下义关系和平行性关系而形成的词汇范畴的层级性义场。"(李葆嘉,2007)因此,词义关系主要包括多义关系、同义关系、反义关系和上下义关系。除多义关系为同一词汇不同义素的内部关联外,其他均属不同词汇不同义素之间的联系。

自然词汇自创生之初只具有单义性。随着社会文明的不断发展,单义词汇逐渐难以满足人们日益增长的交际需求。为解决这一难题,一方面,新词应运而生,在增加词汇数量的同时,也增加意义。另一方面,单义词汇被赋予新义,在词汇数量不变的情况下,仅增加语义数量,由此出现多义现象。李尔钢(2006)认为,造成多义现象的主要途径为"引申"或"派生"。引申包括从具体到抽象、从专称到通称、从泛指到特指以及修辞格的使用(如隐喻、指代、象征等)。在词义引申的过程中,联想发挥关键作用,其中也涉及隐喻。

例如,morass 由 "a dangerous area of low soft wet land(沼泽)"到"an unpleasant and complicated situation that is difficult to escape from(困境)"便是基于隐喻机制由具体到抽象的演化结果。再如,bird 在《新时代英汉大词典》中共有 5 个义项:① 鸟、禽;②(有一定特点的)人;③ 姑娘、少妇、美人、美女、女友;④ 监牢、徒刑、刑期;⑤ 供捕猎的禽鸟。如图 4.3 所示,bird 的基本义为具象化特征显著的义项①,经词义缩小演变为义项⑤;在隐喻机制的作用下催生出义项②和义项④两组引申义,同为引申义的义项③则为义项②词义缩小的产物。可见,多义词的义项并非孤立地存在,而是互相联系、互相依存,呈现鲜明的聚合性特征。

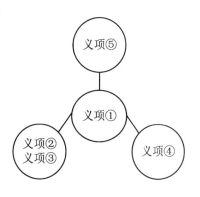

图 4.3 多义词 bird 的语义关联

从理论上看,同义关系是拥有相同语义成分的词汇之间的关联。然而,具有完全相同的语义成分,并且能够应用于相同语境的同义词,实则极为罕见。因此,广义上的同义关系,其本质是近义关系,即主要语义成分相同的词汇之间的语义关联。由于近义现象普遍存在,近义词的区分非常必要。Zgusta(1983)说过:"如果人们不是把词和它的近义词进行比较、对比研究,那么可以说他并没有真正懂得这个词的意义"。事实上,只有在深入分析、详细对比近义词的基础上,才能真正分析出并掌握构成这些词语义成分之间的异同点。以辅助二语词汇习得为导向的学习词典大多会提供近义词信息。例如,OALD 为 happy 列出了两组近义词(即用于描述开心的 delighted、glad、pleased、proud、relieved、thrilled 和用于描述满足的 blissful、content、contented、joyful、satisfied),通过例证详细阐释词义内涵与使用情境。MEDAL 为 happy 提供了具体情境中的词汇选择(如下),其中也包括隐喻性搭配(如 on top of the world 和 on cloud nine):

Feeling happy at a particular time:cheerful、in a good mood、light-hearted

Always happy:happy-go-lucky、cheerful、good-natured、optimistic、contended、positive

Happy because of something has happened:delighted、pleased、glad、satisfied

Happy because something bad has happened to another person:gloating、gleeful、smug

Extremely happy:ecstatic、overjoyed、joyful、on top of the world、thrilled、on cloud nine

Something that makes you feel happy:cheering、encouraging、heartening

现代语义学的反义现象研究强调对立与差别,即互为反义词的词汇既可意义相反,也可意义相对或互补。徐志民(2008)认为,反义词有三种类型:两极词、互补词和逆反词。两极词具有相对性与可变性,以形容词居多,如 hot 和 cold、big 和 small、old 和 young 等。互补词是一对语义相互排斥的二元对立体,具有"非此即彼"的特征,多为形容词和动词,如 male 和 female、live 和 die 等。① 逆反词强调词义对立关系,通常互为前提、互相依存,涉及词类最为广泛,如动词逆反词组 buy 和 sell、import 和 export,名词逆反词组 husband 和 wife、doctor 和 patient,副词逆反词组 before 和 after、here 和 there,形容词逆反词组 left 和 right 等。

---

① 这里探讨的互补仅就词汇语义关系而言,并非客观事实。例如,虽然现实中存在两性人,也不能否认 male 与 female 是一对互补型反义词。

上下义关系主要描述统称词汇与具体词汇之间的单向蕴含关系,与逻辑学中的包含关系相似。不同的是,逻辑学关注所指物之间的种属关系,语义学注重语义成分之间的包容性。通常而言,具体词汇是统称词汇的下义词,统称词汇是具体词汇的上义词。当上义词缺失时会出现词汇空缺的现象,但并不意味着缺失词汇所表达的概念不存在。例如,crawl、fly、hop、jump、move、run、swim、walk 等是一组以 move 为上义词的表示"移动"的动词,有的表示在空中移动(如 fly),有的表示在水中移动(如 swim),还有的表示在陆地上移动(如 crawl、hop、jump、run、walk),但是缺乏类似 fly 或 swim 的统称词汇用以表示"在陆地上移动"这一概念,只能用 ø 代替(图 4.4)。

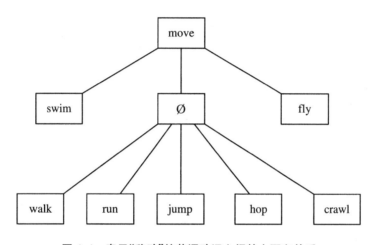

图 4.4 表示"移动"的英语动词之间的上下义关系

由此可见,无论从横组合维度,还是纵聚合维度来看,词义具有鲜明的语义关联性,且多与隐喻相关。① 这对二语习得具有重要的启示意义。从某种程度而言,学习词典编纂就是模拟语言学习过程,使学习词典文本表征更趋向于学习者的词汇语义心理表征。因此,在处理词汇信息的过程中,学习词典编纂者需要考虑词义的系统化呈现,尤其是隐喻信息的系统表征。

---

① 与纵聚合维度相比,横组合维度的词义建构与隐喻关系更为密切。

章末小结

　　本章从认知语言学视角阐释了英汉学习词典表征隐喻信息的必要性与重要性,这是本书的理论基础之一。

　　认知语言学认为,隐喻不仅是一种语言现象,具有修饰之功,也是一种认知机制,有助于辅助语言认知,更是一种思维方式,为人类提供认识世界的全新视角,提升创新意识。在语义流变的历程中,无论从客体世界还是主体世界,抑或从语言世界来看,隐喻均发挥了重要作用,是词义延伸与拓展的重要影响因素。

　　作为语言的重要组成部分,词义在基于隐喻的构建过程中具有以层级性和关联性为核心的系统性特征。从层级性来看,词义是由义素和义子这两个基本单位及其相应的下分类在隐喻的基础上构建而成的结构统一体;语义类型也可以从句法、语用和语义等三个层面细分为更具体的意义类型。从关联性来看,词义是不同语义成分在横组合与纵聚合两个维度上错综复杂的关系总和:组合关系彰显词汇在横向维度上的语义共现现象,与基于隐喻的语义流变密切相关;聚合关系体现基于隐喻的语义衍生关系或对立关系。

　　综上所述,作为客观反映语言变化的载体,词典,尤其是学习词典,有必要借助隐喻在词义历时演进中的功效,运用恰当的表征手段为学习者呈现丰富的、系统的语义信息,以辅助二语词汇系统的构建,推进二语习得进程向纵深方向发展。

第五章　英汉学习词典隐喻信息表征的语言习得理据

　　语言是人类对客观世界感知的结果。"任何对语言现象的深入分析都基于人类认知能力"(Taylor,2002)。语言习得也属于人类认知活动的一种,需要认知机制的介入对语言进行加工处理。文秋芳等(2013)认为,"语言习得是一个基于如推理、监控、记忆等通用认知能力的认知行为……学习者借助通用认知能力感知、认识一种新语言。"这种通用认知能力指大脑中关于客观世界的一系列心智活动,包括范畴、概念与意义的形成,以及推理、概括、演绎、监控、理解、记忆等认知机制的运用。

　　作为语言习得的子范畴,二语习得同样需要通用认知能力,不过其过程更为复杂。原因在于二语学习者大脑中存在两套语言系统,即母语系统和二语系统(Jiang,2000)。二语习得的过程就是这两套语言系统不断相互影响的结果。由于二语词汇习得在很大程度上决定了二语学习者能否成功习得目标语,二语词汇系统的构建就成为二语习得的核心。事实上,"构建二语词汇认知系统的最终目标就是建立完备的二语心理词库"(杨娜,2014)。二语隐喻能力作为一种高级思维能力,能够促进二语心理词库的有效形成,因此,二语教学研究需要探索二语隐喻能力的培养途径。

第一节 二语词汇系统认知的隐喻路径

二语习得与母语习得有诸多相似之处。Aitchison(1990)认为,儿童习得词汇通常需要完成三项任务:"贴标签""组合"和"网络构建"。第一,将抽象的语言符号与具体的实物或现象相对应,通过词汇的量化积累促使心理词库①的形成。第二,将不同物品或现象归于同一语言标签下,使逐渐成形的心理词库呈现结构化。由于对语义原型特征的错误分析容易导致"过度概括"和"概括不足",因此需要大量语言实践活动验证所掌握的标签。第三,借助语法规则,从横组合与纵聚合两个维度为已习得的语言标签构建网络,实现词汇的快速检索。此时,心理词库已成为一个立体化的词汇网络系统。可以说,母语词汇习得的终极目标就是构建完备的心理词库。二语词汇习得也是如此。

然而,二语习得与母语习得不仅在学习者年龄、学习态度、学习方式、社会文化等方面存在差异,而且具有两大先天性局限。第一,受限于课堂教学环境,二语信息输入在质和量上均存在不足,二语学习者难以获得充分的语义、语法及词形信息。有限的语言输入是成功习得第二语言的主要障碍之一。因此,二语学习者必须拓展二语词汇获取途径,除有意学习之外,还需要充分借助无意学习来提高二语词汇习得的广度与深度(Hatch et al.,2001)。第二,在词汇习得的同时,还需建构相应的概念系统,二语学习者在二语习得之初,大脑中已存在一个与母语词汇系统紧密联系的概念系统。因此,二语学习者在二语习得过程中,或多或少都会依赖这一系统(Lado,1957;Jenkin et al.,1993)。该系统虽然有助于二语学习者掌握已有概念在第二语言中的词汇表达,无需重新构建新的概念系统,从而降低认知负荷,但由于存在语言差异,二语学习者仍然需要不断调整或更新部分已知概念,否则极易触发母语负迁移现象,进而增加二语词汇习得的难度(黄冰,2004)。可见,

---

① 心理词库亦称心理词典,是学习者掌握的词汇知识在永久记忆中的组织形式,既是语言能力的中枢,更是认知能力的作用结果。本书将心理词库视为一种词汇认知系统,不仅包括所习得的词汇知识的总和,而且包括这些词汇知识的具体结构形式。

二语习得是母语与二语在语音、词汇、语法等层面交互作用的结果(Grosjean et al.,2013)。这就注定二语心理词库的构建更为复杂。

Levelt(1989)认为,心理词库由词名层和概念层两部分构成。词名层包括拼写、词形、语音等具象信息;概念层包括语义、句法等抽象信息。二语学习者需要不断整合习得的语言信息,通过构建完善的心理词库,在实际语言使用过程中顺利识别并提取结构化词汇,以实现词义通达。关于词义通达的具体路径,目前主要有"词汇生成模型""序列检索模型""群集模型""集理论模型"和"特征比较模型"等(王文斌,2002)。然而,这些模型大多以母语习得为前提,鲜有针对二语心理词库构建的阐释。事实上,母语习得主要通过大量语言输入和语言接触来掌握词名层的信息,与此同时,逐渐习得相应的概念层信息,以实现语言系统与概念系统的同步发展,最终成功构建母语心理词库。然而,二语心理词库的内部结构不仅涉及两个语言系统,而且需要两个概念系统的对接。换言之,二语学习者不仅要掌握第二语言的外部表征(如语音、拼写、语法规则等),还需根据具体情况,调整原有的母语心理词库(桂诗春,1992)。

储存于心理词库的词汇并非零散无序,而是相互关联的,具体组织形式可通过"原型理论""层次网络模型"和"激活扩散模型"等心理语言学理论假设得以诠释(王文斌,2002)。原型理论认为,语义有核心义与边缘义之分,在心理词库中处于不同位置,同一范畴的词汇虽然表达同一个概念,但心理表征却有亲疏之别。二语学习者习得某一概念时,总是先接触能够体现其典型特征的词汇语义,再逐步过渡到抽象的边缘义。这符合认知规律的内在要求。与原型理论侧重语义的典型性特征不同,层次网络模型和激活扩散模型以词义网络为基础,揭示词汇语义关系。层次网络模型提出,词汇的语义关联具有层级性,心理词库是由不同级别的单词聚类模块逐级组成的(刘永昌,2001)。激活扩散模型将词汇在心理词库中的组织形式视为一个由无数节点联结而成的网络。当某个节点被激活时,该刺激将扩散至其他临近概念,由此牵动整个词义网络(Collins et al.,1975)。这些理论模型同样适用于二语心理词库的构建。

Jiang(2000)从心理语言学视角出发,将二语词汇习得分为三个阶段:形式阶段、母语词目中介阶段、二语整合阶段。杨娜(2014)以此为基础,将二语词汇认知系统的发展也分为三个阶段,即初级阶段、中级阶段和高级阶段。不同阶段的二语心理词库或二语词汇认知系统呈现不同特征(图5.1)。

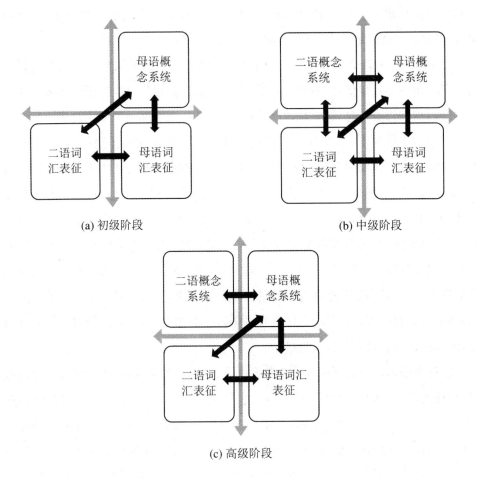

图 5.1 基于二语心理词库的二语词汇认知系统构建

在初级阶段,二语心理词库仅有词名层,可能还存在一个指示器,可通过联想或想象等认知机制,激活相应的母语对应词。由于概念层缺失,二语系统完全依赖母语系统运作,母语对应词的语义、句法与形态信息直接被植入二语词汇认知。这就是很多英语初学者最常用的英语词汇记忆策略之一(姚梅林 等,2000;朱竹,2014)。在中级阶段,随着第二语言信息输入的增加,二语词汇与母语对应词的联系得以强化,两种概念系统能够在大脑中同时被激活。当这种情况越来越频繁地出现时,母语概念系统通过隐喻机制逐步被复制到二语概念系统,与二语词汇实现词义通达。虽然此时二语词汇与母语对应词之间仍有联系,但是二语词汇语义的主要提取途径已转变为二语词汇系统与二语概念系统的直接联系。由于此时二语概念系统仅是母语概念系统的复制品,并非真正独立的概念系统,因此,二语学习者仍会依赖母语思维,从而形成语言干扰,导致语言错误的发生,即 Selinker(1972)提出的"中介语"。高级阶段以二语概念系统在心理词库中的成功构建为标志。随着第二语言信息输入的数量与质量的显著提高,二语词汇信息不断丰富,存储机制越来越与母语系统相类似,这就为二语概念系统的独立运作奠定了基础。在这一过程中,隐喻进一步巩固了二语概念系统与母语概念系统之间的联系。这不仅有助于理解两种异域异质语言的共有语言文化信息,而且可为二语概念系统特有的语义信息处理提供帮助,从而深化二语词汇习得。当二语概念系统开始独立运作,且与二语词汇系统实现全面的词义通达时,二语心理词库宣告形成,二语词汇认知系统亦随之得以成功构建。

由此可见,二语词汇认知系统的构建与隐喻息息相关。双语学习词典作为辅助二语习得的重要学习工具,应该遵循二语词汇系统的发展规律,在信息设置与文本呈现方面对隐喻信息进行创新性设计。由于"二语隐喻能力的形成是二语词汇认知系统构建成功的重要标志"(杨娜,2014),二语词汇认知系统的完善也与二语隐喻能力的发展密切相关。

第二节　二语隐喻能力发展的渐进性

二语隐喻能力①是二语学习者在使用第二语言的过程中所表现出的隐喻能力,主要与母语隐喻能力相区别。由于二语习得较母语习得难度更大,二语心理词库较母语心理词库在结构上更为复杂,二语隐喻能力需要历经逐步渐进的过程方能实现进一步发展。根据本书对二语隐喻能力的界定,二语隐喻能力发展的关键在于有效处理二语语义关联。因此,语义关联的客观存在与创造是二语隐喻能力得以持续发展的必要前提。

二语隐喻能力与二语词汇认知系统的构建,乃至二语词汇习得进程关系密切。研究结果表明(杨娜,2014),在二语词汇认知系统形成的初级阶段,二语隐喻能力

---

① 二语隐喻能力也可称为外语隐喻能力,即外语教学环境下的隐喻能力。

主要体现为能够利用语音、构词等显性理据强化二语学习者的词汇联想机制,加强母语与二语词汇在外部表征上的联系,以辅助词汇记忆。在中级阶段,二语隐喻能力能够促进母语概念系统在二语概念系统上的映射,有助于理解并产出母语概念系统与二语概念系统共有的隐喻信息。在高级阶段,二语隐喻能力可以促进二语词汇表征与二语概念系统直接实现词义通达,弱化二语词汇表征与母语概念系统的联系,以减少语言干扰。显然,随着二语词汇认知系统的完善,二语隐喻能力发展呈现鲜明的渐进性。

Wei(2012)基于学习词典隐喻信息的划分,将二语隐喻能力发展划分为三个阶段(图5.2)。每一类隐喻信息的掌握都需要学习者具备不同层级的二语隐喻能力。在第一阶段,二语隐喻能力表现为能够通过隐喻性语义引申机制识别与理解词汇的隐喻义,同时掌握不同语言系统共有的隐喻信息,即隐喻引申能力。例如,理解并习得 morass 的基本义"a dangerous area of low soft wet land(沼泽)"与隐喻义"an unpleasant and complicated situation that is difficult to escape from(困境、陷阱)"之间的隐喻性引申关系。由于"陷阱"在汉语中亦有本义与隐喻义之分,"情感陷阱(a morass of affection)""谎言陷阱(a morass of lies)"等隐喻性表达属英汉语言共有的隐喻信息,在二语隐喻能力初级阶段,很容易被理解与接受。

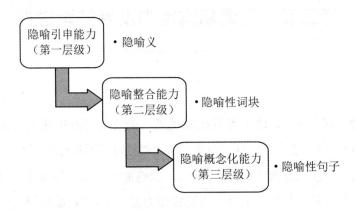

图 5.2 二语隐喻能力发展的词典学视角

在第二阶段,二语学习者能够整合习得的隐喻义,并以此为基础,分析与掌握大量隐喻性词块,通过比较习得不同于母语的二语隐喻信息,即隐喻整合能力。例如,在英语国家文化中,red 喻指 anger,很多词汇与短语的隐喻义也与此相关,如 see red(气得发疯)、red-faced(恼羞成怒的)、a red rag(令人发怒的事物)、red-hot

(暴怒的)等。① 但在汉语文化中,红色常喻指妒忌(如"眼红")、革命(如"红色娘子军")、流行(如"当红歌星")等。只有通过语言对比分析才能习得这些隐喻性词块,避免语言干扰,提升隐喻整合能力。

在第三阶段,学习者能够根据主题化隐喻信息,将具有相同隐喻概念的语言形式进行概念化处理,通过对比将其与母语隐喻概念相区别,即隐喻概念化能力。例如,通过学习与掌握"This term we will be exploring the psychology of sport.""In today's class I will map out several important concepts.""We can approach this subject from different directions.""This is an excellent guide to English vocabulary.""The first step in language learning is to get familiar with speech sounds."等隐喻性句子,理解"TEACHING someone is showing them how to REACH a place.(教学即引导学生到达目的地)"这个隐喻概念,这显然不同于汉语文化中的"传道、授业、解惑"。可见,二语隐喻能力的发展依赖于充分的隐喻信息输入和有效的信息处理机制。

从心理语言学、认知语言学以及词典学视角审视二语词汇习得的发展历程,不难发现二语隐喻能力对构建二语心理词库的重要意义。随着二语心理词库的不断完善,二语隐喻能力的层级性与阶段性逐渐明朗,系统化特征得以体现。正因如此,一方面,以辅助二语隐喻能力发展为导向的学习词典编纂需要遵循二语隐喻能力发展的客观规律,从内容与形式两个方面考虑隐喻信息表征问题。另一方面,二语学习者也需要强化隐喻意识,充分了解并运用各种策略完成各项任务,以提高二语隐喻能力。学习词典使用策略就是其中的一种。

第三节　词典使用与隐喻跨语认知的系统性

Rubin 和 Thompson(1994)将学习词典与语言教师、语言教材、语法参考书和媒体资料并称为能够帮助学习者获取语言知识的五种有效资源。Brown 和 Payne

---

① 除隐喻外,red-faced 和 a red rag 还涉及基于相关性的转喻。由于隐喻和借喻常常相伴而生,难以完全剥离,此处仅强调其隐喻性。

(1994)认为,词汇学习需要历经五个步骤:拥有发现生词的资源、掌握发音与拼写等词形信息、获取生词的词义、加强词形与词义的联系、灵活运用生词。这些内容大部分都与词典文本的表征信息相契合。

传统学习词典使用策略大多将学习词典视为单纯的信息查检工具,并未特别强调学习词典具有辅助词汇能力提升的认知作用(魏向清 等,2011)。这间接导致中国英语学习者的词典使用意识不强、学习词典使用技能不足、难以充分利用学习词典文本信息等问题的出现(梁玉玲 等,2005;武继红,2005;陈玉珍,2009;李子容,2009;李锡江 等,2012)。

事实上,作为必要的语言学习辅助工具,学习词典不仅是语言信息输入的重要来源,其使用更是一种不可或缺的语言学习策略。所谓学习策略,即"学习者为了能够更好地理解、学习或记忆新信息而运用的有目的的行为与思维"(陈伟,2009)。当前学习策略研究通常将"学习词典使用"归为"认知策略"(O'Malley et al.,1985;Oxford,1990;Gu & Johnson,1996;Schofield,1999;Schmitt,2000)。可见,学习词典使用作为必要的词汇学习策略,已得到学界的普遍认可。

在学习词典使用策略研究方面,魏向清(2010)从当前学习词典研编的认知化取向出发,以外语词汇系统认知的语义关联维度与关联层次的系统化特征为基础,提出学习词典介入式外语词汇教学策略。她一方面建议外语教师在课堂教学中重视学生的语言认知需求,另一方面提醒学生在课外强化自主学习意识,通过充分利用学习词典有意识地锻炼词汇自主学习能力,为实现语言学习的可持续发展,最终提高二语词汇能力奠定坚实的基础。该研究将学习词典使用与二语语言能力发展相关联,对于提高学习词典在二语习得中的地位具有重要的指导意义。

为了强调学习词典使用与阅读、写作以及词汇习得之间的关系,也为了检测学习者的学习词典使用技能,Gavriilidou(2013)设计了一份学习词典使用策略清单,共包含36个项目,分为四个方面,即学习词典使用意识、学习词典选择标准、宏观信息查检以及微观信息查检。该清单采用自我报告调查问卷形式,经过信度与效度检验,具有较强的科学性,可用于评估学习者的学习词典使用策略是否能够有效促进阅读、写作及词汇能力发展。

魏兴和姜文东(2013)以 Gu 和 Johnson(1996)提出的词汇学习认知策略为基础,按照心理词库处理词汇的阶段性特点(即输入、存储与提取)将词汇习得分为理解、记忆和识别三道程序,涉及查询前的词汇理解、查询中的信息选择以及查询后的信息处理等三个要件,符合词汇学习心理机制的内在要求,旨在探索基于学习词典使用的二语词汇认知模式的构建。该研究突破了传统学习词典策略研究仅注重查检方法与技巧的局限,将学习词典与词汇认知相关联。

魏向清(2016)将建筑学中的"支架"概念和二语写作教学中的同伴反馈活动相结合,探讨了将学习词典作为反馈支架的合理性,对学习词典介入式二语教学模式的建构进行了初步探索。学习词典文本分析结果显示,学习词典为提升二语写作能力推出了诸多创新设计特征,不仅能够满足学习者自主学习的需求,而且能够搭建二语写作教学过程中同伴反馈所需的三类支架,即内容反馈支架、结构反馈支架、语言反馈支架。为了充分发挥这些同伴反馈支架的教学辅助功能,广大教师需要了解学习词典设计特征,并结合教学目标开展有针对性的同伴反馈培训。在此基础上,杨娜(2021)也将当前英语学习词典中的支架信息分为三个类别:写作基础、写作知识、写作指导,然后针对这些支架信息在英语写作中的实际应用展开问卷调查。结果显示,大多数学习者对这些支架信息持积极态度,认可其在激发英语写作过程中提供有效反馈的积极作用。但是,由于学习者的学习词典使用技能不足、对学习词典不熟悉等原因,这些支架信息的实际应用情况并不令人满意。由此,她建议在大学开设学习词典使用课程,帮助学习者提高学习词典使用意识,提升学习词典使用效能,同时增加教师在英语写作教学中的词典学知识储备。这两项研究是国内词典介入二语教学领域颇具代表性的理论探索和实践尝试。

学习词典使用策略不仅有助于语言技能的提升,而且与二语认知能力的发展关系密切。隐喻能力作为一种认知能力也能借助学习词典使用得以发展。就双语学习词典使用而言,隐喻认知还涉及跨语特殊性。根据隐喻信息的工作定义,双语学习词典中的隐喻信息具有鲜明的层级性与跨语特殊性。具体而言,词汇内部层面的隐喻义是隐喻认知的起点,其译义模式和义项排列为二语学习者系统认知隐喻义奠定了必要基础;词汇组合层面的隐喻性搭配是基于隐喻义的隐喻认知拓展,通过呈现典型使用情境以及部分隐喻性搭配的条目化处理,二语学习者的隐喻整合能力和隐喻意识得以强化;隐喻性句式不仅是隐喻性搭配的进一步延展,而且包含隐喻概念对比信息,这就使双语词典不仅具有信息查检功能,而且成为促进隐喻跨语认知系统化发展的必要工具。

利科在隐喻研究经典著作《隐喻的规则》(*A Rule of Metaphor*)(1975)中提倡,"在话语语言学范围之内对隐喻进行研究,并主张从词汇单位过渡到句子单位乃至话语单位来考察隐喻的功能"(谢之君,2007)。如果仅仅只关注词汇内部层面的隐喻义、词汇组合层面的隐喻性搭配或句子层面的隐喻性句式(包括隐喻概念),都难以实现隐喻跨语的系统性认知。然而,目前国内外关于学习词典使用策略的研究尚缺乏与隐喻跨语认知的有机融合。为弥补这一不足,不仅需要二语习得领域的学者转变观念,重视双语学习词典对隐喻习得的辅助作用,而且需要词典学研究者以 MEDAL 隐喻概念表征的初步尝试为基础,改进双语学习词典隐喻信息表征现状,为形成基于双语学习词典使用的隐喻跨语系统认知提供前提条件。

章末小结

  本章从二语习得研究视角阐释英汉学习词典表征隐喻信息的必要性与重要性,这是本书研究的理论基础之一。

  二语习得相关理论认为,构建二语词汇认知系统的目标是形成二语心理词库,这一过程离不开隐喻的辅助作用;二语隐喻能力作为一种高级思维能力,有助于二语心理词库的建构,其发展历程具有渐进性;学习词典使用不仅有助于语言技能的提升,而且是促进隐喻跨语认知系统化发展的必要手段。遗憾的是,当前国内外关于学习词典使用策略的研究尚缺乏与隐喻跨语认知的有机融合。因此,为进一步推进二语习得研究的发展,需要重视双语学习词典策略的应用,这也是隐喻信息表征实用价值的主要体现。同时,学习词典编纂也需遵循二语习得的客观规律,力求实现隐喻信息的系统表征。

第六章　英汉学习词典隐喻信息表征的词典学理据

第一节　学习词典释义的认知系统性

学习词典从词汇系统入手,对语言知识进行全面描述与阐释,具有普遍意义上的语言文化认知功能,尤其体现在释义方面。由于学习词典的价值与功能必须以用户的主动行为(即词典使用)为依托,词典学研究与使用者这一认知主体密切相关。进入21世纪以来,与认知科学相结合的学习词典认知观应运而生。该学习词典研究范式顺应20世纪下半叶以接受反应文论与后现代教育思想为主流的人文社科理论思潮,强调回归认知主体与充分发挥学习词典的教育教学功能,明确使用者作为学习词典认知主体在词典学研究中的重要地位,倡导以全新的视角研究学习词典编纂和学习词典使用问题(陈伟 等,2007a)。这种"以编者为中心"转向"以使用者为中心"的词典学发展趋势,极大地推动了学习词典释义认知功能的文本实现。

赵彦春(2003)认为,认知词典学结合认知科学与应用语言学研究成果,从心理学角度考察语言使用过程,试图解释语言形式背后的认知动因,注重研究语言活动的心理过程,包括成功习得与有效使用语言应具备的潜在知识与能力、语言信息的编码和解码过程以及涉及的心理基础等。简言之,认知词典学的宗旨是"以认知科学为取向、语言学习为目的、词汇能力为归宿",这与学习词典编纂的终极目标不谋而合。由于语言学习的本质是人类认知活动,二语习得研究结果亦表明,第二语言学习是一种内在的个体化认知过程(Long,2012),二语习得的终极目标并非仅掌握二语词汇及语法知识,而是深入第二语言习得机制,构建类似母语用户的二语认知系统,以二语语言能力提升为宗旨。因此,以辅助二语习得为己任的学习词典释义,需要从文本信息的内容与形式两个方面同时关照学习者的解码与编码需求(徐海 等,2012),体现鲜明的认知设计特征。这既是顺应二语习得发展规律的必然要求,也是发挥学习词典认知功能的前提条件。

随着学习词典编纂在理论、实践以及技术层面的日臻成熟,其认知化发展趋势逐步明朗。作为学习词典家族的典型代表,英语学习词典迄今已有八十多年的历史。秉承"有效复制语言教学与习得的特点和规律,提高学习者利用学习词典进行语言学习的认知效果"这一编纂理念(陈伟,2012),英语单语学习词典一直在努力探索与创新学习词典文本信息的认知化表征,不仅通过模拟二语教学语境突显学习词典的教学辅助功能,而且借助复制二语习得机制深化学习词典的认知功能,在释义模式、义项排列、语义导航、语言学习栏目、语言信息图像化以及语料库技术应用等方面作出了诸多有益的尝试,以辅助第二语言的系统认知。鉴于隐喻在意义建构和语义发展中具有重要作用,隐喻信息表征自然也是学习词典释义的重要内容之一。

事实上,学习词典的隐喻信息表征正是学习词典释义认知系统性的体现。根据隐喻信息的界定,传统学习词典中的隐喻义与习语的释义、标注、配例等均属隐喻信息表征范畴。在学习词典中表征隐喻信息并非 MEDAL 首创,但 MEDAL 的创新之处在于:从学习词典文本结构完善了隐喻信息,不仅在微观层面呈现隐喻义和隐喻性搭配,借助层级性义项排列模式突显隐喻义与基本义的语义关联,而且将隐喻概念表征引入学习词典编纂,在宏观层面设置隐喻信息插件,显著提升了隐喻信息在学习词典文本中的地位;摒弃了隐喻修辞观对传统学习词典编纂的影响,将隐喻与概念相关联,在学习词典文本中设计"隐喻栏",突显了语言的认知本质。这一创新举措打破了传统学习词典仅关注微观层面隐喻信息表征的局限,为当代学习词典认知功能的文本实现开辟了新路径。这与学习词典奠基人 Hornby 主张适时引入新型学习词典文本信息的理念十分契合。

学习词典对隐喻信息的系统关联呈现正是学习词典释义系统性的必然要求。学习词典条目的语义描写不是孤立的,隐喻义的描写更需要立足认知理据,突显认知系统性。MEDAL 侧重隐喻概念呈现,忽略了将其与隐喻认知的基础(即隐喻义)相关联,从而在释义的认知系统性方面有所欠缺。由于二语学习者对双语学习词典的偏爱(MacFarquhar et al.,1983;Atkins,1985;Piotrowski,1989;Scholfield,1999;郎建国 等,2003;雍和明,2003;赵卫,2004;陈玉珍,2007;滕敏,2011;张金忠,2011),也因为双语学习词典存在与发展的价值在于辅助二语语言文化认知,双语学习词典研编亟待借鉴 MEDAL 在隐喻信息表征方面的成功经验,结合双语学习词典的跨语特殊性,创新学习词典文本设计。这不仅弥补了单语学习词典在隐喻信息认知系统性上的不足,更填补了双语学习词典在隐喻信息表征上的空白。

第二节　学习词典表征的文本系统性

早在 20 世纪初,现代语言学之父 Saussure 就指出,语言是一个符号系统,强调运用共时性原则对语言进行系统描写的重要性。学习词典作为"按照一定的体例和形式把词汇信息组织起来,形成词汇范畴清楚、知识层次明确、编排有序、相互关联、便于查检和使用的有机整体"(章宜华 等,2007),其文本系统性已然成为学界的共识(Hanks,2003;陈玉珍,2009;于屏方 等,2010)。就学习词典而言,为实现信息查检与语言认知的双重功能,需要在结构与内容两个方面体现系统化特征。

一、学习词典文本结构的系统性

学习词典的结构划分历来都是词典学界的重要议题,目前主要有三种观点:二分法、三分法以及多分法。① 二分法最为知名,传播范围也最广。该观点将学习词典文本分为宏观结构与微观结构两个部分(Rey-Debove,1971)。宏观结构指按照一定方式编排的词目总体,包括收词范围、词目选择、词目编排等,是学习词典文本结构的总体设计规划,能够突显学习词典文本的整体性。微观结构指具体词条中

---

① 为了与"二分法"和"三分法"相区别,本书提出"多分法"以强调部分学者对学习词典结构更细致的划分方式,主要包括"五分法"与"六分法"。

的所有信息,包括拼写、标音、词性、词形、释义、义项排序、例证、图表、副词条、用法说明、同义词或反义词、百科信息、词源等,具有相对稳定性(黄建华,2001)。总体来看,宏观结构反映不同条目之间的关系,微观结构体现条目内部成分之间的关系,两者共同彰显了学习词典文本表层结构的层次性与关联性特征。

由于二语习得的复杂性,在学习词典编纂中仅注重学习词典文本表层结构的系统性还远远不够。"'隐性'结构与'显性'的宏观结构和微观结构一起构成学习词典完整和系统的语言体系,供学习者查阅或参考"(章宜华,2008),这已逐渐成为词典学家的共识。为了在学习词典文本中重建自然语言系统各种纷繁复杂的语义关联,不少学者提出"中观结构"的设想,将"二分法"拓展为"三分法",通常将参见词条视为一个相对独立的结构体系,称作"参见结构",使其与"宏观结构"与"微观结构"相平行(Bergenholtz et al., 1995; Gouws et al., 1998; Gouws, 2002; Mbokou, 2006),但大多针对的是普通语文学习词典文本。

国内学者从学习词典的特殊性出发,主张将认知语言学、心理语言学和语料库语言学引入学习词典结构类别研究,以丰富中观结构的内涵。例如,章宜华(2008)指出学习词典的中观结构与仅具有词汇指引功能的参见词条不同,应该通过各种注释和符号表征自然语言的形态关联、概念关联、语法关联和语用关联,以辅助学习词典结构网络体系的构建。魏向清等(2014)认为 WordNet、FrameNet 和 HowNet 等电子词库的成功研发,不仅有助于系统描述自然语词之间的天然语义关系,而且为实现词义系统在宏观层面、中观层面以及微观层面的关联提供了技术支持。虽然国内外学者对中观结构的认知与阐释不尽相同,中观结构这一概念的出现无疑提高了隐性结构的重要地位,强化了学习词典文本的整体性与系统性。

学习词典结构多分法是三分法的进一步细化,Hartmann(2001)提出了六个词典结构研究视角,即语篇结构、宏观结构、微观结构、中观结构、检索结构与分布结构等。为体现学习词典文本的语篇性特征,Hartmann(2001)还提出"总观结构"的概念。虽然研究视角不同,但从组织结构上看,学习词典文本仍以宏观结构、微观结构和中观结构为主,外加以整体规划为宗旨的总观结构。

以辅助二语习得为目标的学习词典研编需要考虑二语习得规律,借助系统化的结构设计为学习者呈现丰富的二语语言文化知识。隐喻信息表征也需要在关照不同学习词典文本结构的基础上力图实现系统性。

二、学习词典信息类别的系统性

Hartmann 和 James(1998)认为,学习词典文本信息类别可分为五大类,每一类还可再分(表6.1)。然而,每类信息在学习词典文本中的地位并非平等,其类别选择、编排处理及其实际效用取决于学习词典的性质、编纂目的、学习词典使用者、学习词典规模等多种因素(Hartmann et al.,1998;郑述谱,1990;魏向清 等,2014)。

表6.1 学习词典文本信息类别[①]

文本信息	类别	示例
语言信息 (linguistic information)	历时类(diachronic) 共时类(synchronic) 解释类(explanatory) 跨域类(diasystematic) 例证类(illustrative)	词源 拼写;发音;语法 释义;同义词 用法标签(如方言、语体、时期等) 例句;搭配
图示信息 (pictorial information)	图形类(graphic)	图表;照片;素描
专名信息 (onomastic information)	个人类(personal) 地理类(geographical) 其他(other)	姓氏;名组(eponyms) 地名(toponyms)
百科信息 (encyclopedic information)	描述类(descriptive) 事实类(factual) 数字类(numerical)	称谓(nomenclature) 分类;事件 统计数据
补充信息 (further information)	注释类(notes) 参见类(cross-references) 其他(other)	

对于辅助二语词汇认知的学习词典而言,最重要的当属语言信息,主要涵盖语法、语义和语用三个方面。语法信息包括拼写、发音、词形变化、句式变化等共时类信息,主要为编码活动而服务,体现在词和词组两个层面;语义信息包括释义、例

[①] 该表格以 Hartmann 和 James(1998)与魏向清等(2014)的研究成果为基础,有改动。

证、搭配、同义词、反义词、上下义词、词源等,兼具编码与解码功能,在词、词组和句子三个层面均有呈现;语用信息较复杂,涉及词、词组、语句和语篇四个层面,主要服务于以语言交际为主的编码活动。其中,词、词组以及语句层面的语用信息属于微观结构文本信息,语篇层面的语用信息属于总观结构文本信息,体现了学习词典文本信息类型上的系统性。①

虽然现有研究关于学习词典文本信息的划分较为详尽,但为发挥学习词典的认知功能,充分满足二语学习者解码与编码的双重需要,还应适时地引入新型学习词典文本信息。隐喻信息作为语义信息的次类别,能够关联语言与认知,值得学习词典编纂者重视。根据隐喻信息的定义,学习词典中的隐喻信息有三个类别(即隐喻义、隐喻性搭配和隐喻性句式),分别考虑到语言系统从低到高的三个不同语言单位,具有鲜明的层级性。学习词典文本需要赋予不同类别的隐喻信息以相应的地位,体现内容设计上的系统性特征。这既是实现学习词典认知功能的内在需求,也是基于学习词典使用的隐喻跨语认知对系统表征隐喻信息的文本要求。

第三节　英汉学习词典隐喻跨语对比的系统性

从词典类型学角度来看,双语学习词典隶属于双语词典。虽然早期的双语词典主要用于翻译或解释某种古语或典籍,以通古为主要目的,但已初具教学性质。例如,编纂于欧洲中世纪的拉英、拉法、拉德、拉俄等双语词典,就是为了帮助传教士及其他高级文化人士向普通民众解释拉丁语中的疑难词汇的用法,也是社会底层人士学习拉丁语的必备工具。我国早期双语词典编纂与宗教活动紧密相关,常用于注释以梵语写成的经书,也有成书于11世纪、12世纪的少数民族语-汉语的双语词典,同样以翻译为主要目的。由于这些传统双语词典的结构简单、信息量少,

---

①　在学习词典文本中,词与词组层面的语用信息包括称呼语、话语标记语、情态动词、模糊限制语、语境标记语与施为动词;语句层面的语用信息包括例句可能具有的言语行为和时态、语态、语体以及特定句式所隐含的言语态度;语篇层面的语用信息包括各种语用提示,内容涉及话题选择、话语结构、言语行为、礼貌原则等(杨文秀,2005;徐海 等,2012)。这与语用学研究所关注的语用信息有所不同。

不仅无法辅助编码活动,解码功能亦极为有限,故并非真正意义上的双语学习词典。

黄建华和陈楚祥(2003)在双语词典分类中将供求解的双语词典、翻译词典、选择性双语词典与双语教学词典并列,指出双语教学词典应重视语法信息、语用信息、搭配信息及语言国情信息的呈现,在词典文本中为学习者营造充分的语言习得环境。这与本书关注的以辅助二语习得为目标、兼具解码与编码双重功能的英汉高阶学习词典类似。

双语学习词典兼具学习词典与双语词典的双重属性,具有鲜明的自身特色。一方面,"以非母语学习者的学习需求为设计出发点,为其提供相关语言及文化习得的重要知识及主要规范,满足其非母语交际的实际需要"(魏向清 等,2014)。另一方面,提供源语和目标语的跨语翻译,主要包括词目翻译和例证翻译,以实现语言和言语两个维度的语言转换。这恰恰体现了双语学习词典的跨语特殊性,也是其不同于单语学习词典的主要原因。

与单语学习词典强调释义的准确性不同,双语学习词典更注重词汇单位之间的等值性。因此,双语学习词典的本质在于译义,并非两种语言符号之间的简单对应。由于学习词典文本中的译义包含多个要素,而且各要素之间的语义关系错综复杂,涉及整个双语学习词典编纂环境以及语言文化的对比研究,满足成为一个系统的必备条件,因此,双语学习词典译义可视为一个系统工程,具体包括整体性(即面向源语词汇系统)、层次性(即具有纵向与横向多个层面)及动态性(即强调源语自然词汇语义系统的动态开放性)三大特征(魏向清,2005)。由于双语学习词典编纂以遵循二语习得规律为宗旨,对译义的系统性要求更高。

语言反映人对客观世界的认识。虽然基于相同的自然世界、类似的生活体验以及相同的大脑构造,不同的语言或可共享相同的概念。但是,由于每种语言独特的结构体系与文化内涵,语际差异的存在不可避免。双语学习词典编纂的任务就是揭示不同于母语体系的二语系统在语法、语义和语用层面的词汇特征,辅助学习者系统认知并习得第二语言。将隐喻信息表征引入双语学习词典编纂,就是通过揭示两种异域异质语言在隐喻认知层面的异同,提高学习者的二语隐喻意识,辅助二语隐喻能力发展,最终实现隐喻跨语认知。

由于双语学习词典译义对系统性有一定要求,隐喻信息的学习词典文本表征同样需要体现系统性,这主要表现在隐喻信息译义系统的构建与隐喻信息跨语对比分析两个方面。

一、隐喻信息译义系统构建

隐喻信息涉及词汇内部、词汇组合与句子三个层面。由于双语学习词典具有跨语特殊性,隐喻信息内容更为丰富。词汇内部层面包括隐喻义的译义、排序、例证翻译等;词汇组合层面包括隐喻性搭配的位置、译文、例证翻译等;句子层面包括隐喻性句式的译文、隐喻概念表述、隐喻概念例句等。此外,还有体现隐喻义、隐喻性搭配和隐喻性句式之间关联性的各种标注等。这些隐喻信息分别考虑到学习词典结构的总观层面、宏观层面、微观层面及中观层面,体现了双语学习词典文本的系统性,可视为一个译义系统(图6.1)。

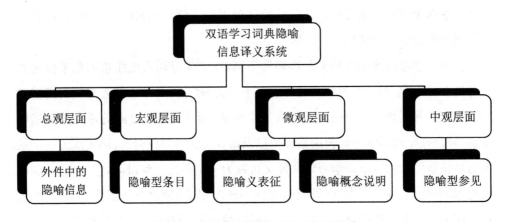

图 6.1 双语学习词典隐喻信息译义系统

首先,由于学习词典的总观结构由宏观结构和外件两部分构成(Hartmann,2005),总观层面的隐喻信息也包括宏观层面与学习词典外件这两个方面。鉴于宏观层面隐喻信息译义在下节有所交代,此处着重说明外件中隐喻信息的系统化处理。通常而言,外件指学习词典正文之外的补充信息,有前件、中件与后件之分,具体定名根据该材料在学习词典中所处的位置而定。

虽然 MEDAL 尝试在总观层面设置隐喻信息插件,然而学习词典文本分析结果显示,该设计特征无论在隐喻信息的质还是量上均略显不足。对双语学习词典隐喻信息表征而言,为了体现跨语特殊性,不仅要考虑隐喻信息的翻译问题,而且应在充分考虑不同学习词典外件的功能取向与实际效用的基础上突显隐喻信息,优化总观层面的隐喻信息译义系统,为二语学习者呈现隐喻跨语认知的全貌。具体而言,第一,隐喻信息作为学习词典文本总体规划的一部分,有必要在前件中对隐喻信息进行简要介绍并提供范例,以加强相关内容习得的认知整体性;第二,在前件或后件中提供隐喻信息的文本检索路径,以便学习能够快速、高效地定位所需信息;第三,在前件或后件中呈现隐喻概念跨语对比信息,推动二语隐喻概念化能力的形成,这对彰显双语学习词典的跨语特殊性至关重要。

其次,宏观层面的隐喻信息属于学习词典正文的必要组成部分,以隐喻性搭配的条目化处理为核心。事实上,很多双语学习词典已经开始将多词单位(尤其是复合词)单列为独立的词目。①例如,《新时代英汉大词典》在凡例中明确说明,"词目可以是单词,也可以是复合词、短语、短语动词、缩略词语和词缀等"。因此,home-bird、white elephant、good nature、old age 等隐喻性复合词和隐喻性习语在这部学习词典中均作为独立词目出现,而非内词条。《新英汉词典》虽然没有在"体例说明"中明示词目词的形式与类别,但也将部分隐喻性复合词和隐喻性习语立目,如 home bird、mushroom cloud、white elephant 等。

虽然如此,英汉学习词典在翻译隐喻型条目时,通常不会关联词目译义与构成成分(尤其是搭配项)的隐喻义,由此割裂了两者的语义联系,为系统习得隐喻信息造成了困扰。例如,隐喻性搭配 home bird(爱待在家里的人)与 bird 的隐喻义"(有一定特点的)人、家伙"相关,可以将 home bird 作为 bird 的例证,以强调该隐喻性搭配与构成词汇之间的语义关系。同时,将 home bird 单独立目,在译义之后采用参见词条将该条目指向 bird 的隐喻义。这不仅能够加强对 home bird 隐喻性用法的系统认知与记忆,也有助于二语隐喻整合能力的形成。不过,由于纸质学习词典受限于篇幅,这样两全的设计只能在电子词典中推行。双语学习词典除了考虑将部分隐喻性搭配作为隐喻型条目单列之外,还需要设法在隐喻型条目和普通条目之间构建一定的联系,以实现宏观层面隐喻信息译义的系统化。

再次,微观层面的隐喻信息以隐喻义为中心。双语学习词典需要首先区分隐喻义和基本义,以明确研究对象;然后以语言对比为准绳,考虑隐喻义的译义、标注、排序、例证选配以及例证翻译,以完成词条内部隐喻信息的系统化呈现,为辅助

---

① 由于目前英汉学习词典为数较少,本书举例时会涉及作为广义学习词典类型的一般双语学习词典,通常是在中国英语学习者当中使用较为广泛的大型双语语文学习词典,其部分条目的学习型特征也可能更加鲜明。

二语隐喻引申能力的发展奠定基础。以名词 mushroom 为例(表 6.2),《英华大词典》《新时代英汉大词典》《英汉大词典》《新英汉词典》四部英汉学习词典均将基本义"蘑菇"列为首个义项,再列出数量不等的隐喻义,许多隐喻义译文都有"蘑菇"字样,如"蘑菇状物""蘑菇状云""如蘑菇般迅速增长(或发展)的事物"等。由于这四部英汉学习词典在编纂理念、使用对象及功能设定等方面存在差异,隐喻义的数量、译文、例证数量以及例证类型也有所不同。虽然如此,该词条的学习词典文本对比结果显示,当前英汉学习词典微观层面的隐喻信息较为充分。为了进一步完善微观层面的隐喻信息表征,也为了体现隐喻信息译义的系统性,双语学习词典需要借鉴 MEDAL 的成功经验,在词目词下设计隐喻信息特色栏目。这既有助于隐喻概念的显性化(罗益民 等,2010),也将成为双语学习词典隐喻信息文本设计表征的主要特色之一。

表6.2 英汉学习词典中 mushroom 的隐喻信息表征

词典	基本义		隐喻义		例证类型
	义项	例证	义项	例证	
《英华大词典》	1. 蕈,蘑菇	0	2. 暴发户 3. 蘑菇状物;蘑菇状烟云;蘑菇形草帽;伞	0 0	
《新时代英汉大词典》	1. 蘑菇,伞菇 2. 淡褐色,棕灰色	3 0	3. 蘑菇状物 4. 迅速生长的事物;增长速度极快的事物	1 0	均为短语例证
《英汉大词典》	1. 蘑菇;伞菌,蕈 7. 淡褐色,棕灰色 9. 致幻蘑菇(一种毒品)	2 0 0	2. 蘑菇形物;蘑菇形女式扁帽;伞 3. = mushroom cloud 4. = mushroom anchor 5. 如蘑菇般迅速增长(或发展)的事物 6. 新来的冒失鬼;暴发户(1个例句) 8. (枪战现场的)误伤致死者	0 0 0 1 1 0	基本义例证为短语;隐喻义例证为整句

续表

词典	基本义		隐喻义		例证类型
	义项	例证	义项	例证	
《新英汉词典》	1. 蘑菇;伞菌,蕈	1	2. 蘑菇形物;蘑菇形女式扁帽;蘑菇状云 3. 蘑菇似迅速增长(或发展)的事物;暴发户,新贵	1 0	均为短语例证

最后,中观层面的隐喻信息主要用于关联学习词典文本各层面内部以及不同层面之间的隐喻信息,以体现学习词典文本的系统性。第一步,在总观层面设置"隐喻概念索引",实现宏观层面、微观层面及总观层面隐喻信息的对接;第二步,设计与编排丰富多样的隐喻型参见格式(如括注、箭头、特殊符号、彩色标注等),并在前件中对其类别、形式、特征及其用法加以说明,一方面促进隐喻信息的跨条目关联,提高宏观层面隐喻信息的黏合度,另一方面强化隐喻型条目内部隐喻信息的语义关联,以确保微观层面隐喻信息的整体性。与总观层面、宏观层面及微观层面的隐喻信息相比,中观层面的隐喻信息内容更加繁琐,贯穿整个学习词典文本;形式更为多样,同时充分利用融媒体辞书的数字化优势,运用链接创建多维度参见词条,力求满足关联不同层面隐喻信息之需,以弥补当前 MEDAL 隐喻信息表征的主要不足。由于中观层面隐喻信息表征贯穿整个学习词典文本,关乎二语隐喻系统认知与应用,双语学习词典编纂应重点关注该层面隐喻信息的表征设计,以确保隐喻信息的系统化呈现。

由此可见,双语学习词典的隐喻信息表征依托学习词典文本在内容与形式上的系统性,构成了一个较为完备的译义系统,为辅助学习者的二语隐喻能力发展提供了有力的保障。

二、隐喻信息跨语对比分析

双语学习词典的隐喻信息跨语对比分析以学习词典文本系统性为基础,涉及两种不同隐喻系统的对比描述,以推动学习者二语隐喻能力的逐步发展,主要表现在学习词典文本翻译与语言国情信息两个方面。

通常而言,学习词典文本翻译包括词目翻译和例证翻译(黄建华 等,2003;万江波,2006)。传统双语学习词典研究主张词目翻译以可替换性为准则,以寻找对应词为最终目标。然而,由于缺乏上下文语境,词目译义很难真正达到这一要求。由于翻译活动需要从形式到内容、从语音到语义、从达意到传情、从语言到文化等诸多方面进行考量,黄建华和陈楚祥(2001)主张词目翻译遵循等值性原则,具体包括语义等值、语体等值及语用等值三个方面。魏向清(2005)也提出,词目翻译属于语言类翻译,是两种语言符号系统在语义内涵上的对译,虽然表现在为源语提供译语对应词或对应短语等,但仍应以整个源语词汇系统为基准,外在形式也不应该停留在对应词这一单维度层面之上。

对于双语学习词典而言,词目译义更应注重单个词汇内部以及不同词汇之间的语义关联,以辅助二语学习者从整体上系统把握词汇意义。就隐喻信息表征而言,既要在词目翻译的过程中注重基本义与隐喻义的语义关系的显性化呈现,也要设法打通具有相似隐喻性用法的不同词汇之间的壁垒,还要以隐喻义为基点,关联与之对应的隐喻概念,为实现"自下而上"的隐喻信息系统表征奠定坚实的基础。这些都属于双语学习词典隐喻信息跨语对比分析的研究范畴。

与词目翻译不同,例证翻译属于言语类翻译,既要根据例证的言语本质特征,反映语言符号在具体语境下的变化,也要注意翻译的规范性,以实现学习词典的规范功能。黄建华(2001)认为,"词目的译义要尽可能与词目的含义等值,但词例的翻译却往往或多或少地脱离原来词目的严格意义"。换言之,词目翻译具有静态性和语义等值性,例证翻译具有动态性与功能等效性(万江波,2006)。由于可替换性原则难以在词目翻译中彻底贯彻,义项本身与其在例证中的译文并非总是保持一致。鉴于隐喻义是基本义的引申,具有明显的语境化特征,如果能够在词目翻译与例证翻译中关照其文化属性,进行充分的语言对比分析,将有助于实现两者的统一,进而关联隐喻义与例证译文。例如,名词 mushroom 的基本义"蘑菇",通过引申得到隐喻义"迅速生长的事物,增长速度极快的事物"。若将例句"New housing developments has mushroomed on the edge of the town in recent years."译为"近年来在城郊地区迅速出现了众多新住宅区"仅能体现该隐喻义的实际使用情况,并未对学习者认知该隐喻有明显助益。考虑到在汉语文化中具有"快速生长"之义的植物为"春笋",如"雨后春笋",而非"蘑菇",可将隐喻义改译为"像蘑菇般生长迅速的事物,如雨后春笋般涌现出的事物",再将例句改译为"近年来,在城郊地区如雨后春笋般出现了众多新住宅区"。这样不仅在隐喻义与基本义之间实现了关联,还将隐喻义与例证紧密结合,有助于中国英语学习者通过将已有的汉语文化概念移植到英语词汇 mushroom 的习得中,从而深化英语词汇认知。

除学习词典文本翻译需要跨语对比分析外,双语学习词典还需要针对语言国情信息进行相应的特殊设计。语言国情信息即有能够反映民族文化的语言符号,如民族宗教文化词汇、服饰文化词汇、饮食文化词汇、婚丧文化词汇等,大多属于文化局限词范畴,还有大量反映民族特色的成语、谚语、俗语等。[①] 隐喻信息也属于语言国情信息范畴,它与各种民族文化现象紧密相关,应该在双语学习词典编纂中给予重视。如果说词目翻译、例证翻译乃至文化局限词翻译属于学习词典文本跨语对比分析的隐性层面,那么隐喻跨语对比信息则属于学习词典文本跨语对比分析的显性层面。以 MEDAL 的隐喻概念表征为基础,双语学习词典可以在学习词典文本的宏观层面与微观层面进行跨语隐喻对比。目前,国内已有相关的理论与实践尝试。

例如,张勉(2013)通过对比分析五大英语单语学习词典和两本英汉学习词典的隐喻表征现状提出,中国学习词典编纂者应该重视隐喻信息的文本呈现,并深度思考如何系统地表征隐喻概念,使其更加有效地为中国学习者所接受。罗益民和邹墨姝(2010)还针对英汉高阶学习词典文本提出了隐喻栏设计模型。以在 help 下设置隐喻概念栏为例,主要内容包括英语隐喻概念的翻译与解释、英语隐喻表达式、汉语隐喻表达式、英汉隐喻概念差异、其他相关隐喻概念参见词条等(图6.2)。

以上只是学习词典文本微观层面的跨语隐喻信息的对比。若要实现隐喻信息的系统表征,还需考虑其他层面的跨语隐喻信息对比设计以及不同层面跨语信息的关联。本书将通过恰当的文本表征手段将跨语对比分析更加系统、全面地呈现在双语学习词典中,以辅助二语词汇认知系统构建,进而有效推进二语习得进程。

---

① 目前关于双语学习词典如何表征文化局限词,已有大量较深入的理论研究与编纂实践,如吴国华和杨仕章(2005),但其并非本书研究的重点。

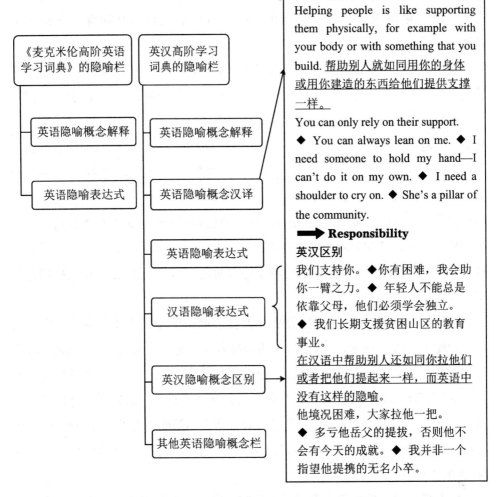

图 6.2 英汉高阶学习词典隐喻栏设置模型与范例①

《章末小结》

本章从词典学视角阐释英汉学习词典表征隐喻信息的必要性与重要性,这是本书的理论基础之一。

从词典学研究视角来看,学习词典不仅能够满足学习者的信息查检需求,还可辅助学习者的二语文化认知。然而,当前双语学习词典的认知化发展并不令人满

---

① 该图基于罗益民和邹墨姝(2010)的研究成果,有改动。

意,还需要深化学习词典文本创新设计。隐喻信息表征即为重要的途径之一。与单语学习词典相比,双语学习词典更重视译义,具有独特的跨语特殊性。因此,需要在构建译义系统与隐喻跨语对比这两个方面进行详尽的规划,以实现隐喻信息表征的系统化。

第七章　英汉高阶学习词典隐喻信息表征实践

传统词典学认为,学习词典文本由宏观结构与微观结构构成,两者在彰显学习词典文本结构的整体性和系统性方面缺一不可。本章采纳 Hartmann(2001)的观点,将学习词典结构划分为四个组成部分:总观结构、宏观结构、微观结构以及中观结构。总观结构由宏观结构和外件构成,反映学习词典语篇的整体性与统一性。宏观结构是学习词典的正文部分,反映不同条目之间的关系。微观结构为条目的内部信息结构,体现词条内部成分之间的关系。中观结构主要由各类参见词条构成,同时也包括不同学习词典文本结构之间的关联手段,有助于形成整个学习词典文本的信息黏合性。

相对而言,总观结构、宏观结构与微观结构的表征形式较直观,具有显性特征;中观结构隐含于其他结构,表征形式较为抽象,具有隐形特征(魏向清 等,2014)(图 7.1)。英汉高阶学习词典隐喻信息表征的四个层面与此相似。

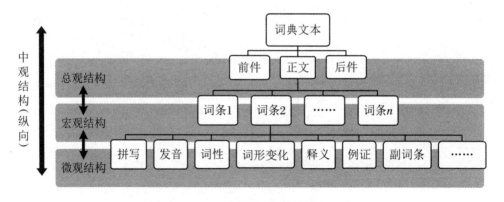

图 7.1　学习词典文本的结构划分

第一节 总观层面的隐喻信息表征

一、隐喻表征的引导性信息

任何一部学习词典都需要在正文之前说明编纂理念、指导思想、编纂原则、编纂特色、目标用户等。例如,《新时代英汉大词典》主编张柏然(2004)在"编者絮语"中提到:"《新时代英汉大词典》旨在为当下我国中等水平以及中等水平以上的英语学习者、教育者和工作者提供科学性、实用性、时代性并举的英语学习资源……面对'描写'与'规定'的矛盾,《新时代英汉大词典》采取在充分'描写'语言现象的基础上作出一些'规定',也就是说,采纳描写主义与规定主义相结合,且以'描写'为主、'规定'为辅的编纂原则……《新时代英汉大词典》以双语学习词典读者的语言认知规律为中心,全面考虑学习词典用户的实际需要,吸收国外尤其是英国出版的英语学习词典的长处,其收词范围为现代英语通用词汇、核心词汇以及阅读词汇,做到几要素兼收并蓄,去除废旧、罕用语词,增收新词、新义,对英语国家在日常生活中使用的口语、俚语语词也给予足够的重视,力求跟上时代前进的步伐。"

对于系统表征隐喻信息的英汉高阶学习词典而言,自然也需要在正文之外对拟呈现的隐喻信息进行简要介绍,并说明表征该类信息的缘由,即"隐喻表征的引导性信息"。这对作为二语或外语学习者的学习词典用户有着积极的引导作用,可有效培养其隐喻能力建构意识。在这方面,MEDAL 的做法是设置 Language Awareness(语言学习插件),将隐喻与其他学习专题(如 Understanding Idioms、Discourse、Pragmatics、Lexical Priming、Word Formation 等)并列作为附属材料,具体内容包括隐喻的界定、功能、类别、隐喻概念、不同语言中的隐喻以及隐喻栏介绍等,同时提供学习词典中的其他隐喻信息说明,列出与隐喻相关的拓展阅读材料。虽然此举有助于系统学习隐喻知识,获得了不少英语教师的青睐与词典学界同仁的认可,但根据 Yang 和 Wei(2015)的调查结果,由于这部分内容既抽象又深奥,而且专业性过强,大多数用户(尤其是非英语专业学生)对此插件①的兴趣不大,以致该部分的关注度和利用率较低,实际效用并不尽如人意。因此,英汉高阶学习词典在介绍隐喻信息时,需要使用通俗易懂、简明扼要的语言,避免出现过多的专业术语,深入浅出地阐释隐喻信息。考虑到双语学习词典较少使用插件,将该引导性信息置于前件中,更符合学习词典编纂习惯。

从内容上看,英汉高阶学习词典隐喻表征的引导性信息主要包括三个方面:隐喻信息表征动机、隐喻信息表征内容及方式、隐喻信息应用范例。

(一) 隐喻信息表征动机

MEDAL 的主编 Rundel(2007)在第 2 版序言中提到,"MEDAL 的发展以两大核心原则为指导:第一,能够通过将语言学理论应用于学习词典编纂实践来提高学习词典质量;第二,贯彻'向学习者学习'的理念,切实了解学生与教师的学习词典诉求,为他们量身打造所适合的学习词典以满足其实际需要"。事实上,掌握隐喻信息有助于学习者了解英语本族语用户认知外部世界的方式和过程,可大大提高学习者理解与运用英语词汇的能力,当属二语词汇习得不可或缺的学习内容。因此,该学习词典一经推出即获得好评,尤其是得到了教师的广泛推崇(Moon,2004)。在英汉高阶学习词典中表征隐喻信息,就是源于对 MEDAL 将认知语言学隐喻研究成果应用于学习词典编纂实践所进行的反思。

首先,虽然 MEDAL 历经 2002 年的初版到 2007 年的第 2 版,不断完善与优化隐喻信息设计,但仍以"概念-词汇"的自上而下表征方式为主,未能有效呈现词汇与概念之间由具体到抽象的有机联系,也缺乏词、词组、句式以及概念之间的关联,因此 MEDAL 在信息表征的系统性方面有一定缺憾。隐喻信息的编写者 Moon(2004)也提到,"应设计更多的参见词条,如在源域条目词或隐喻义与隐喻概念之间构建联系"。英汉高阶学习词典的隐喻信息表征应该基于这一点进行深度思考,以实现突破,形成自身特色。其次,由于单语学习词典的目标用户是来自不同国家和地区将英语作为二语或外语的学习者,即使 MEDAL 以帮助用户成为"a citizen of the world(世界公民)"为目标,但不能否认的是,它仍然难以将不同使用者的母语影响、学习需求以及语言文化差异等因素纳入考虑,缺乏较强的针对性。例如隐

---

① 此处的"插件"即为"中件(middle matter)"。

喻插件在"Metaphors in Other Languages（其他语言中的隐喻）"一节中，仅以法语、德语、西班牙语、日语等为例，与英语进行隐喻对比。作为全世界使用人数第一、分布广泛度第三的汉语却不在其列，实属遗憾，也不利于中国英语学习者的隐喻习得。

鉴于隐喻在二语习得进程中具有重要的认知价值（Lakoff et al.，1980；Geller，1984；Fain，2001；Csábi，2002；Bailey，2003；Sacristán，2004；Yasuda，2010；赵彦春，2009；许保芳 等，2014；徐盛桓，2014），为了满足双语学习词典对二语词汇信息"再语境化"的认知诉求、对目标用户群体认知发展特殊性的关注以及呈现更显著的国别化特征（魏向清 等，2014），英汉高阶学习词典需要在文本中系统表征隐喻信息，引导二语学习者全面认识与理解第二语言系统，从理解与产出两个向度，助力其二语隐喻能力的发展，最终提高其二语语言能力。此即英汉高阶学习词典表征隐喻信息的初衷与目标，这一点需要在学习词典的前言或序言中明确指出。

（二）隐喻信息表征内容及方式

隐喻信息隶属于语义信息，包括以相似性为基础，能够关联不同概念范畴的具体语言表达式。由于学习词典类型存在差异，英汉高阶学习词典的隐喻信息与MEDAL的隐喻信息在表征内容与表征方式上也存在差异。

从表征内容看，MEDAL除了在隐喻插件中对隐喻信息进行宏观介绍外，还借助隐喻栏介绍英语中的核心隐喻概念（如MONEY IS LIQUID，即"金钱即液体"），再辅以数量不等的例句加以佐证（如"The government has poured money into education"）。虽然表征内容具有演绎化的逻辑性，但由于仅涉及隐喻概念的跨语介绍，不符合由易到难、由具体到抽象的语言习得规律，理解起来难度较大。尤其是当某个英语隐喻概念在汉语概念系统中不存在时，反而会增加认知负荷，不利于学习者的二语认知。

相反，英汉高阶学习词典注重隐喻义、隐喻性搭配以及隐喻性句式的融合，将其与隐喻概念相关联，有助于构建层级化的隐喻信息表征系统。例如，在pour中提供隐喻义"产生或提供（如液体般难以计数的事物）"，以隐喻性句式"He poured money into this project though his family wouldn't agree."作为例句，再在词条末尾设置参见词条"见MONEY"，将词条pour与隐喻概念MONEY IS LIQUID相关联，以实现隐喻信息的系统化表征。此外，英汉高阶学习词典还可增设"英汉比较"专栏,提供"英汉隐喻概念比较"和"汉语隐喻概念例句"等信息,突显隐喻概念的跨语特殊性。可见,英汉高阶学习词典的隐喻信息表征内容关照词汇内部、词汇组合以及句子三个层面,涉及语言与思维两个维度,加之跨语对比分析,丰富翔实的隐喻信息内容设计,能够更加有效地辅助二语认知。

从表征方式来看,MEDAL 以"概念-词汇"这种自上而下的方式为主,借助隐喻插件和隐喻栏分别关照隐喻信息的总观层面与微观层面。然而,Yang 和 Wei (2015)的调查结果证实,大多数英语学习者较少查阅隐喻插件。至于隐喻栏,也因位于高频词汇所在词条,缺乏与其他词条的关联,因此关注度不高。例如,happy 下设的隐喻概念"HAPPINESS and HOPE are like BRIGHT LIGHT/COLOURS(幸福与希望可视为亮光或亮色)"。由于二语学习者(尤其是中高级二语学习者)大多会因为熟悉 happy,不会去查阅该词条,因此会忽略该隐喻栏。另外,隐喻概念例句"The future looks very bright."与其核心词汇"bright"的隐喻义"likely to be successful(即将成功的)"中的例句"The team's prospects don't look very bright."颇为相似,但却没有任何关联机制将两者相联系。这种系统性编排的缺失,既不利于学习者掌握隐喻概念,也容易造成隐喻习得的碎片化。

相较之下,英汉高阶学习词典选择采用"词汇-概念"这种自下而上的方式,注重隐喻信息从词条内部到词典外件、从条目设立到跨条目关联的全方位呈现,整体结构的系统化更为完备。在宏观层面设计上,为隐喻性搭配立目(如 make a long face、spill the beans、black sheep、home bird、walking skeleton 等),将该类隐喻信息作为独立参与表达的词汇单位;在中观层面设计上,强化不同层面隐喻信息与同一层面隐喻信息之间的关联性。为弥补 MEDAL 缺乏隐喻信息检索指引的遗憾,还增设"隐喻概念索引",以便学习者快速、准确地定位隐喻信息,切实提高隐喻理解与表达能力,促进二语隐喻能力的提升。

总体来看,相较于 MEDAL"概念-词汇"的自上而下隐喻信息表征,英汉高阶学习词典"词汇-概念"的自下而上表征方式,能够丰富学习词典中的隐喻信息内容,完善学习词典中的隐喻信息形式,更符合二语习得规律,对二语隐喻能力发展的辅助性更强,是英汉高阶学习词典认知功能文本实现的重要途径。

(三)隐喻信息应用范例

任何一部学习词典不仅需要给编者提供编写细则,也要向目标用户说明文本中呈现的信息类别与使用范例(李明和周敬华,2001;黄建华和陈楚祥,2003)。然而,在 MEDAL 中,主编 Rundel 只在"Introduction(前言)"中提到"本学习词典还有许多创新与别具一格之处……关于隐喻、学术写作技巧等主题的创新性用法说明……"(Rundel,2002),并没有重点介绍隐喻信息,甚至在第 1 版的"Using Your Dictionary(词典使用说明)"中也没有任何关于隐喻信息的使用提示,只在第 2 版"Help with your dictionary"一节中增设了"Metaphor Box(隐喻栏)",但文字说明极为简略,即"隐喻栏阐释了同组词汇与短语在字面义和隐喻义之间的概念关系"(Rundel,2007),并没有提供对隐喻概念、例句以及其他隐喻概念所属词条等的解释。有鉴于此,以辅助第二语言认知为宗旨的英汉高阶学习词典,不仅需要提供各类隐喻信息,而且应该较详细地说明每项内容,以帮助学习者了解隐喻信息的认知辅助功能。

英汉高阶学习词典的隐喻信息应用范例至少应包括以下三部分内容:第一,以隐喻义表征为中心的隐喻义标注、排列与翻译;第二,以隐喻性搭配为中心的短语例证及其译文、隐喻型条目及习语栏;第三,以隐喻性句式为中心的整句例证及其译文、隐喻概念特色栏目等。①

以名词 morass 为例(图 7.1)。首先,从隐喻义表征来看,根据"〈喻〉"标识,义项②是义项①的隐喻义,位列第二,可体现两者之间的逻辑先后关系,通过在隐喻义中强调"难以脱身",能够有效呈现与义项①之间的语义相似性,有助于记忆。这也是对 Meer(1997,1999)"运用解释性语言关联基本义与隐喻义"提议的响应。其次,从隐喻性搭配来看,短语例证"【a *morass* of debt】"和"【in/out of a *morass*】"借助特殊符号"【】"与其他短语例证相区别,也可在电子词典中使用不同颜色加以突显。最后,从隐喻性句式来看,整句例证借助菱形符号"◇"与其他例句相区别,译文使用"危机""陷入/脱离""束缚""摆脱"等,与基本义"困境"的内涵相呼应,能够较好地关联隐喻义与隐喻性搭配和隐喻性句式。

英汉高阶学习词典的隐喻型条目共分为两类,即短语型隐喻性习语(如 make a long face、spill the beans 等)和隐喻性复合词(如 black market、black sheep、home bird 等),在翻译词目时需要尽量关联核心词汇的隐喻义。例如,black market 与 black 的隐喻义"违反交易法规的"有关,可译作"黑市,即非法交易市

---

① 根据语法形式,隐喻义例证可归为隐喻性搭配或隐喻性句式。由于隐喻型条目多为短语形式,也可归为隐喻性搭配。此外,英汉高阶学习词典中的隐喻信息还包括关联各类隐喻信息的标注。

场"。同样，black sheep 与 black 的隐喻义"坏的，糟糕的"有关，可译作"败类、害群之马，喻指为集体带来耻辱的成员"。将短语型隐喻性习语和隐喻性复合词单独立目，主要是为了突显隐喻性搭配在第二语言系统中的地位，引起学习者的关注，具体立目标准与编排方式将在下一节中详述。

---

morass *n*. ① 沼泽，泥潭

② 〈喻〉难以脱身的困境或处境

【a *morass* of debt】债务危机　【in/out of a *morass*】陷入（或脱离）困境

◇ People shouldn't be caught/stuck in a *morass* of rules and regulations in a democratic society.

身处民主社会的人不应被各种规章制度所束缚。

◇ The young clerk often got bogged down in a *morass* of paperwork.

这位年轻职员常常陷入繁杂的文案工作之中。

◇ The entire staff was trying to drag the company out of its economic *morass*.

所有职员都在尽心竭力地帮助公司摆脱经济困境。

图 7.2　名词 morass 示例

"习语栏"（图 7.3）是共享同一核心词汇的所有隐喻性习语的集合，按照字母顺序排列。该设计以集中列举隐喻性习语为要旨。鉴于大部分隐喻性习语或单独立目，或作为例证，因此专栏不再提供译文，只使用参见条目关联隐喻性习语与相关词条即可①。例如，carry the baby 和 pass the baby 属于隐喻型条目，用下划线标注；其他习语通过参见条目关联其他词条或习语；"★隐喻用法要点"（图 7.3）是核心词汇在大部分习语中的隐喻性用法总结②。

为确保双语学习词典解码与编码功能的实现，与 MEDAL 的隐喻概念设计初衷相同（Moon，2004），英汉高阶学习词典的"隐喻概念说明"也列于词条末尾，主要包括六部分内容，即"英语隐喻概念""汉语解释说明""英语隐喻概念例句与参考译文""其他下设相似隐喻概念的参见词条""英汉隐喻概念比较"和"汉语隐喻概念例句"等（详见下一节）。提供"英汉隐喻概念比较"和"汉语隐喻概念例句"等内容的

---

① 短语型隐喻性习语单独立目，整句型隐喻性习语作为例证。

② 由于习语数量存在差异，具体用法也呈现多样性，所列隐喻要点并非总能够涵盖该词在所有习语中的隐喻性用法。

目的在于,提示学习者该英语隐喻概念是否在汉语系统中有相似或迥然不同的隐喻概念。通过阅读精心设计的"隐喻概念说明",学习者将更深刻地认知不同概念域之间的隐喻关联,在加深理解隐喻表达式的基础上,激发出相似的其他隐喻表达式,有助于隐喻创新,发展思维能力。

习语栏

carry the baby

empty the baby out/away with the bath/bathwater → empty

give sb. the baby to hold 〈口〉= pass the baby

hold the baby = carry the baby

pass the baby

pour the baby out/away with the bath/bathwater = empty the baby out/away with the bath/bathwater

throw the baby out/away with the bath/bathwater = empty the baby out/away with the bath/bathwater

★隐喻用法要点　（1）喻指备受珍视之物。
　　　　　　　　（2）喻指麻烦事,苦差事。

图 7.3　习语栏与隐喻用法要点示例

二、隐喻表征的工具性信息

正如 De Schryver(2003)所言,"无论一部学习词典的内容多么出色,如果这些内容不能以一种快速、易懂的方式被检索到,这部学习词典事实上不能算作一部好的词典"(魏向清 等,2014)。除隐喻表征的引导性信息外,双语学习词典还需要考虑隐喻信息的检索结构设计。检索结构指"学习词典等工具书中为引导用户查检特定信息内容而设计的检索系统"(章宜华 等,2007),谓之隐喻表征的工具性信息。由于双语学习词典的隐喻信息涉及词汇内部、词汇组合与句子三个层面,内容包括隐喻义、隐喻性搭配和隐喻性句式三大类别,是一个从隐喻表达式逐步升级为隐喻概念的自下而上的信息层级系统,以辅助第二语言认知为宗旨,隐喻表征的工具性信息设计也应充分考虑学习词典文本自身隐喻信息结构的合理性,兼顾学习者词汇习得需求与检索习惯,探索用户友好型隐喻信息文本检索路径。

(一) 词汇层面的隐喻信息检索

首先,由于英语是字母型表音文字,为实现信息查询的便捷性,全体词目编排以字母顺序为基准。虽然采用主题模式更便于检索功能的有效实现,以发挥学习者二语隐喻产出能力,但作为现代通用语文学习词典的重要组成部分,英汉高阶学习词典无法将所有词条设定为隐喻型条目,只能将其作为一类特殊条目按照字母顺序穿插于其他词条之中,并使用彩色标注加以提点(图7.4)。

> blackmail $n./v.$
> Black Maria $n.$
> black mark $n.$
> black market $n.$
> Black Muslim $n.$
> blackness $n.$
> ...

图 7.4　词条排序示例

其次,考虑到语义关联表征对二语词汇认知的重要性,若词目词具有多个义项,则按照逻辑联系为主、使用频率为辅的原则进行层级式排列,即"语义关联原则"。这样可确保基本义在前、隐喻义在后的逻辑顺序。若基本义引申出多个隐喻义,可按照使用频率排列这些隐喻义;若隐喻义之间仍然存在衍生关系,可借鉴MEDAL的层级式义项排列模式完成排序。

以及物动词 follow 为例。根据《新时代英汉大词典》,该词条共有12个义项,经过层级式排列可缩减为5组。其中,义项①为基本义,下设4个引申义群组:义项②隐喻义群下设3个隐喻义;义项③隐喻义群下设2个隐喻义;义项④引申义群下设2个引申义,其中一个为隐喻义。义项②至义项⑤以及每个义项群内部的排列顺序均以使用频率为参照依据(图7.5)。

```
follow vt.
① 走在……后面；跟随
    a. 沿着……行进
    b.〈喻〉追随，接受……的领导
    c.〈喻〉〈古〉为……而奋斗；追求……
②〈喻〉(在时间、次序等方面)跟在……之后
    a. 接着吃(某道菜)
    b. 继承，做……的继承人
    c. 因……所致；是……的必然结果
③〈喻〉听从，按照……执行
    a. 遵循；与……相符合
    b. 仿效
④ 密切注意
    a. 跟踪，追赶，追逐
    b.〈喻〉听懂，领会，理解
⑤ 以……为业；从事；经营
```

图 7.5　及物动词 follow 示例

（二）句子层面的隐喻信息检索

以字母排序便于检索隐喻型条目，以逻辑联系为主的义项层级式排列便于用户掌握义项之间的语义关联，两者分别考虑到词汇组合与词汇内部层面，满足不同隐喻信息检索之需。同样，句子层面的隐喻信息检索亦应有相关机制辅助完成。MEDAL 通过设置隐喻栏完成了隐喻概念的简要说明，并辅以大量例句作为佐证。然而，一方面由于隐喻栏位于目标域词条末尾，该类词条又多属于常用核心词汇，对于中高级二语学习者而言，查询频率并不高(Yang et al., 2015)。另一方面，隐喻概念例句大多与其核心词汇所在词条的例句具有极高的相似性，但缺乏关联两者的表征手段，不利于学习者掌握两者之间的联系。因此，MEDAL 在句子层面的隐喻信息检索途径方面略有不足。为解决该问题，英汉高阶学习词典可以在后件中设置"隐喻概念索引"来实现隐喻性句式的系统检索。该索引由三部分组成：左栏为"隐喻概念说明"所在的目标域词条，严格按照字母顺序排列；中栏为隐喻概念

类别;右栏为隐喻概念的参见词条与短语(表7.1)。

表7.1 隐喻概念索引样例

所在的目标域词条	隐喻概念类别	参见词条与短语
quantity	MOVEMENT(运动)/POSITION(位置)	boost /down /drop /fall /high / hover /in free fall / level /low /peak / plummet /rise /soar /up
	OBJECT(物品)	a drop in the ocean /deluge /dry up /flood /pour / rain down /shower /storm /torrents /trickle
relationship	CONNECTION(连接)	attach /bond /close /crack /distant /division / inseparable /link /rift/separate /tear apart
	MACHINE(机器)	build bridges /mend /repair /paper over the cracks /patch up /smooth over
responsibility	ACTIVITY(行为)	a cross to bear /a millstone around one's neck / burden /carry the can /offload /saddle /shoulder / weigh on

注:右栏"参见词条与短语"为"隐喻概念说明"例句中的核心词汇或短语,其所属词条例证中也有类似的隐喻性用法;若无的话,则该词汇或短语将不被列于该栏之中。

隐喻概念索引的设计旨在系统、直观地呈现隐喻概念,学习者可通过查询掌握每个隐喻概念所在的词条与所属类别,并依照参见词条与短语,检索到更详细的隐喻信息。该设计不仅将语言与概念相关联,而且增强了隐喻性句式表征的系统性,使其不再成为孤立的信息项,从而将信息检索与语言学习相融合,有助于更好地发挥双语学习词典的学习功能。除此之外,隐喻概念索引还有利于实现总观、宏观以及微观层面隐喻信息的对接,是隐喻信息系统表征的必要手段。

(三)隐喻信息检索标识

除以上检索方式外,英汉高阶学习词典还需要设置各种隐喻信息标识以降低"学习词典信息代价",以提高检索的便捷性(Nielson,1999)。例如,采用标签,标注隐喻义(如 morass *n*.〈喻〉难以脱身的困境或处境);使用特殊符号,突显例证中的隐喻性搭配(如【*a morass of debt*】);用彩色,标注隐喻型条目;使用特殊符号,突显例证中的隐喻性句式(如"◇The young clerk often got bogged down in a *morass* of paperwork.")和隐喻性习语(如"◆Walls have *ears*."和"◆*empty* the baby out/away with the bath/bathwater");使用红色字体,强调"隐喻概念说明";借助方框,提示其他隐喻信息特色栏目(如"习语栏"和"注意")等。

作为不同层面隐喻信息的辅助性检索手段,这些标识也是隐喻信息检索结构的有机组成部分。随着电子词典在当今信息化社会的盛行,为学习词典设置"检索模块"以便通过标注进行文本信息检索已经成为可能。例如,CALD(2012)在配套光盘的高级检索栏中特设了"Usage",可通过查询"figurative"选项获取学习词典文本中所有附带该标记的隐喻义和作为例证的隐喻性句式。OALD(2010)也在配套光盘中作了类似的设置,区别在于标注对象仅限于例证中的隐喻性句式。由于目前国内出版的双语学习词典尚未推出光盘版,电子版更为匮乏,作为文本检索工具的各种标识在英汉高阶学习词典隐喻信息查检方面的实际效用仍有很大的发展空间。

三、隐喻表征的对比性信息

由于双语学习词典的跨语特殊性,隐喻信息不仅需要体现目标语的隐喻性语义关联,还应努力实现目标语与源语在语言层面的等值性以及概念层面的异同,以帮助学习者从语言与思维两个维度理解并掌握目标语隐喻系统。这就需要英汉高阶学习词典在文本设计方面考虑添加隐喻概念跨语对比。

MEDAL 编纂者显然也意识到了隐喻概念对比的重要性,因此在隐喻插件中设计了"Metaphors in other languages(不同语言中的隐喻)"一节。然而,该部分内容仅以法语、德语、西班牙语、日语和英语为例,简单列举了这五种语言中的隐喻表达式,并未专门针对隐喻概念进行分析与说明,作为世界主要语言之一的汉语更是未曾提及。出版于2009年的《英汉概念隐喻比较词典》为了突显单个英语单词在汉语概念系统中的隐喻性用法,着重介绍汉语隐喻表达式,但却忽略了将汉语与英语两大语言系统从隐喻概念层面进行分析比较,也未使用任何标注提示学习者两种语言在某一隐喻概念上存在差异,难以为隐喻习得提供有效帮助。至于《英语常用隐喻辞典》(2011),其仅针对隐喻性搭配的实际用法进行总结,并未提及隐喻概念。这些学习词典编纂实践为完善英汉高阶学习词典的隐喻概念对比提供了宝贵的经验与丰富的语料,具有重要的借鉴意义。

由于概念的产生归根结底属于人类思维的结果,隐喻概念跨语对比需要从思维方式与文化视角通过"模块化"的概念比较,呈现目标语与源语在隐喻系统上的异同。考虑到中国英语学习者的查阅习惯以及隐喻表征的引导性信息所处位置,英汉高阶学习词典可在前件中设置英汉隐喻概念比较方面的材料,简要介绍英语隐喻概念及其类别,再采用主题模式比较两种语言在隐喻概念上的相似点与不同点,举例说明如何借助学习词典文本中的"隐喻概念说明"特色栏目实现二语隐喻能力的突破。

(一) 隐喻概念的内涵

概念的形成来源于人类对周围世界的系统化认知。隐喻概念即人基于相似性将自身对有形的、具体的事物的感知转移至无形的、抽象的事物之上的产物。由于身处相似的自然环境,拥有同样的大脑生理结构,许多隐喻概念可以跨越语言文化界限(Lakoff et al.,1980)。

例如,英语和汉语均有将"生活(LIFE)"与"旅行(JOURNEY)"相关联的隐喻概念,人生中的各种境遇(如生老病死)都可类比为旅途中的某个阶段(如出发、行进过程中、到达终点等),具体表现为"Many kids set out to become scientists." "Both of their babies arrived at midnight." "She is well on the way to recovery."。汉语也有类似的隐喻表达式,如"人们常常感叹命途多舛。""这次遭遇将成为她人生中的一个重要转折点。""面对生命中的诸多坎坷,她总能用积极乐观的态度予以化解。"虽然如此,不同语言之间的隐喻概念仍然存在文化差异。例如,英语隐喻概念 MONEY is LIQUID(金钱即液体)催生了 spend money like water(花钱如流水)、pour money into(将大量钱财倾注于某项事务之中)、throw money down the drain(白白浪费金钱)等隐喻表达式。相反,汉语则有"金钱即固体"的隐喻概念,常见隐喻表达为"挥金如土""一毛不拔""落袋为安"等。事实上,关于金钱的隐喻概念差异折射出的是两国迥异的地理环境。英国为四面环海的岛国,故多用 water、sea、ocean 等词。中国自古为农业大国,仅东面与东南面临海,更多的时候是与土地打交道,因此喜用"土""毛""袋"等实物隐喻重要事物。

因此,学习者不仅需要通过母语掌握跨越语言文化界限的共通性隐喻概念,更要重点关注文化差异较大的隐喻概念。事实上,在二语学习过程中,学习者可以通过了解二语隐喻机制,深入理解目标语人群的思维习惯和文化特殊性。对于英汉高阶学习词典编纂而言,后者的处理更是重中之重。

(二)隐喻概念类别

《英语语法系列:7. 隐喻》(2001)将英语常用隐喻概念分为 Human Body、Health & Illness、Animals、Buildings & Construction、Machines Vehicles & Tools、Games & Sport、Cooking & Food、Plants、Weather、Heat Cold & Fire、Light Darkness & Color 与 Direction & Movement 十二大类。《英汉概念隐喻比较词典》以此为基础,将英语隐喻概念细化为 Human Body、Health & Illness、Animals、Plants、Cooking & Food、Construction、Machines & Tools、Journeys Traffic & Vehicles、Market、Theatres & Stage、Clothes、Games & Sport、War、Weather、Color、Light & Darkness、Temperature、Time、Space & Container 和 Movement 二十个类别。虽然 MEDAL 没有明确列出隐喻概念的具体类别,但根据隐喻概念的文字说明,仍可将其归为 POSITION、FIGHT、JOURNEY、ACTIVITY、MOVEMENT、LIGHT & SIGHT、OBJECT、BODY & HEALTH、HEAT、CONSTRUCTION、FOOD、CONNECTION、CONTAINER、MACHINE、SPACE、PLANTS & ANIMALS 十六类。① 同为通用语文学习词典的双语学习词典也可在前件中以此为据,设置 16 个隐喻概念类别,列出每个隐喻概念所在词条(表7.2)。

表7.2 英汉高阶学习词典隐喻概念类别及其位置

隐喻概念类别	所在词条
ACTIVITY(行为)	difficulty、discover、life、method、nervous、power、responsibility、sensible、understand
POSITION(位置)	aim、honest/dishonest、power、proud、quantity、situation、strange、success/failure
JOURNEY(旅行)	aim、communicate、confused、conversation、deceive、knowledge、life、method
FIGHT(争斗;战争)	angry、argument、criticize、feeling、force、illness、love、search、win/lose

---

① MEDAL 隐喻概念类别归属为本书分析结果。相较于《英语语法系列:7. 隐喻》和《英汉概念隐喻比较词典》以目标域为依据,本书以源域为参照将隐喻概念归类。由于英汉高阶学习词典已在后件中为目标域词条设计了"隐喻概念索引",以源域为分类标准将有助于学习词典文本设计兼顾二语隐喻能力在理解和产出维度上的发展需求。

续表

隐喻概念类别	所在词条
OBJECT（物品）	important/unimportant、intelligence、quantity、simple、time
LIGHT & SIGHT（光与视觉）	happy/sad、intelligence、knowledge、opinion、understand
MOVEMENT（运动）	aim、happy/sad、love、mistake、quantity、success/failure
BODY & HELATH（身体与健康）	effort、guilty、hate、language、organization、problem
CONSTRUCTION（建造）	achieve、help、idea、opportunity、organization
HEAT（热量）	afraid、angry、enthusiasm、friendly、love
FOOD（食物）	achieve、language、money、want
CONNECTION（连接）	interested、relationship、self
MACHINE（机器）	method、relationship
CONTAINER（容器）	busy、mind、secret
SPACE（空间）	self、tolerance
PLANTS & ANIMALS（植物与动物）	idea、people

（三）隐喻概念比较

隐喻具有文化一致性，也就是说，"一种文化中的价值观与该文化中的隐喻思维方式是一致的。正是由于这种一致性，不同文化的隐喻由于价值观的不同而呈现出一定的差异，隐喻的文化一致性在不同文化的比较中能够更好地显示出来。"（李毅，2009）。由于双语学习词典的跨语特殊性，隐喻概念比较不仅体现在微观层面隐喻信息的对比分析上，涉及隐喻义、隐喻性搭配及隐喻性句式等不同层级的内容，而且需要在总观层面简要介绍隐喻信息的文化特殊性，通过例证揭示隐喻信息表征辅助二语隐喻能力发展的重要性，从而达到提醒学习者重视隐喻信息的目的。

由于相似的自然环境、文化传统、生活习惯和生活体验，不同语言中的隐喻概念具有相似的文化内涵，从而衍生出相似的语言隐喻。例如，人们皆看重时间，因而有 TIME is MONEY 和"时间就是金钱"的隐喻概念。因此，所催生的英语隐喻表达式"I've spent a lot of time on this project.""We've managed to buy ourselves some more time.""You have used up all the time you had left."就很容易被中国英语学习者理解并接受。

然而事实上,因为文化背景迥异,不同语言中的隐喻概念差异更大。以情绪隐喻为例。英语用 blue 喻指"忧郁、伤感"等情感,这和哥伦布发现美洲大陆后,许多非洲黑人被贩卖到美国种植园为奴的历史背景有关。这些人在被迫从事繁重的体力劳动之余,会因思乡心切哼唱一种叫作"blues(布鲁斯音乐、蓝调音乐)"的歌曲。由于其曲调低沉缓慢、充满忧伤,blue 逐渐衍生出"忧郁、沮丧"之意。汉语中的"蓝色"就没有隐喻情绪的用法。相反,中国古代文人墨客更习惯寄情于山水,热衷借助花草树木抒发情怀,使得植物逐渐被人格化,最终形成了诸如梅花孤傲、松柏坚韧、牡丹富贵、兰花优雅、菊花高洁等隐喻概念。这些是英语文化中所没有的。

隐喻概念属于抽象的高层次隐喻信息,掌握起来难度较大。基于 Hanvey(1981)对文化差异敏感性与文化教学的阶段性区分,李毅(2009)建议隐喻教学也应该相应地分为三个阶段:在初级阶段对比词汇层次的隐喻使用;在中级阶段重视比较隐喻的文化差异;在高级阶段关注隐喻知识的介绍。面向中高级二语学习者的英汉高阶学习词典,以文化差异为基础提供隐喻概念知识将有效促进隐喻习得,辅助学习者的二语隐喻能力向纵深方向发展。

第二节 宏观层面的隐喻信息表征

作为传统学习词典结构的两大组成部分之一,宏观结构指学习词典中按照一定方式编排的词目总体,能够反映不同条目之间的关系,主要包括学习词典的收词范围、词目选择以及词目编排等(王馥芳,2009)。在宏观结构设计中,应遵循三个基本原则:第一,即使最简单的词也应在结构内有适当的位置;第二,结构中的各部分词应形成有机的联系;第三,学习词典中的任何单词都应列在结构之内(黄建华,2001)。这同样适用于隐喻信息表征的宏观层面设计。秉承以上编纂原则,本节将分别从隐喻型条目的设置与关联两个方面探讨英汉高阶学习词典在宏观层面的隐喻信息表征问题。

一、隐喻型条目的设置

张后尘(1994)认为,"一部学习词典收词的多寡受学习词典的性质、规模、读者对象的制约,而且要服从于词汇的相关性原则,使之成为完善的、科学的整体。"通常而言,双语学习词典的收词范围由学习词典的宗旨和目标用户的需求来决定。以辅助二语隐喻能力发展为导向的英汉高阶学习词典需要重点关注能够促进隐喻习得的词汇收录与编排。

学习词典中的大多数词目都是可以作为词汇单位的词。例如,《英汉大词典》(2007)收录的词条包括基本词、一般词、外来词、缩略词、词缀、组合语素、人名、地名、组织机构名、历史事件名、宗教及神话专名、社会科学及自然科学术语 12 种。词目既有单词,也有复合词、短语、缩略词和词缀等,全部按照字母顺序进行排列(如 junior、junior college、junior common room)等。《新时代英汉大词典》(2004)的收词范围与此类似,有基本词、复合词、短语、短语动词、词缀、构词成分、缩略词语、地名、人名、宗教及神话人物名、社会科学及自然科学术语 11 种。词目除单词、复合词、短语、缩略词语和词缀外,还包括各种短语动词。例如,hand down 并未收录于 hand 中作内词条,而是作为独立条目列于 handcuff 之后,可谓该学习词典的特色之一。迄今为止,英汉高阶学习词典尚未明确提出"隐喻型条目"这一概念。

现代隐喻研究认为,隐喻不仅是一种修辞手段,也是一种思维方式(Lakoff et al.,1982)。作为修辞手段,隐喻能够增强语言表达效果,使其更形象、更生动。作为思维方式,隐喻能够揭示语言的发展变化,有助于组织人的概念系统,丰富认知经验,为人类认识外部世界事物提供新的视角(侯奕松,2011)。正因为隐喻具有重要的修辞与认知功能,隐喻习得在二语习得过程中占据重要地位。作为辅助二语习得必不可少的重要工具,双语学习词典不能忽视隐喻信息表征问题。从选词立目来看,考虑到词目的平衡,除作为主要成分的基础词汇列为词目外(即普通条目),有必要为隶属于词汇组合层面的隐喻性搭配单独立目(即隐喻型条目)。如此,既能突显隐喻性搭配在第二语言系统中的重要地位,也有利于完善学习词典中的隐喻信息类型,还能体现隐喻信息表征的系统性。

英汉高阶学习词典的隐喻型条目主要包括两类:隐喻性复合词和隐喻性习语。下面将针对这两类条目的立目标准与编排形式分述之。

（一）隐喻性复合词条目

根据可接受度，复合词在书写形式上有合写、分写以及附带连字符之分，如 whitehead、white cell 和 white-collar（胡壮麟 等，2002）。较之自由组合，复合词的语义更稳定，或由构成词汇的意义叠加而成［如 white cell（白细胞）、white flag（白旗）］，或由构成词汇的意义引申而成［如 white-collar（白领阶层的、脑力劳动的），fat-headed（蠢笨的）），或与构成词汇的意义完全不相关［如 whitehead（栗粒疹）］。隐喻性复合词属于第二类。

作为复合词的特殊形式，隐喻性复合词通常由两个或两个以上词汇组成，语义可以根据核心词汇的隐喻义或引申后的基本义推断。例如，black market（黑市，即非法交易市场）和 black sheep（败类，害群之马，喻指为集体带来耻辱的成员）分别关联 black 的隐喻义"非法的"和"糟糕的"；home bird（宅男或宅女，喻指喜欢待在家里的人）与 bird 的隐喻义"有一定特点的人"相关联。从这一点来看，隐喻性复合词与半习语以及部分可分析型习语存在一定的相似性。

虽然目前很多英汉学习词典已经为复合词立目，隐喻性复合词亦获得词目的地位，但并非所有的双语学习词典均采纳了这种处理方式。例如，black market、black sheep、fat-headed、home bird、white-collar、white elephant 和 white heat 在《新时代英汉大词典》(2004)、《英汉大词典》(2007)和《新英汉词典》(2013)中得以立目，但是在《英华大词典》(2006)中仍为内词条，以黑体形式列于所有义项与习语之后。不同的处理方式与学习词典的性质及编纂理念有直接关系。为实现选词立目的系统化与整体化，也为了便于隐喻信息查检，英汉高阶学习词典一方面有必要为隐喻性复合词单独立目，另一方面在翻译时亦要有别于其他复合词条目，以引起用户的关注。

（二）隐喻性习语条目

从二语习得来看，学习者之所以语言表达不地道，与其习语敏感度不高有重要关系，需要加强习语习得（常晨光，2005）。由于习语在语言系统中具有特殊地位，学习词典通常都很重视习语的处理。例如，《英汉大词典》(2007)和《新时代英汉大词典》(2004)将习语（包括谚语）作为内词条集中收列于全部释义和例证之后，并用黑斜体突显。《新英汉词典》(2013)也将习语作为一个相对独立的部分，集中收列于全部释义与例证之后,同样采用黑斜体,并以"◇"作为开始的标志。这种处理方式的优点在于,能够辅助学习者全面学习与该词条相关的习语,但却容易忽略习语的句法与语义特点,也未充分考虑到学习者的语言认知规律。

从句法功能来看,习语可分为短语型习语与句子型习语。由于英汉高阶学习词典所收词条大多为词汇单位,短语型习语完全可以单列为独立词条,句子型习语则通常作为例证或内词条置于义项之后集中排列(黄建华 等,2003),不属于本节讨论范围。从语义来看,虽然习语作为结构相对固定的词汇组合,其意义并非构成词汇语义的简单叠加(Moon,1998),然而其语义隐晦性仍然有差异,有完全性习语与半习语之分(Svensén,2009)。其中,完全性习语可再分为部分可分析型习语与不可分析型习语(Harras et al.,2005)。部分可分析型习语与半习语较接近,整体语义与构成成分(通常为搭配项)的语义有一定关联,如 make a long face(拉长脸,喻指生气)、more brave than wise(勇敢有余、智慧不足,喻指有勇无谋)、spill the beans(把豆子撒了一地,喻指泄露秘密,走漏风声)等。不可分析型习语是一个整体,很难从构成词汇中找到任何线索。例如,call of nature 喻指要如厕的感觉,并非自然的召唤;sb.'s cup of tea 喻指某人的喜好,并非某人的茶水等。如果将这三类习语都作为内词条,一方面将割裂半习语和部分可分析型习语与其组成词汇之间的语义联系,不利于习语的理解与应用;另一方面也无法为不可分析型习语提供较充分的语言文化信息,以创造良好的文本环境,辅助隐喻习得。

为解决以上问题,英汉高阶学习词典可考虑为短语型隐喻性习语单列条目。①对于半习语和部分可分析型习语,译义时使用参见词条,将其指向构成词汇所在词条,可能的话,还可细化至义项,再使用特殊字体(如黑斜体)或彩色标注将隐喻性习语条目与其他条目相区分,以突显其习语地位。为不可分析型习语直接提供译文及有助于理解该习语的文化信息,满足学习者在隐喻习得中编码与解码的双重需要。至于句子型习语,由于并非词汇单位,不适合列为词目,或将其作为例证,关联相关词汇的隐喻义,并使用"◆"与其他例句相区别,或将其收纳至"习语栏",通过集中呈现,便于习语的系统学习。

总之,不论是隐喻性习语,还是隐喻性复合词,只要并非随机组合,具有相对固

---

① 单列为条目的短语型习语具有典型的语义隐晦性,称为"短语型隐喻性习语"。为了突显对比性,也为了保持表述上的一致,在与"隐喻性复合词"并置时使用"隐喻性习语",在与"句子型习语"并置时使用"短语型习语"。

定的语言形式与典型的语义隐晦性,均可纳入隐喻型条目。由于二语学习者通常很少关注学习词典体例(邓琳,2006;郎建国 等,2003),加之前件的说明文字较为繁琐,因而造成学习者对信息查检路径不熟悉。因此,他们在查检隐喻性习语或隐喻性复合词时,常常很难判断所属词目。在这种情况下,若将其单独立目,按照字母顺序与其他词目统一排列,将为学习者免去这一困扰,以体现"用户友好"的学习词典编纂原则。此外,从认知规律考虑,作为隐喻型条目的隐喻性习语和隐喻性复合词通常有一个特点,即与核心词汇有一定的语义联系。这是因为人们在认识新事物时,常常会从已知的、熟悉的事物出发,以既有的知识体系为基础构建新概念、吸收新知识,词汇习得也不例外(曹杰旺 等,2005)。因此,在编排隐喻型条目时,若能关联构成词汇,将极大地辅助记忆,深化理解。

二、隐喻型条目的关联

双语学习词典作为语文学习词典的一个重要类型,在选词立目方面既不可能如专项学习词典一般剔除所有核心词汇,将词目局限于隐喻性搭配,也不可能如其他普通语文学习词典一般,只收录核心词汇,不突显隐喻性搭配。这两种做法都难以实现双语学习词典辅助二语隐喻能力发展的编纂初衷。为了解决这一矛盾,只能选择可行性较高的折中做法,即在学习词典正文中将核心词汇与隐喻性搭配同时立目,并设法构建两者之间的联系。

如上所述,英汉高阶学习词典的隐喻型条目包括隐喻性习语和隐喻性复合词两大类,均可与构成词汇相关联,以体现学习词典正文条目之间的联系。事实上,由于隐喻认知具有系统性,为辅助隐喻习得,隐喻型条目之间也需要符合系统性要求,分别体现在"系统性关联"和"层级性关联"两个维度,主要体现在隐喻型条目和普通条目之间以及隐喻型条目内部。

(一)隐喻型条目的系统性关联

隐喻型条目与普通条目之间的系统性关联主要体现于前者以后者为基础,后者是前者的必要条件,两者相互依存,以互补的方式实现词汇内部与词汇组合层面隐喻信息的关联。具体来说,虽然很难以构成词汇的意义叠加获取隐喻型条目的准确意义,但是仍然可以根据核心词汇的隐喻义或隐喻性用法进行推断。例如,

spill the beans 的字面义为"把豆子撒了一地",由于 spill 有"使公开;泄露,透露"之意,该词目即获得隐喻义"泄露秘密,走漏风声"。再如,home bird 虽非"家中圈养的小鸟",但 bird 可喻指"有一定特点的人",该词目可隐喻为"喜欢待在家中的人"或"宅男或宅女"。可见,掌握 spill 和 bird 的隐喻义是理解与学习这两个隐喻型条目的基础,而查检与了解 spill the beans 和 home bird 的隐喻性用法也是深度习得核心词汇的必要手段。为了突显该语义关联,需要借助参见词条,将隐喻型条目指向其核心词条,必要时甚至可以列出相关义项(图 7.6)。

> **home bird**　*n*. 喻指喜欢待在家中的人,宅男或宅女(见 bird③)
> **spill the beans**　*v*. 把豆子撒了一地,喻指泄露秘密,走漏风声(见 spill②)

图 7.6　home bird 和 spill the beans 的相关义项

隐喻型条目之间的系统性关联体现在具有相同构成词汇的隐喻型条目之间以及相关隐喻型条目之间的内部关联机制设定上,旨在以串联的方式将所有隐喻型词目构建为一个环环相扣的有机整体。例如,black economy 和 black market 与 black 的隐喻义"违反交易法规的"相关,black mark 和 black sheep 与 black 的隐喻义"坏的,糟糕的"相关。这两组词目都属于具有相同构成词汇的隐喻型条目,可使用括注类参见词条或链接关联词条与义项,并辅以"比较"提示该跨条目关联的性质(图 7.7)。①

> **black economy**　*n*. 黑账经济,喻指为避税而暗中进行的商业活动(见 black⑧)
> 　　　　　　　　　　比较 black market
> **black market**　*n*. 黑市,即非法交易市场(见 black⑧)　　比较 black economy
> **black mark**　*n*. 污点,喻指缺点或负面的评语(见 black④)　　比较 black sheep
> **black sheep**　*n*. 害群之马,喻指为集体带来耻辱的成员(见 black④)　　比较 black mark
> **black**　*adj*. ④ 坏的,糟糕的
> 　　　　　　　⑧ 违反交易法规的,非法交易的

图 7.7　跨条目关联示例

---

① 该例证重点在于呈现隐喻型条目之间的关联,因此没有为 black 的隐喻义添加标注。

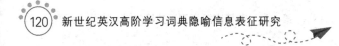

又如，hotbed 和 seedbed 均包含 bed，取"为……的成长或发展奠定基础"之意，可译为"温床"，但情感色彩不同，属于具有近义关系的隐喻型条目，同样需要借助参见词条或链接关联词条呈现其关联性（图 7.8）。

```
hotbed    n. ①（培育植物的）温床
              ②〈喻〉（尤其是坏事物的）滋生地（常用于贬义）  近义词 seedbed
seedbed   n. ①（植物生长的）苗圃，苗床；温床
              ②〈喻〉（事物的）发源地，发祥地（常用于褒义）  近义词 hotbed
```

图 7.8　近义关系隐喻型条目示例

（二）隐喻型条目的层级性关联

从形式上看，隐喻型条目是词汇的组合，其他普通条目隶属于词的范畴，但是两类条目同为语言系统中的基本词汇单位，是学习词典文本构建语言体系必不可少的组成要素，也使得词目具有了层级性关联特征。有学者（Cowie，1992；Howarth，1996；Altenberg，1998；Moon，1998；陈玉珍，2010）研究发现，在语言使用过程中存在大量频繁共现的、可预测的或约定俗成的词语组合。习语和复合词就是最重要的两类。作为隐喻信息的过渡层级，隐喻性搭配是连接隐喻义与隐喻性句式的关键，也是二语隐喻习得的重点与难点。因此，为隐喻性习语和隐喻性复合词赋予词目，并使用彩色标注与普通词目相区别，不仅有助于展现语言系统的完整性，而且对于系统认知第二语言隐喻系统大有裨益。更重要的是，隐喻型条目与普通条目并置能够完善词目系统的层级化属性，这是隐喻信息系统构建的重要组成部分。

隐喻型条目之间的层级性关联体现在该类条目可根据其语义隐晦性再分为完全隐喻型条目与半隐喻型条目。完全隐喻型条目主要由不可分析型习语和隐喻性复合词组成，核心词汇对整体词条的贡献是间接的，在翻译时难以找到完全契合的隐喻义作为参照对象，只能直接作隐喻化处理。例如，call of nature、sb.'s cup of tea、home bird、walking dictionary、walk of life、white-bread、white lie 等不能分别直译为"自然的召唤""某人的茶水""家养的小鸟""行走的词典""生活的道路""白面包""白色的谎言"，而是需要从语言文化对比视角出发，分别改译为"喻指要

如厕的感觉""喻指某人的喜好""喻指喜欢待在家中的人""喻指知识渊博之人""喻指行业或社会阶层""喻指平淡无奇的、恪守传统的""喻指善意的谎言"等。若存在相应的汉语表述,则列于隐喻义之后。例如,home bird 译为"喻指喜欢待在家中的人,宅男或宅女"。为了有效认知隐喻型条目,学习者需要积极思考汉语的相关表达,有意识地增强目标语文化意识(罗常培,2004)。

相对而言,半隐喻型条目由于通常可以根据核心词汇直接推断,更容易理解,可使用参见词条或链接关联核心词汇所在词条的隐喻义。例如,black market 译为"黑市,即非法交易市场(见 black⑧)";red rag 译为"斗牛时所用的红布,喻指易使人愤怒或苦恼的事物"。若不存在较为契合的隐喻义,可以先提供基本义,再提供隐喻义。例如,white elephant 译为"白象;喻指大而无用之物,累赘",last straw 译为"最后一根稻草,喻指令人不堪忍受的最后一件事"。此类条目的习得,很大程度上依赖于对核心词汇隐喻义的理解,同时也有必要考察相关词目的文化寓意。

第三节 微观层面的隐喻信息表征

学习词典的微观结构指条目中系统安排的信息总和,也可视为词条结构。黄建华(2001)认为,语文学习词典微观结构中的文本信息主要包括 10 类:拼法或写法,注音或标音,词性,词源,释义及义项编排,词例,特殊义,百科信息,词组、成语、熟语、谚语等,同义词、反义词、近义词、类义词、派生词等。虽然如此,并非每部学习词典的每个词条都需要囊括以上所有信息,编者需要根据学习词典的性质与规模进行选择。以隐喻信息系统表征为特色的英汉高阶学习词典微观层面设计主要包括词目译义①、义项排列、例证选配、习语的处理和隐喻概念的处理五个方面。

---

① 魏向清(2005)认为,双语学习词典的本质在于"译义",与单语学习词典重视"释义"不同。因此,这里用"词目译义"强调英汉高阶学习词典词目处理的翻译性质。

一、词目译义

双语学习词典中的词条主要由词目和译义组成。词目指学习词典中单独立条的词汇单位,根据学习词典的性质与编纂目的,不同学习词典的立目标准有所不同。译义是词目的译文,着重体现双语学习词典的跨语特殊性(魏向清,2005)。译义作为学习词典编纂的核心内容,是衡量双语学习词典质量的重要参考依据。Komissarov(廖七一,2000)认为,衡量一篇译文的优劣应考虑五个方面,即释义对等性、语体风格一致性、语言地道性、实用性以及与惯例的吻合性。这些原则对学习词典翻译同样适用。就词目翻译而言,万江波(2005)认为还需要增加"规范性",以体现双语学习词典的教学功能。与单语学习词典的词目释义重视准确性相比,双语学习词典的词目译义更强调在语义、语体与语用等三个方面的等值性(黄建华等,2003)。

为便于深入考察、分析和处理隐喻信息的系统化表征,本书将以辅助二语隐喻能力发展为目标的英汉高阶学习词典条目分为普通条目和隐喻型条目两类。隐喻型条目主要包括隐喻性复合词和隐喻性习语,余者皆为普通条目。由于两者的性质及承载的隐喻信息存在差异,有必要对两类词目的翻译分别说明。虽然词目译义遵循对等性、一致性、地道性、实用性、惯例性与规范性等总体原则,但仍需要根据隐喻信息的类别与特征思考其他可能的翻译准则,以体现跨语隐喻信息的等值性。

(一) 普通条目的隐喻义翻译

隐喻作为人类思维的普遍特征,隐含于语言系统的各个层级之中,其中最普遍、最基础的即为词汇的隐喻义。这在高频常用多义词的语义建构中更为突显。多义条目的语义延伸与拓展最重要的机制之一就是隐喻(Ungerer et al.,1996)。如何在普通条目的隐喻义翻译过程中有效呈现多义词的隐喻机制是培养二语隐喻能力的重要基础。①

隐喻义指运用基于相似性的类推方法将具体、常见的基本义引申后获取的相对不常见的、抽象的意义用法,是基本义所属概念域(即源域)对隐喻义所属概念域

---

① 本书重点探讨核心词汇中的高频实词,其他高频虚词(如介词、连词、助动词、叹词等)的隐喻机制更为复杂,需要另行阐释,不属于本书讨论范畴。

(即目标域)的映射结果。由于隐喻义与基本义的语义关联对促进词汇深度习得具有重要意义,Meer(1997,2012)建议"添加解释性语言以明确基本义与隐喻义的联系"。然而,学习词典文本分析结果显示,当前学习词典,尤其是双语学习词典,在隐喻义处理方面仍以用法解释为主,隐喻义翻译时除了重复基本义的关键词之外,并无其他手段对两者的关系加以明示。为了弥补这一不足,使隐喻义蕴含的隐喻信息显性化,英汉高阶学习词典编纂应注意以下方面。

第一,识别词目的基本义与隐喻义。根据钟兰凤等(2013)提出的语料库学习词典义项识别流程,基本义具有以下特征:能够感知的、与身体动作有关的、具体的、更清晰的、历史更久的。以基本义为基础,与之形成对照的可理解性义项则为隐喻义。例如,在《新时代英汉大词典》中,morass 有两个义项,即"① 乱成一团;困境"和"② 沼泽(地);泥潭"。显然,义项②更具体,能够直接感知,故视为基本义,义项①则视为隐喻义。

第二,在翻译隐喻义时,需关联基本义与隐喻义共通的核心内容。例如,将名词 morass 的隐喻义"乱成一团;困境"改译为"难以脱身的困境或处境",将动词 defuse 的隐喻义"使(气氛、局势等)缓和;平息(危机等)"改译为"清除安全隐患;缓和或平息(危机、局势、气氛等)"。有时还可用"像""似""正如""如……一般"等明示词汇用法的隐喻性。例如,动词 mushroom 的隐喻义"迅速生长;快速发展"可改译为"如雨后春笋般快速成长或发展"。选择"春笋"而非"蘑菇"主要是为了便于二语学习者理解、记忆并掌握该用法,继而将其转化为积极词汇用于表达。相比而言,改动后的版本突显了隐喻义与基本义的相似性与关联性,有助于理解两者的语义关联。

第三,如果为了明示基本义和隐喻义共通的核心内容而造成译文繁琐,影响语义理解与查检的便捷性,可添加简化译文,再用分号将两者隔开,以提高文字的简洁性。例如,形容词 cosmetic 的隐喻义"像化妆一样修饰的,装点门面的"可改译为"(像化妆一样)修饰的,装点门面的;表面化的,无实质内容的"。如此既可关联基本义,也不违背双语学习词典词目翻译"简约化行文"的宗旨(黄建华 等,2003;万江波,2005)。

第四,由于在大多数情况下对隐喻义和基本义的核心内容进行概括有较大难度,学习者也未必能充分领会词目译文中涵盖的丰富的隐喻信息,加之适用于"像""似""正如""如……一般"等隐喻提示的词目并非大多数,为明示隐喻义这种最基本的隐喻信息类别,除了在隐喻义翻译上创新外,还需要借助标签(如"〈喻〉")强调其隐喻性用法性质(图7.9)。

> **atom**   *n*. 〈喻〉微量
> **cheapen**   *vt*. 〈喻〉降低(身价、威信等)
> **slim**   *adj*. 〈喻〉量少的；微小的；不充分的；差的

图 7.9   隐喻义的"〈喻〉"标签示例

在添加"〈喻〉"标签时，还有一点需要注意。有些词目的隐喻义属于非正式用法，本身还附有其他语用标签（如〈口〉、〈俚〉等），此时需要考虑这些标签的排序问题。本着语义关联优先的原则，建议将"〈喻〉"标签放于较为醒目的首要位置，其他依次列出即可。这些标注在区分隐喻义的使用语境、提示隐喻信息的同时，也能够为二语词汇习得的分层学习奠定基础（孔蕾 等，2013）。

（二）隐喻型条目的词目翻译

英汉高阶学习词典文本中的隐喻型条目包括隐喻性复合词和隐喻性习语，属于词汇组合层面的隐喻信息。由于语义隐晦性存在差异，隐喻型条目可再分为半隐喻型条目与完全隐喻型条目。两者均与组成成分存在显性或隐性的语义关系，可根据其主要构成词汇所在词条的义项（尤其是隐喻义）按图索骥。正如何自然（2007）所言，"人类的信息处理以关联为驱动力，对所掌握的信息进行选择性处理，从而构建出新的话语表征。"通过关联构成词汇应是翻译英汉高阶学习词典隐喻型条目的一项重要准则。这也是现代语文辞书为了有效表征因人类隐喻思维方式而形成的词义变化所努力探索的路径之一（苏宝荣，2004）。

首先，在"语言共核"客观存在并起作用的前提下（侯奕松，2011），如果隐喻型条目在目标语中存在对应词，则优先采用直译。例如，将 black market 译为"黑市"，将 white heat 译为"白热（化）"，将 red flag 译为"红旗"。若译文无法充分体现词目的隐喻性，再追加"指……"或"即……"明示其隐喻性用法，例如，将 black market 译为"黑市，即非法交易市场"。也可使用括注说明，例如，将 blind spot 译为"一无所知（或持有偏见）的领域"。无论是追加措辞还是使用括注，都以明示词目隐喻义及其使用情境为目的。若隐喻义能够独立表达相对完整的语义，可单列为义项，再添加标注。例如，将 white heat 译为"② 〈喻〉（事态或情绪等）高度紧张的状态"，将 love bird 译为"② 〈喻〉恋爱中的人"。

其次，若对应词不存在，且构成成分对隐喻型条目的语义贡献呈现隐性化，无法从字面义推断确切含义,可采用意译,并添加"喻指……",以提示该词目的隐喻性特征。这种以"隐喻功能对等"为准则的对译法是词目翻译等值性原则在语用和语体层面的具体运用,是双语学习词典译义的重要方法之一。例如,call of nature 译为"喻指要如厕的感觉",sb.'s cup of tea 译为"喻指某人的喜好",walking dictionary 译为"喻指知识渊博之人",home bird 译为"喻指喜欢待在家中的人",white lie 译为"喻指善意的谎言"。

为实现隐喻型条目与构成词汇之间的语义关联,可在隐喻义后使用参见词条,将该条目指向其他词条,若该词条义项众多,最好提供明确的义项编号(图7.10)。

```
black market   n. 黑市,即非法交易市场(见 black⑧)
black   adj. ⑧ 违反交易法规的,非法交易的

home bird   n. 喻指喜欢待在家中的人;宅男,宅女(见 bird③)
bird   n. ③〈喻〉〈口〉(有一定特点的)人

red flag   n. ③〈喻〉引起愤怒的事物(见 red②)
red   adj. ②〈喻〉(因羞涩、不安、气愤等)满脸通红的,涨红的

white lie   n. 喻指善意的谎言(见 white⑦)
white   adj. ⑦〈喻〉〈口〉纯洁的,善良的
```

图 7.10　隐喻义参见示例

除使用直译、意译及词条关联手段外,翻译隐喻型条目时还应提供跨语隐喻对比信息,通过比较两种语言文化认知系统,提醒学习者关注两者的区别,以避免出现误用(图 7.11)。

由此可见,从词目译义来看,实现语义认知关联从而达到隐喻功能对等是英汉高阶学习词典表征词汇内部和词汇组合层面隐喻信息需要遵循的一项重要翻译准则,也是关联理论在学习词典编纂中的重要应用之一(雍和明,2003;薛雪,2011)。将词目的隐喻义与基本义相联系,或将源语和目标语的隐喻性用法进行对比,都不失为翻译词目的可行性举措。此外,标注隐喻义、使用括注、提供参见词条及跨语隐喻对比信息等辅助手段也有助于突显隐喻信息的重要地位。这不仅能够激发学

习者的关注,提高隐喻意识,而且可为基于学习词典使用的隐喻习得奠定基础(魏向清,2010;陈伟,2014)。

> **black sheep** *n.* 害群之马,指为集体带来耻辱的成员
>
> 注意　英语借用 sheep 表达"危害集体的个别成员"这一概念,不存在 black horse!
>
> **rain cats and dogs** *v.* 〈喻〉下倾盆大雨,下瓢泼大雨
>
> 注意　英语借用动物形容大雨,汉语无相关用法。
>
> **see red** *v.* 〈喻〉发怒,冒火
>
> 注意　英语多用色彩词汇表达情感,汉语较少。red 与"愤怒"关联,并非"嫉妒",不可译为"眼红"!

图 7.11　隐喻型条目的跨语隐喻对比示例

二、义项排列

黄建华和陈楚祥(2001)认为,传统义项排列主要遵循三种基本原则:历史发展原则、逻辑联系原则、使用频率原则。历史发展原则能够呈现义项之间的历史承继顺序,有助于了解词义的发展脉络,但追本溯源通常受历史记载与书证所限,无法贯彻始终,难以展现词义的演变历程,而且不符合学习者的查阅习惯。逻辑联系原则以语义联系的紧密程度为依据,构建义项之间的内在关联,但过于依赖学习词典编纂者的知识储备及其对逻辑关系的理解,因而主观性较强。此外,仅以义群为划分依据的做法,很容易使学习者忽略词性差异,不利于词目语法特征的掌握。使用频率原则从实用角度考虑,将常用性作为参考准则,虽然大幅度提高了信息查检的便捷性,但却会打乱义项内在的语义网络,对整体把握词义系统难以起到良好的辅助作用。此外,由于参考的语料库有所不同,同一义项的使用频率也会存在差异,由此造成义项排列顺序难以统一的问题(源可乐,2002;徐海 等,2012)。

由于不同的排列方法各有优劣,学习词典很少采用单一的义项排列原则。进入 21 世纪以来,以逻辑联系原则和使用频率原则相结合的"多项独立词条排列法"和"以核心意义为基础的排列法"等创新手段相继出现。然而,一部学习词典中词

条的义项排列究竟应该遵循什么原则,"在很大程度上取决于该学习词典的宗旨和对象"(源可乐,2002)。

以辅助二语隐喻能力发展为目标的双语学习词典在义项排列时应兼顾科学性与实用性两个方面。科学性有助于体现基本义与隐喻义的语义关联,将义项的内在逻辑联系显性化(Polgue're,2014),有助于系统化的词汇习得,符合语言认知规律。实用性以学习词典用户的实际需求为出发点,将常用义项排列在前,顺应学习词典编纂"以编者为中心"转向"以用户为中心"的发展趋势(Tono,1989;陈伟 等,2007)。由于义项数量不等,基本义或可不止一项,此时可将不同的基本义及其引申义(包括隐喻义)视为一个"义群"分别列出,呈现多个语义层次。

这种以逻辑联系为主、使用频率为辅的层级式义项排列原则,本书称为"语义认知关联原则",对隐喻型条目和普通条目均适用,因此不再分类述之。基于该原则的义项排列方式称为"认知层级关联排列法",与"多项独立词条排列法"和"以核心意义为基础的排列法"的主要不同之处在于:该排列方式区分词性,便于查检;义项间隔使用数字或字母,并非符号(如●);通过"以基本义为主义项、引申义为次义项"的层次划分体现义项之间的语义认知关联。具体步骤如下:

首先,将所有义项根据词性归类,再结合词源与语义的紧密程度,判断词性相同的义项是否为同形异义词,进而考虑是否单列为独立词条。例如,名词 mark 有"标记"和"马克(货币单位)"之意。由于两者语义相去甚远,分列为两个词条。

其次,在同一词性下,如果义项数量较少,且仅有一个基本义,先将其列为首个义项,再将隐喻义按照使用频率逐个列出。若存在多个基本义,可先将其按照逻辑顺序排列,再将隐喻义作为相关基本义的次义项列出(图 7.12)。

```
morass   n. ① 沼泽,泥潭
             ② 〈喻〉难以脱身的困境或处境
apex     n. ① 尖端,顶(点);最高点
             a. 〈喻〉顶峰;最高潮
             b. 〈喻〉最高层领导
         ②【植】芽苗的顶端
         ③【几】顶点
```

图 7.12　基本义排序示例

最后,如果义项数量较多,先确立最核心的基本义为首个义项,再确定由首个义项演变而来的义项为其余主义项,按照语义紧密程度,用数字进行排列(如①、②、③等),意义相近的次义项,根据使用频率逐个列出。主义项确定后,将其余义项(主要包括隐喻义在内的引申义)按照语义关系归于不同主义项之下,即次义项,再根据使用频率,用字母为其排序(如 a、b、c 等),同时标注与该次义项有隐喻关系的下义项。若次义项内部还有值得关注的语义衍生关系,再在其后使用字母[如 a)、b)、c)等]依次列出相应的下义项,仍以使用频率为排列原则,即"认知层级关联排列法"。如果次义项已有"〈喻〉"标注,下义项将不再添加标注,以免累赘。

以及物动词 follow 为例。根据《新时代英汉大词典》,该词目共有 12 个义项。经分析,先确定"走在……后面;跟随"为基本义,应为首义项,继而明确由该义项衍生而来的 4 个义项为其他主义项,按照使用频率依次为"②〈喻〉(在时间、次序等方面)跟在……之后;③〈喻〉听从,按照……执行;④ 密切注意;⑤ 以……为业;从事;经营"。其中,义项②和义项③与义项①存在显著的隐喻关系,使用"〈喻〉"标注。将剩余的 10 个义项与主义项进行比对后,根据语义关联确立义项①的 3 个次义项,其中 2 个添加"〈喻〉"标注。由于义项②和义项③已有标注,因此下设次义项均不再重复标注。义项④下设 2 个次义项,第二个为隐喻义,需要添加标注。最后,按照使用频率为同一个义群中的次义项排序(图 7.13)。①

这种认知层级关联排列法以语义关联为核心,同时参考使用频率,不仅能够反映义项之间的隐喻联系,对系统表征词汇内部层面的隐喻信息有所助益,而且便于学习者查询,是二语词汇习得策略的重要辅助手段。这也是关联理论应用于义项排列的探索方向。

三、例证选配

例证肩负示义、示用、定义、补义、证义等重任(Atkins,1995;Svensén,2009),具有重要的语义、句法及语用意义。没有配例的学习词典不过是一副"骨架"而已。与词目译义重视等值性不同,隶属于言语层面的例证具有动态性,对语言的理解与产出均有重要的辅助作用(Frankenberg-Garcia,2012,2014,2015)。为了充分发挥

---

① 为体现义项之间的语义联系,将 follow 原本的 12 个义项划分为 15 个。

```
follow  vt. ① 走在……后面;跟随
            a. 沿着……行进
            b. 〈喻〉追随,接受……的领导
            c. 〈喻〉〈古〉为……而奋斗;追求……
        ② 〈喻〉(在时间、次序等方面)跟在……之后
            a. 接着吃(某道菜)
            b. 继承,做……的继承人
            c. 因……所致;是……的必然结果
        ③ 〈喻〉听从,按照……执行
            a. 遵循;与……相符合
            b. 仿效
        ④ 密切注意
            a. 跟踪;追赶,追逐
            b. 〈喻〉听懂;领会,理解
        ⑤ 以……为业;从事;经营
```

图 7.13　动词 follow 义项排序示例

隐喻的认知功能,也为了实现学习词典辅助语义引申能力发展的目标,例证的选择与翻译当属英汉高阶学习词典编纂者关注的焦点之一。由于隐喻型条目与普通条目在例证选择及其翻译方面具有较大的相似性,以下不再专门区分这两类条目。

(一) 例证的数量

虽然目前学界关于理想的例证数量尚未形成定论,但实证研究结果表明,1 个以上的例证较单个例证能够更加有效地辅助学习者完成编码与解码的语言活动(Frankenberg-Garcia,2012,2014,2015)。双语学习词典作为二语习得的必要工具,至少应为词目词配备 1 个以上的例证。在配例方面,目前,双语学习词典编纂现状不容乐观。

学习词典文本调查结果显示,与单语学习词典相比,双语学习词典的例证总体数量较少;与普通条目相比,隐喻型条目(尤其是隐喻性复合词)的例证严重不足,往往只提供词目译文。例如,《英汉大词典》(陆谷孙,2007)第 2329 页(由 white hunter 到 white wax)共列出 136 个条目,其中复合词 131 条,仅 4 条配有 1 个或 2

个例证,隐喻性复合词的例证数量更是寥寥无几。隐喻性习语很少被单列为独立条目,例证数量应该也不会令人非常满意。鉴于信息输入对语言学习的重要作用(Krashen,1985),以辅助二语隐喻能力发展为目标的英汉高阶学习词典需要充分利用语料库资源,以改变当前例证不足的现状。

Xu(2008)的学习词典文本分析结果显示,目前单语学习词典的例证数量配比主要以使用频率、词性及语用标记性为参考依据。但该研究的考察对象为词目词,而非义项。为体现不同层面的隐喻信息特色,在英汉高阶学习词典编纂中,例证的数量主要应视该词目的词频或义频而定。词频指隐喻型条目的使用频率。由于该类条目总体上的隐喻性用法居多,属词汇组合层面的隐喻信息,根据词频完成配例,将有利于学习者从例证数量判断该条目的重要性,继而为隐喻信息的分层习得奠定基础。义频指普通条目隐喻义的使用频率。与隐喻型条目本身为词汇组合层面隐喻信息不同,隐喻义隶属于词汇内部层面隐喻信息范畴。以义频为原则进行配例,有助于学习者了解隐喻义的地位,辅助词汇内部层面的隐喻信息习得。

具体来说,较常用的隐喻义和隐喻型条目应多设例证,不常用的至少应设1个例证。例如,由于动词mushroom的两个隐喻义("如雨后春笋般快速成长或发展"和"呈蘑菇状扩散")的使用频率不同,前者配备3个例证,后者配备1个例证。对词频较低的隐喻型条目homespun而言,提供1个或2个例证即可。相反,对于词频较高的隐喻型条目white lie,则需要3个或3个以上的例证,才能与其词频相匹配(图7.14)。

(二) 例证的类型

目前,关于例证类型的划分有多种依据。例如,以语境性质区分的语法例与文化例,以来源区分的引例与自撰例,以语法形式区分的短语例证与整句例证等。[①]在现代学习词典编纂研究中,关于短语例证与整句例证的讨论最为广泛。

虽然从理论上来看,短语例证与整句例证各有利弊(Kharma,1984;Fox,1987;Williams,1996;黄建华,2001),但大多数学习词典使用调查结果显示,学习者更偏爱整句例证(Williams,1996;徐海,2008,2009)。由于从隐喻信息类别来看,

---

① "语法例"和"文化例"这两个概念是本书以黄建华(2001)所著《词典论》中的相关内容为基础概括而来的。语法例表征词目词的语法功能,以词汇搭配与句式构建为目的,多用于动词、形容词和副词;文化例揭示词目词的文化语境,以呈现与特定社会文化背景相适应的语义为准则,多用于名词。

mushroom　*v*. ① 采蘑菇

② 〈喻〉如雨后春笋般快速成长或发展

◇ Many new housing departments have *mushroomed* in suburban areas over the past decade.

近十年来城郊地区如雨后春笋般出现了许多新的住宅区。

◇ The small company quickly *mushroomed* into a large corporation with the joint efforts of the whole staff.

这个小公司在所有员工的共同努力下很快发展成为一个大型企业集团。

◇ Environmental concern started to *mushroom* in 1960s.

20世纪60年代，环境问题开始备受关注。

③ 〈喻〉呈蘑菇状扩散

◇ The cloud of radioactive ash *mushroomed* from the atomic bomb.

原子弹爆炸时放射性尘埃形成的云呈蘑菇状在空中升腾。

homespun　*adj*. 〈喻〉（思想）普通的，朴素的，淳朴的；简单实用的

【*homespun* virtues】淳朴的美德　【*homespun* philosophy】朴素且实用的哲学

◇ She tried to assume the air of a *homespun* country girl to get others' sympathy.

她装出一副朴实的农村女孩模样以博取他人同情。

white lie　*n*. 喻指善意的谎言

◇ Women tend to tell more *white lies* than men do because they don't want to hurt others' feelings.

女性较男性会讲更多善意的谎言，原因在于她们不愿伤害他人的感情。

◇ In order to cheer him up, the doctor told the patient a *white lie* about his illness.

医生为了让病人振作起来，就善意地向他隐瞒了病情。

◇ Truth is ugly, and that's why sometimes people choose to accept a *white lie* to avoid being hurt.

真相往往是丑陋的，因此人们有时为了避免受到伤害而接受善意的谎言。

图 7.14　隐喻义配例示例

短语例证属隐喻性搭配,整句例证属隐喻性句式,考虑到当前双语学习词典隐喻性搭配数量严重不足的现状,兼顾编码与解码功能的英汉高阶学习词典应该尽量在例证类型上寻求平衡,以确保隐喻信息从词汇内部和词汇组合层面顺利延展到句子层面,以实现隐喻信息的系统化表征。在这一过程中,使用频率、搭配能力、句法特征、查检需求以及个人喜好等均需要纳入考量(Xu,2012)。

以名词 morass 的隐喻义配例为例。考虑到该义项的常用性与重要性,共配备 6 个例证,其中短语例证 3 个,整句例证 3 个。① 鉴于该词条作为名词所具有的句法特征,提供形容词 economic,介词 in 和 out of 及动词 catch、stick、bog 和 drag 分别与之构成词汇搭配,另外还有 debt、rules、regulations、paperwork 等名词作为常用共现词汇。短语例证包括 1 个名词短语和 2 个介词短语。整句例证以此为基础,补充谓语部分,并辅以更完备的语境信息,旨在帮助学习者充分理解语义的同时,有效辅助学习者主动运用词目完成编码。为区别两类例证,需要在整句例证前添加标注(如"◇"),如图 7.15 所示。

---

morass　　*n*.〈喻〉难以脱身的困境或处境

【a *morass* of debt】债务危机　【in/out of a *morass*】陷入(或脱离)困境

◇ People shouldn't be caught/stuck in a *morass* of rules and regulations in a democratic society.
身处民主社会的人们不应被各种规章制度所束缚。

◇ The young clerk often got bogged down in a *morass* of paperwork.
这位年轻职员常常陷入繁杂的文案工作之中。

◇ The entire staff was trying to drag the company out of its economic *morass*.
所有职员都在尽心竭力地帮助公司摆脱经济困境。

图 7.15　名词 morass 隐喻义配例示例

考虑到部分词目搭配能力有限,当短语例证与整句例证重复时,遵循"整句例证优先"的原则,将短语例证并入整句例证。例如,隐喻型条目 white lie 的常用词汇搭配为 tell a white lie,若将其作为短语例证,将无法避免该搭配在整句例证中再次出现,即"Women tend to tell more *white lies* than men do because they

---

① 由于 in/out of a morass 提供了 2 个介词,因此计为 2 个介词短语例证。

don't want to hurt others' feelings."和"In order to cheer him up, the doctor told the patient a *white lie* about his illness."。此时,略去短语例证,保留整句例证。如此取舍一方面是由于整句例证能够提供更完备的语法、语义与语用信息,另一方面也是为了满足学习者对整句例证的实际需求。

(三) 例证的功能

Cowie(1989)最早提出例证具有辅助学习者完成编码与解码的功能。虽然学界关于解码型例证与编码型例证的划分仍有争议(Humblé,2001;徐海,2010;张宏,2013),但是双语学习词典以辅助语言理解与语言产出为导向的例证选配准则,却是不容置疑的。

从辅助解码活动来看,例证能够借助语境呈现词目的细微含义,表达词目译文未尽之意,以拓宽学习者对词目隐喻性用法的认知视野。例如,morass 的短语例证 a *morass* of debt 和整句例证"People shouldn't be caught/stuck in a *morass* of rules and regulations in a democratic society.""The young clerk often got bogged down in a *morass* of paperwork."通过临近词汇构建的实际情境,较好地展示了该词目"令人不胜其烦"的内涵,这是词目译义中未曾提到的。

从辅助编码活动来看,例证需要提供充足的典型词汇搭配,揭示词目的语法特征,以发挥辅助语言表达的功效(Szende,1999;Frankenberg-Garcia,2015)。仍以 morass 为例。短语例证 in/out of a *morass* 提示词目词常用作介词 in 和介词短语 out of 的宾语,3 个整句例证分别提供 be caught/stuck in、get bogged down in 以及 drag ... out of 等四个常用动词搭配。如此全面的搭配信息,对使用 morass 完成遣词造句大有裨益。

(四) 例证的翻译原则

词目翻译重在揭示词目的概括性语义特征,具有静态性和去语境化的特点,属于语言的翻译。相较之下,例证翻译通常以体现词目在不同情境下的使用为宗旨,动态化特征更为显著,是对词义的再语境化,属于言语的翻译。在翻译例证时应该"着重于语义结构的对比而不拘泥于逐字对应翻译……以求得译文的正确和通顺。"(陆国强,1988)

从隐喻信息表征来看,与词目译义遵循语义关联原则相似(薛雪,2011),例证翻译也需要以语义认知关联为准则。在践行该准则时,不仅要关联词目的基本义与隐喻义,而且应注重隐喻义核心概念的呈现。这是因为隶属于言语范畴的例证,在历经跨语转换时具有鲜明的动态化和个性化特征,需要全面考量词目临近词汇所构建的语境(万江波,2005)。

首先,当词目译文具有较强的可嵌入性时,可以直接用于例证翻译,以实现关联隐喻义的目标。例如,普通条目 defuse 的隐喻义"缓和或平息(危机、局势、气氛等)"就在例证译文中反复出现(图 7.16)。

---

defuse　*v.* 〈喻〉缓和或平息(危机、局势、气氛等)

　　【*defuse* an explosive situation/tension】缓和一触即发的紧张局势

　　【*defuse* domestic/international economic crisis】缓和国内(或国际)经济危机

　　【*defuse* dispute/criticism】平息争端(或争议)

　　【*defuse* the growing discontent of the public】平息大众日益高涨的不满情绪

　　◇ Great efforts need to be made to *defuse* domestic racial tension in the United States.

　　美国需要努力缓和国内种族紧张局势。

　　◇ The government official's news conference had some what *defused* the public anger at his dishonesty.

　　这位政府官员召开新闻发布会,这多少平息了公众对其不忠诚行为的愤怒情绪。

图 7.16　动词 defuse 隐喻义配例示例

隐喻型条目的翻译同样如此。例如,white elephant 译为"喻指大而无用之物,累赘",例句"This office building is a real *white elephant* — it has been empty even since it was built."可译为"这座写字楼真是个累赘,自建成后一直闲置至今"。spill the beans 译为"把豆子撒了一地,喻指泄露秘密,走漏风声",例句"It was still unclear who had *spilled the beans* to the media."可译为"究竟是谁向媒体走漏了风声,这件事至今还不清楚"。

其次,基于"直译为主、适当意译"与"异化、归化不可偏废"的理念(万江波,2005),在翻译例证的过程中,需要根据情境调整措辞,以符合目标语的表达习惯。也就是说,尽量使用能够体现隐喻义核心概念的词汇完成例证翻译,以实现语义认知关联。例如,morass 的隐喻义译为"难以脱身的困境或处境",可借助相关语词（如"危机""陷入""脱离""束缚""摆脱"等），在例证译文中重复和强调"难以脱身"的核心语义特征。再如，名词 blackmail 隐喻义"勒索，敲诈"的核心意义为"不合法理，违背当事人主观意愿"，例句"No one is willing to support a candidate because of *blackmail*."可译为"没有人愿意在被胁迫的情况下支持一个候选人"。同样，spill the beans 的例句"The thief offered to *spill the beans* on his way to the police station after arrest."可译为"这个小偷在被捕后押送至警局的路途中表示，愿意坦白交代"。这也是考虑到该隐喻型条目蕴含"说明真相"之意。

四、习语的处理

习语作为隐喻信息极为丰富的语言载体，相关语言学研究成果难以尽述。如何在英汉高阶学习词典中呈现隐喻性习语，进而帮助学习者领悟源语的语言文化特色，实现跨语隐喻对比，是隐喻信息表征在学习词典文本设计时需要考虑的重要问题之一。结合习语的性质与类别，可以从概念界定、编排方式与翻译方法等三个方面对英汉高阶学习词典文本中的习语进行创新性处理。

（一）概念界定

几乎每部学习词典都会在体例中说明习语的查询方法，但是目前尚未有哪部双语通用语文学习词典专门对习语的概念进行专门解释。考虑到习语与隐喻的关系，有必要在英汉高阶学习词典中厘清习语的性质及其主要特征，以突显该类隐喻信息在学习词典文本中的重要地位。

传统语言学研究将习语视为具有固定形式、语义难以预测的常用语言表达式（Moon，2015）。针对隐喻信息的特点，英汉高阶学习词典文本所呈现的隐喻性习语可界定为"由两个或两个以上词汇所构成的词汇组合，形式上较为固定，有短语和整句之分，具有语义隐晦性和不可分析性"。该定义阐释了习语的构成、形式和用法，便于英汉高阶学习词典对隐喻性习语的差别化处理。①

---

① 本节主要针对隶属于隐喻性搭配的短语型习语和隶属于隐喻性句式的整句型习语，不考虑语法搭配（即短语动词及其他程式化的语言组合形式，如"How are you?"等）。因此，本书涉及的习语并不完全等同于词块。

(二) 编排方式

在学习词典中,习语通常作为一个独立的部分被集中收列于义项与例证之后,并使用斜体或黑体表示,以区别于其他信息(黄建华 等,2003)。以隐喻信息表征为特色的英汉高阶学习词典在习语的编排方式上需要进行创新性设计。

首先,为短语型习语单独立目。这既在学习词典文本中突显了习语的重要地位,满足了隐喻信息系统表征的内在要求,又为充分呈现习语的隐喻性用法提供了平台,是隐喻习得的必要条件。若该习语的构成词汇超过 5 个,可为其缩略形式设立词目(如将 the last straw that broke the camel's back 略为 last straw),再在翻译词目或提供例证时呈现完整形式。若该习语无法缩略,则应放弃立目初衷,可将其作为例证或集中收列于"习语栏"。

其次,将无法单独立目的短语型习语和整句型习语作为核心词汇的例证。例如,将"Walls have ears."作为 ear 的例证。为了区别于其他例证,可用"◆"标注习语类例证。若该习语在多个例证中出现,仅为其中之一提供译文,余者使用参见词条,不必译出。例如,习语 empty/throw the baby out/away with the bathwater 可作为 empty 和 throw 的短语例证,按照字母顺序将译文放在 empty the baby out/away with the bathwater 中,并为 throw 的例证 throw the baby out/away with the bathwater 添加参见词条,即"见 empty the baby out/away with the bathwater"。如此,不仅便于查检,也有助于隐喻附带习得。①

将习语作为例证,早有先例可循。在 21 世纪初,Humblé(2001)在 Hausmann(1979)的例证三分法的基础上提出,例证可分为符合开放式原则的例证、习语和固定短语,并据此将例证界定为"在非固定语境中展示词目的话语"。虽然这种分类有自相矛盾之嫌,备受质疑(张宏,2013),但以隐喻信息表征为特色的英汉高阶学习词典将隐喻性习语作为例证,并不违反 Zgusta 对例证本质的描述,即"例证可以是词语的自由组合,也可以是固定组合"。

除单列条目与充当例证之外,还可设置"习语栏"将共享同一核心词汇的所有短语型习语和整句型习语集中列出。对于已单独立目和作为例证的习语,不再提供译文。其他习语则仅提供译文,不再配例。这种做法能够确保以列举的形式,较

---

① 隐喻附带习得与词汇附带习得相似,指学习者在学习词典文本中查检其他词汇时意外获得隐喻信息,继而进行学习的过程。

全面地集中呈现词汇组合与句子层面的隐喻信息。

以 baby 下设"习语栏"为例(图 7.17)。该栏共列出 8 条习语,以首字母顺序排列。其中,2 条已立目(即 carry the baby 和 pass the baby),用下划线标注其词目地位;1 条为 empty 的例证(以"➡"提示);另外 4 条用"="提供参见习语;唯有 1 条给出译文(即 sleep like a baby)。如此更加简洁明了。此外,在"习语栏"下方列出"隐喻用法要点",旨在总结 baby 在习语中的主要隐喻性用法。①

习语栏

<u>carry the baby</u>

empty the baby out/away with the bath/bathwater ➡ empty

give sb. the baby to hold〈口〉= pass the baby

hold the baby = carry the baby

<u>pass the baby</u>

pour the baby out/away with the bath/bathwater = empty the baby out/away with the bath/bathwater

sleep like a baby 像孩子似得睡得又香又沉

throw the baby out/away with the bath/bathwater = empty the baby out/away with the bath/bathwater

★隐喻用法要点　(1) 喻指备受珍视之物。
　　　　　　　　(2) 喻指麻烦事,苦差事。

图 7.17 "习语栏"示例

(三) 翻译方法

与词目和例证相比,习语蕴含的隐喻信息更加丰富。在翻译时不仅需要反映源语的语言文化特色,还要遵循目标语的使用惯例,以提高习语的可理解性、可接受性与可产出性,因而难度较大。Newmark(1988)基于不同类别的隐喻提出了多种翻译方法。例如,在目标语中再现源语的隐喻意象、以目标语意象替代源语意象、更换源语中的隐喻为目标语中的明喻等。这些对学习词典文本的习语翻译有

---

① 鉴于习语数量上的差异及用法上的多样性,该设计未必能够涵盖词目在所列习语中的所有隐喻性用法。

一定的借鉴意义。

从双语学习词典的译义本质出发,习语的翻译仍然以语义认知关联为总体原则。考虑到习语承载的文化信息以及学习词典文本的特殊性,翻译时还需要注意以下三点:

第一,由于人类认知思维存在普遍性,不少习语在不同语言中都有相同或相似的表达(侯奕松,2011)。为强化源语和目标语之间的认知关联,优先采用直译的方式处理习语。这样的处理方式能够在保留源语隐喻特色的同时,力求言简意赅、形式凝练。这也是双语学习词典译义"以简驭繁"的内在要求(黄建华 等,2003)。例如,burn one's boat 译为"破釜沉舟","Walls have ears."译为"隔墙有耳","Facts speak louder than words."译为"事实胜于雄辩","Constant dripping wears the stone."译为"水滴石穿"。若直译无法充分体现隐喻信息,可追加文字以明示其隐喻性用法。例如,the last straw 译为"最后一根稻草,喻指令人不堪忍受的最后一件事",plain sailing 译为"平安航行,喻指一帆风顺",at the end of one's rope 译为"处于绳子末端,喻指山穷水尽",a nail in sb.'s/sth.'s coffin 译为"钉在棺木上的钉子,喻指致命一击"。

第二,针对在源语中已被同化的习语,可先直译,再提供目标语中的相应习语作为参照。例如,spend money like water 译作"花钱如水,挥金如土",no smoke without fire 译作"无火不生烟,无风不起浪",kill two birds with one stone 译作"一石二鸟,一箭双雕,一举两得"。如此处理的好处在于,通过比较源语和目标语促进学习者对习语的理解、记忆与使用。

第三,若直译有悖认知规律,不符合目标语的认知特殊性,可转用目标语中意义相近的习语,以突显源语的隐喻性用法特征,即"借用法"(陈定安,1998)。该方法尤其适用于翻译带有 like 和 as 的习语。例如,strong as a horse 不宜译作"力大如马",改译为"力大如牛";pass the baby 不宜译作"将孩子递过去",改译为"喻指把为难的事情推给别人,推卸责任";neither fish nor fowl 不宜译作"非鱼非禽",改译为"非驴非马"。

若难以在目标语中找到与之相匹配的习语,就需要意译。除说明隐喻义外,还可添加括注,并提供简明的词源信息。例如,face the music 可译作"正视困难;承担责任;接受处罚(源于19世纪中期,演员在舞台表演过程中,经常面对因紧张而忘词等尴尬的处境)"。

五、隐喻概念的处理

隐喻概念属于思维范畴,与文化和认知有着密不可分的联系。在双语学习词典编纂中,将语言文化对比融入隐喻概念表征,不仅有利于促进学习者对隐喻信息的深度理解与系统习得,也是学习词典文本系统表征隐喻信息的核心与特色。借鉴 MEDAL《英语语法系列:7. 隐喻》和《英汉概念隐喻比较词典》的编纂实践,同时参考罗益民和邹墨姝(2010)对英汉高级学习词典隐喻栏设置提出的建议,英汉高阶学习词典应该提供创新型"隐喻概念说明",主要内容包括"英语隐喻概念""汉语解释说明""英语隐喻概念例句与参考译文""其他相似隐喻概念所在参见词条""英汉隐喻概念比较""汉语隐喻概念例句"等(图7.18)。

第一,以 Lakoff 和 Johnson(1980)的隐喻研究成果为基础,英语隐喻概念主要采用"A is B"的形式,源域 B 与目标域 A 用大写进行强调。若隐喻概念多于一个,则用数字符号①、②等逐个列出。隐喻概念所在位置借鉴 MEDAL 的做法,以目标域词条(即 life)为基准,再在源域词条(即 journey 和 game)中使用参见词条进行关联。可参考《英语语法系列:7. 隐喻》和《英汉概念隐喻比较词典》的主题设计,根据源域,将隐喻概念划分为 16 个类别,即 POSITION、FIGHT、JOURNEY、ACTIVITY、MOVEMENT、LIGHT & SIGHT、OBJECT、BODY、HEAT、CONSTRUCTION、FOOD、CONNECTION、CONTAINER、MACHINE、SPACE、PLANTS & ANIMALS 等。① 为便于查询,在学习词典后件中设置"隐喻概念索引",依次列出目标域词条、隐喻概念类别以及参见词条和短语(详见本章第一节)。

第二,汉语解释说明既是对英语隐喻概念的注释,也是对如何使用隐喻概念的简要指导。例如,life 下设"隐喻概念说明"包含两条隐喻概念,汉语解释说明分别为"生命是一场旅行,因此人生中的诸多经历(如出生、死亡、求学、就业、成家、患病、陷入逆境、面临抉择等)均可用表现旅途的词语进行含蓄的形象化说明"和"人生是一场游戏,不仅需要智慧与努力,还要靠运气。因此,人生境遇可以用与输赢和比赛相关的词汇来表现"。在这样的提示下,学习者更容易理解该隐喻概念,并能

---

① 本书在《英语语法系列:7. 隐喻》和《英汉概念隐喻比较词典》对隐喻概念分类的基础上,分析并整合 MEDAL 中的隐喻概念,同时结合人们认识自然世界的方式及社会生活习惯,最终确定 16 个类别,在便于查阅的同时,更有助于学习者系统认知同类隐喻之间的联系。

life *n*.

▶隐喻概念说明◀ （英语隐喻概念）

① **LIFE is JOURNEY.** （汉语解释说明）

生命是一场旅行,因此人生中的诸多经历(如出生、死亡、求学、就业、成家、患病、陷入逆境、面临抉择等)均可用表现旅途的词语进行含蓄的形象化说明。

（英语隐喻概念例句）

◇ His grandfather came into the world in Oct., 1947. 他爷爷生于1947年10月。

◇ Finally the young man chose to embark on a new career as a teacher. 最终那个年轻人选择从教。

◇ Please take it easy! She is well on the way to recovery. 放心吧,她的身体正在逐步康复。

➡ aim, communicate, confused, conversation, deceive, knowledge, method

② **LIFE is GAME.** （其他相似隐喻概念所在词条）

人生是一场游戏,不仅需要智慧与努力,还要靠运气。因此,人生境遇可以用与输赢和比赛相关的词汇来表现。

◇ This is a race against time. 这是一场与时间的赛跑。

◇ They are planning to drop out of the rat race. 他们打算退出这场你死我活的竞争。

◇ If you play your cards right, you won't have any problems. 如果这件事处理得当,你就不会有任何麻烦。

➡ difficulty, discover, method, nervous, power, responsibility, sensible, understand

英汉对比 （英汉隐喻概念比较）

汉语也常用"旅行"和"游戏"喻指"人生"或"生活",有"人在旅途""人生如戏"之说。

（汉语隐喻概念例句）

◆ 人们常常感叹命途多舛。◆ 这次遭遇将成为他人生中的一个重要转折点。◆ 面对生命中的诸多坎坷,她总能用积极乐观的态度予以化解。◆ 真正的人生大赢家不仅事业成功,而且家庭幸福。◆ 这篇小说是他写作生涯中堪称里程碑的一部著作。◆ 人生大舞台,生、旦、净、末、丑一并亮相。

图 7.18 life 隐喻概念说明样例

第七章 英汉高阶学习词典隐喻信息表征实践

够积极运用相关词汇丰富语言表达。

第三,例证是隐喻概念在语言中的具体应用,能够更直观地展示如何运用隐喻概念,同时提供参考译文辅助理解。在隐喻概念 LIFE is JOURNEY 的例句"His grandfather came into the world in Oct., 1947." "Finally the young man chose to embark on a new career as a teacher." "Please take it easy! She is well on the way to recovery."中,原本用于描述 JOURNEY 的词汇与短语(即 come into、embark on 和 on the way to)被移植入 LIFE 的相关表达,这就是该隐喻概念起作用的明证。为关联这些隐喻表达式与隐喻概念,使用下划线突显,以提醒学习者查询短语所在词条,获取更详尽的解释。①

第四,在例证后列出与该隐喻概念具有相同源域的其他相关词条作为参见词条,以辅助隐喻理解与产出。根据上文所述,隐喻概念分为 16 个类别,每种包括 2 个至 10 个数量不等的目标域所在词条。不论查询哪个词条,均可检索到该类隐喻概念所在的其他参见词条,以强化隐喻概念的整体理解与系统认知。由于 life 下设"隐喻概念说明"列出了两条隐喻概念,关联词条也有相应的两组。第一组包括 aim、communicate、confused、conversation、deceive、knowledge 和 method 等 7 个参见词条,第二组包括 difficulty、discover、method、nervous、power、responsibility、sensible 和 understand 等 8 个参见词条。为了与概念相区别,这些参见词条用小写,再用黑体加以强调。

第五,英汉对比信息包括"英汉隐喻概念比较"和"汉语隐喻概念例句",旨在明确某个隐喻概念是否在汉语体系中存在,同时提供汉语例句。与总观层面和宏观层面的隐喻概念对比处理不同的是,微观层面隐喻概念的跨语对比更为细化,着重通过实例展示源域相同的隐喻概念是否在两种语言中具有相同或相似的目标域。此外,为了避免内容过于庞杂,文字应尽量言简意赅。例如,英语和汉语都可以用 JOURNEY(旅途)和 GAME(游戏)喻指 LIFE(生活),在这一点上两种语言差异不大,可在"英汉对比"中添加文字说明"汉语也常用'旅行'和'游戏'喻指'人生'或'生活',有'人在旅途''人生如戏'之说。"在表征两者相似性的同时,辅以例证,如"人们常常感叹命途多舛""真正的人生大赢家不仅事业成功,而且家庭幸福"等。再如,英语用 LIQUID 喻指 MONEY(金钱),汉语却倾向于用"固体",可在"英汉对比"中添加文字说明"汉语

---

① 在纸质学习词典中,使用下划线突显例句中的关键词汇和短语,在电子词典中建立例句与参见词条的快速链接。

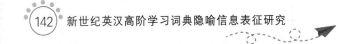

通常用'固体'而不是'液体'来喻指'金钱',故而有'挥金如土'之说"。常见例证有"即使家境富裕,也不要养成挥金如土的恶习""他非常清高,视金钱、名利为粪土"等。

综上所述,作为隐喻信息表征的核心内容,英汉高阶学习词典的微观设计特征主要包括词目译义、义项排列、例证选配、隐喻性习语以及隐喻概念的创新性处理。词目译义分为普通条目的隐喻义翻译和隐喻型条目的词目翻译两部分,重点在于关联词条的基本义。义项排列遵循以逻辑联系为主、使用频率为辅的语义认知关联原则。选择例证时应考虑例证的数量、类型、功能及其翻译原则。习语的创新设计可从概念界定、编排方式与翻译策略等三个方面考虑,隐喻概念说明模块则是微观设计特征最大的亮点。

第四节 中观层面的隐喻信息表征

中观结构也称作参见结构,指由各种显性参见与隐性参见构成的学习词典文本结构的总和,主要功能有二:"呈现查检信息的路径;补充或深化已查检到的信息"(Svensén,2009)。因此,隐喻信息的中观层面表征应以提供隐喻信息查找路径、完善隐喻信息内容以及深化隐喻信息认知为宗旨。

由于中观结构的概念提出较晚,在传统学习词典结构研究中又常常被纳入微观结构范畴,因而未引起学界的足够重视。Hartmann 和 James(2000)就曾提出"有许多不同类型的参见和参见符号用于构建参见结构,而系统的研究框架(中观结构)还有待开发"。就学习词典文本设计而言,中观层面的隐喻信息表征需要围绕跨条目关联、隐喻型参见的类别与设置展开。

一、隐喻信息的跨条目关联

以系统表征隐喻信息为特色的英汉高阶学习词典所收词条分为两类:隐喻型条目和普通条目。前者包括隐喻性复合词和隐喻性习语,属于词汇组合层面隐喻信息;后者为常规词汇,其隐喻义(或隐喻性用法)属于词汇内部层面隐喻信息。句子层面的隐喻信息以例句为主,也见于隐喻信息特色栏目(如"习语栏"和"隐喻概念说明")。这些隐喻信息并非零散地分布于学习词典文本之中,而是具有体系化特征,即从词汇内部到词汇组合,再到句子,从外在的语言隐喻表达形式到内在的隐喻概念理念。该体系的主要存在方式为隐喻信息的跨条目关联,表现为各种隐喻型参见词条串联而成的完整体系。根据词条的性质与位置,跨条目关联可分为三类:隐喻型条目与普通条目之间的关联、隐喻型条目之间的关联、隐喻信息特色栏目中的跨条目关联。前两类已在前文有所阐释,本节不再赘述,重点说明隐喻信息特色栏目中的跨条目关联。

"习语栏"通过罗列包含同一个核心词汇(通常为普通条目)的所有习语,系统呈现该核心词汇的隐喻性用法(如 baby 下设的"习语栏")。已单列条目的隐喻性习语用下划线标出,以实现普通条目与隐喻型条目(即 baby 与 carry the baby 和 pass the baby)的关联。已作例证的习语用"➡"提示,以实现普通条目和"习语栏"(即 empty 和 empty the baby out/away with the bath/bathwater)之间的关联。意义相同的习语用"="表示,以表呈习语之间的联系。该设计以隐喻性习语表征为核心,实现跨条目的语义关联。

"隐喻概念说明"的跨条目关联主要体现在三个方面:

第一,源域词条与目标域词条的联系(图 7.19)。在 life 所列两个隐喻概念中(即"LIFE is JOURNEY."和"LIFE is GAME."),LIFE 是目标域,JOURNEY 和 GAME 是源域。根据总观层面的隐喻信息表征设计理念,将"隐喻概念说明"置于词条 life 的末尾,再在 journey 和 game 词条后分别使用参见"→"或链接指向 life,以关联源域与目标域所在词条。

```
life      n. ▶隐喻概念说明◀   ① LIFE is JOURNEY.  …
                              ② LIFE is GAME.     …
journey   n. ▶隐喻概念说明◀   →life
game      n. ▶隐喻概念说明◀   →life
```

图 7.19 源域与目标域的词条的关联示例

第二,源域相同的目标域词条之间的联系。life 下设的第一个隐喻概念"LIFE is JOURNEY."中,所列 7 个参见词条与 life 共享同一个源域 JOURNEY,从而构成以 JOURNEY 为核心的隐喻概念集合。life 下设的第二个隐喻概念"LIFE is

GAME."中,所列 8 个参见词条与 life 共享另一个源域 GAME,从而构成以 GAME 为核心的另一个隐喻概念集合(图 7.20)。

> ➡ aim, communicate, confused, conversation, deceive, knowledge, method
> ➡ difficulty, discover, method, nervous, power, responsibility, sensible, understand

图 7.20　以 JOURNEY 和 GAME 为源域的目标域词条关联示例

第三,目标域相同的源域词条之间的联系。从某种意义而言,"隐喻概念说明"例证中的核心词汇与短语也属于目标域范畴,它们与源域词条享有同一个目标域。例如,LIFE is JOURNEY 下设例句中的 come into、embark on 和 on the way to 等核心短语均用下划线标出(图 7.21)。这不仅是对隐喻概念的有力诠释,而且有助于构建不同词组之间的联系。学习者还可以通过查询短语所在词条深化对该隐喻概念的理解。

> ◇ His grandfather came into the world in Oct., 1947.　他爷爷生于 1947 年 10 月。
> ◇ Finally the young man chose to embark on a new career as a teacher.　最终那个年轻人选择从教。
> ◇ Please take it easy! She is well on the way to recovery.　放心吧,她的身体正在逐步康复。

图 7.21　LIFE is JOURNEY 下设例句中的核心短语

由此可知,"隐喻概念说明"的跨条目关联主要围绕隐喻概念表征展开,涉及源域和目标域词条之间、目标域词条之间以及源域词条之间等各种错综复杂的关系。除了中观层面之外,总观层面的部分隐喻信息设计亦与隐喻概念表征有关,如后件中的"隐喻概念索引"和前件中的"隐喻概念类别"(详见本章第一节)。

二、隐喻型参见的类别

隐喻型参见指能够关联隐喻信息的各种学习词典表征手段。从隐喻信息认知的层级来看,隐喻型参见包括五大类。[①]

[①] 由于词汇内部层面的隐喻信息以隐喻义为核心,涉及译义、排序、配例等,具有隐性特征,本节着重阐释显性的隐喻型参见,略去词汇内部层面的隐喻信息关联说明。

第一,关联词汇内部与词汇组合层面的隐喻型参见,即隐喻义与隐喻性搭配之间的参见,以呈现隐喻型条目与普通条目之间的关联为主。例如,作为隐喻型条目的隐喻性搭配 black market 与 black 的义项⑧有直接的语义关联(图 7.22),可使用括注将两者相关联。这不仅有助于学习者记忆隐喻型条目,也能深化其对普通条目隐喻义的认知。

> black market　　*n*. 黑市,即非法交易市场(见 black⑧)
> black　　*adj*. ⑧ 违反交易法规的,非法交易的

图 7.22　black market 与 black 隐喻义的参见示例

第二,词汇组合内部的隐喻型参见,即隐喻性搭配之间的参见,以揭示隐喻型条目之间的关联为主。例如,black economy 和 black market 都与 black 的义项⑧密切相关,属于具有相同构成词汇的隐喻型条目,可使用"比较"将两者关联(图 7.23)。这样的处理方式能够在辅助学习者系统掌握隐喻性搭配的同时,增加其隐喻信息的积累。

> black economy　　*n*. 黑账经济,喻指为避税而暗中进行的商业活动(见 black⑧)　　比较 **black market**
> black market　　*n*. 黑市,指非法交易市场(见 black⑧)　　比较 **black economy**

图 7.23　隐喻型条目的参见示例

相较之下,对具有近义关系的隐喻型条目而言,此类隐喻型参见的设计尤为必要,是构建两者语义关联的重要表征手段。不过,需要将参见标识换作"近义词",以明确关系类型(图 7.24)。

> **hotbed**　　*n*. ①(培育植物的)温床
> 　　　　　　②〈喻〉(尤其是坏事物的)滋生地(常用于贬义)　　近义词 **seedbed**
> **seedbed**　　*n*. ①(植物生长的)苗圃,苗床;温床
> 　　　　　　②〈喻〉(事物的)发源地,发祥地(常用于褒义)　　近义词 **hotbed**

图 7.24　近义隐喻型条目的关联示例

另外,"习语栏"中的"="用于关联语义相似的隐喻性习语,借助参见词条形成查检路径,也属于此类隐喻型参见,如 give sb. the baby to hold〈口〉= pass the baby、hold the baby = carry the baby、pour the baby out/away with the bath/bathwater = empty the baby out/away with the bath/bathwater 等。

　　第三,关联词汇组合与句子层面的隐喻型参见,即隐喻性搭配与隐喻性句式之间的参见,以构建"隐喻概念说明"例证中的核心短语和隐喻概念之间的语义联系。一方面,例证中的核心短语或用下划线与相应的隐喻概念相关联;另一方面,总观层面设计特征之一,即后件中的"隐喻概念索引",也专门设计了"参见"作为独立栏,同样以关联隐喻概念和例证中的相关词汇与短语为目标,以辅助隐喻信息查检(详见本章第一节)。

　　第四,句子层面的隐喻型参见,即隐喻性句式之间的参见,既可关联隐喻概念,也可用于表征"隐喻概念说明"例证中的隐喻性句式之间的联系。关联隐喻概念的隐喻型参见具有隐性特征,需要辅以总观层面的"隐喻概念类别"设计。相同源域的目标域所在词条分别构成一个体系,检索其中任意一个条目即可获取该类隐喻概念所在的其他所有词条。例如,在以 JOURNEY 为源域的目标域词条对英语隐喻概念的表述中,目标域所在词条用大写字母表示,有下划线标注的即为描述 JOURNEY 的典型词汇(图7.25)。

---

aim　*n*. An AIM that you want to achieve is a <u>place</u> that you want to get to or a <u>target</u> that you want to hit.

communicate　*v*. When people COMMUNICATE, their thoughts and ideas <u>travel between one person and the other</u>, or are <u>sent from one person to another</u>.

confused　*adj*. Being CONFUSED is <u>being lost</u> or being in <u>the wrong place or position</u>.

conversation　*n*. CONVERSATION is JOURNEY with the speakers <u>going from one place to another</u>.

deceive　*v*. DECEIVING someone is sending or taking them on a JOURNEY in <u>the wrong direction</u>.

knowledge　*n*. Getting KNOWLEDGE about something is making a <u>map</u> of a place or <u>travelling</u> there.
　　Teaching someone is showing them how to <u>reach</u> a place.

life　*n*. LIFE is JOURNEY.

method　*n*. A METHOD of doing something is a <u>road</u> from one place to another.

图7.25　以 JOURNEY 为源域的目标域词条对英语隐喻概念的表述示例

当"隐喻概念说明"的例句同时列为普通条目的隐喻义例证时,也需要用下划线或链接进行关联(图7.26)。

> ◇ His grandfather <u>came into the world</u> in Oct., 1947.　他爷爷生于1947年10月。
> **come**　*v*.〈喻〉发生(于),降临
> ◇ <u>His grandfather came into the world</u> in Oct., 1947.　他爷爷生于1947年10月。

图7.26　"隐喻概念说明"例句同为普通条目隐喻义例证的标签示例

第五,词汇内部与句子层面的隐喻型参见,即隐喻义与隐喻性句式之间的参见,以关联普通条目。然而,作为普通条目隐喻义下设的例证,隐喻性句式与隐喻义的内在语义关系是不言自明的。因此,在学习词典编纂中,该类隐喻型参见存在的必要性不大,可略去。

综上所述,虽然从理论上来讲,隐喻型参见分为五类,实际上只有四类,主要用于联系不同层面之间以及同一层面内部的隐喻信息,关乎学习词典文本的总观层面、宏观层面与微观层面,是实现隐喻信息表征系统化的必要手段,具有鲜明的层级性特征。

三、隐喻型参见的设置

通常情况下,参见词条的主要功能是"告诉学习词典用户与某一词条相关的更多信息可以在哪一条目找到"(陈国华 等,2013)。为了引导学习者及时查找到分布于学习词典文本中的各类隐喻信息,有必要在英汉高阶学习词典中设置隐喻型参见。这不仅可以提高信息检索速度,而且能辅助隐喻系统习得。

Svensén(2009)认为,从形式上看,参见词条有显性与隐性之分。前者由"参见符号"和"参见位置"组成,后者大多只有参见地址,不附带符号,有时也会使用一些特殊字体或其他形式。作为中观层面隐喻信息表征的构成要件,隐喻型参见的功能化取向也很重要。

第一,指向普通条目的隐喻型参见有显性和隐性之分。显性参见的主要功能有二:一是关联隐喻型条目与构成词汇的隐喻义,主要采用括号由隐喻型条目指向普通条目,括号内提供相关词条,还可具体至义项(图7.27)。

> **home bird**　*n*. 喻指喜欢待在家中的人，宅男或宅女（见 bird③）
> **bird**　*n*. ③〈喻〉〈口〉有一定特点的人
> **spill the beans**　*v*. 把豆子撒了一地，喻指泄露秘密，走漏风声（见 spill②）
> **spill**　*v*. ②〈喻〉〈口〉使公开；泄露、透露（秘密等）

图 7.27　隐喻型条目与隐喻义的关联示例

二是关联"习语栏"中的隐喻性习语与普通条目，用箭头"➡"明示该习语所在词条，如 empty the baby out/away with the bath/bathwater➡empty。

隐性参见主要设于"隐喻概念说明"中，运用下划线将例句的核心短语与其所在词条相联系（图 7.28），可借助该提示查找到短语的具体位置（通常为普通条目隐喻义的例证）。

> ◇ His grandfather <u>came into</u> the world in Oct., 1947.　他爷爷生于 1947 年 10 月。
> ◇ Finally the young man chose to <u>embark on</u> a new career as a teacher.　最终那个年轻人选择从教。
> ◇ Please take it easy! She is well <u>on the way</u> to recovery.　放心吧，她的身体正在逐步康复。
>
> **come**　*v*.〈喻〉发生（于），降临
> ◇ His grandfather <u>came into</u> the world in Oct., 1947.　他爷爷生于 1947 年 10 月。
> **embark**　*v*.〈喻〉着手，开始做
> ◇ Finally the young man chose to <u>embark</u> on a new career as a teacher.　最终那个年轻人选择从教。
> **way**　*n*.
> **on one's/the way**　*adj. & adv.*
> ① 在途中的（地）
> ②〈喻〉在进行中的（地）
> ◇ Please take it easy! She is well on the <u>way</u> to recovery.　放心吧，她的身体正在逐步康复。

图 7.28　"隐喻概念说明"例句的核心短语与其所在词条的关联示例

第二，指向隐喻型条目的隐喻型参见也有显性与隐性之分。显性参见用于关联语义相关的隐喻型条目，主要借助不同的标识实现隐喻型条目的相互参见。例

如,"比较"提示所列隐喻型条目的意义不同,但核心词汇的隐喻性用法相似;"近义词"提示所列隐喻型条目为近义关系;"反义词"提示所列隐喻型条目为反义关系(图7.29)。

```
black mark    n. 污点,喻指缺点或负面的评语  (见 black④)  比较 black sheep
black sheep   n. 害群之马,喻指为集体带来耻辱的成员  (见 black④)  比较 black mark
black   adj. ④坏的,糟糕的

hotbed   n. ②〈喻〉(尤其是坏事物的)滋生地(常用于贬义)  近义词 seedbed
seedbed  n. ②〈喻〉(事物的)发源地,发祥地(常用于褒义)  近义词 hotbed

carry the baby   v. 喻指干苦差事   反义词 pass the baby
pass the baby    v. 喻指把为难的事情推给别人,推卸责任   反义词 carry the baby
```

图7.29 语义相关的隐喻型条目参见示例

隐性参见用于关联"习语栏"中的隐喻性习语与隐喻型条目,用下划线提示该隐喻性习语已单独立目(如 baby"习语栏"中的 carry the baby 和 pass the baby),可查询到该隐喻性习语作为隐喻型条目的所有信息。

第三,指向隐喻信息特色栏目的隐喻型参见。在英汉高阶学习词典中,以突显隐喻信息系统表征为目标的特色栏目主要有"隐喻概念说明""习语栏"和"注意"等,均使用显性参见。指向"隐喻概念说明"的参见主要有两种。一是在源域词条末尾设置箭头(即"→"),并附上"隐喻概念说明"所在词条,以关联同一隐喻概念的源域与目标域(图7.30)。

```
life     n. ▶隐喻概念说明◀   ① LIFE is JOURNEY. ...   ② LIFE is GAME. ...
journey  n. ▶隐喻概念说明◀   (→life)
game     n. ▶隐喻概念说明◀   (→life)
```

图7.30 "隐喻概念说明"参见示例

此外,在"隐喻概念说明"末尾用另一种箭头(即"➡")关联与之共享同一源域的目标域词条,以构建同一源域下的隐喻概念集合。这也是 MEDAL 采纳的主要

隐喻型参见形式(图7.31)。

---
life　　n.

▶隐喻概念说明◀

① LIFE is JOURNEY.

➡ aim，communicate，confused，conversation，deceive，knowledge，method

② LIFE is GAME.

➡difficulty，discover，method，nervous，power，responsibility，sensible，understand

---

图7.31　"隐喻概念说明"同一源域的目标域词条参见示例

指向"习语栏"的隐喻型参见位于隐喻型条目之后,采用括注的形式,以关联隐喻性习语与"习语栏"为目标(图7.32)。

---
carry the baby　　v. 喻指干苦差事(见baby习语栏)

pass the baby　　v. 喻指把为难的事情推给别人,推卸责任(见baby习语栏)

图7.32　隐喻性习语与"习语栏"的参见示例

由于"注意"的设计初衷在于比较源语与目标语在隐喻概念表征上的异同,因此暂不考虑该栏目中隐喻型参见的设置问题。

需要强调的是,隐喻型参见的设置与学习词典文本载体关系紧密。以下划线形式的隐性参见为例。对于纸质学习词典而言,该参见仅有提示功能,需要用户手动翻阅至相应词条才能完成信息查检。对于电子词典而言,该参见作为有效的检索手段,只需点击即可直接链接到相关词条获取信息,可大大提高检索效率。因此,在当今融媒体蓬勃发展的时代背景下,英汉高阶学习词典(乃至双语学习词典)的数字化发展,对于充分利用隐喻型参见、优化隐喻信息的中观层面设计有着非常重要的现实意义。

《《 章末小结 》》

本章主要从总观层面、宏观层面、微观层面及中观层面阐释学习词典文本中隐喻信息表征的设计特征,旨在描述以系统表征隐喻信息为特色、以辅助二语隐喻能力发展为导向的英汉高阶学习词典编纂需要关注的具体问题,并提供可行的解决方案,这是本书的核心内容。

总观层面和宏观层面的设计构成学习词典文本的整体规划。从总观层面来看,英汉高阶学习词典的隐喻信息设计包括三个方面:隐喻表征的引导性信息;隐喻表征的工具性信息;隐喻表征的对比性信息(图7.33)。根据双语学习词典的传统做法,概要信息大多放于前件中。由于隐喻信息的复杂性,除在前件中对检索方式进行总体介绍外,部分内容(如"隐喻概念索引")需要放在后件中作为辅助材料。就内容而言,隐喻表征的引导性信息包括表征动机、表征内容与方式及相关应用范例。工具性信息涉及词汇与句子两个层面,兼顾检索标识设置。对比性信息以隐喻概念比较为核心,同时包括隐喻概念内涵及其类别的简要说明。

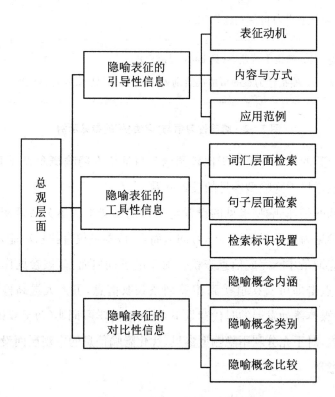

图 7.33 英汉高阶学习词典隐喻信息表征的总观层面设计特征

从宏观层面来看,英汉高阶学习词典的隐喻信息设计以选词立目为核心,侧重阐释隐喻型条目的设置及其关联性特征(图7.34)。隐喻型条目隶属于词汇组合层面的隐喻信息,具有相对稳定的语言形式和不同程度的语义隐晦性,包括隐喻性复合词和隐喻性习语两类。由于两者的书写形式与其他普通短语类似,给查检带来一定的困扰与不便,也不利于该类隐喻性搭配的有效认知。在英汉高阶学习词典中为其单独立目,一方面有助于提高信息查检效率,另一方面也可提高学习者对该类隐喻信息的关注,为系统习得隐喻大有裨益。隐喻型条目的关联性特征主要体现在系统性和层级性两个维度,包括隐喻型条目与普通条目之间以及隐喻型条目之间两个方面。系统性关联主要表现为:隐喻型条目和普通条目在语义上密切相关,无法孤立存在;不同的隐喻型条目或有相同的构成词汇,或在语义上密切相关,可借助显性表征手段将其构建为一个有机的不可分割的整体。层级性关联主要表现为:隐喻型条目和普通条目同为学习词典文本构建语言体系必不可少的词汇单位;隐喻型条目在语义隐晦性上存在层级性,可分为完全隐喻型条目与半隐喻型条目,可为隐喻型条目在微观层面表征的分级化处理奠定基础。

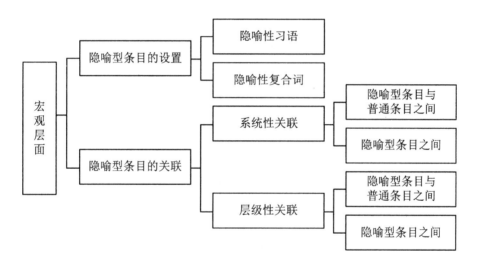

图 7.34 英汉高阶学习词典隐喻信息表征的宏观层面设计特征

从微观层面来看,英汉高阶学习词典的隐喻信息表征包括五个方面的内容:词目译义、义项排列、例证选配、隐喻性习语及隐喻概念的处理(图 7.35)。第一,无论是普通条目还是隐喻型条目,均遵循"语义认知关联"的翻译准则。为突显词汇内部层面的隐喻信息,需要标注隐喻义、使用括注、设置参见词条、提供跨语隐喻对比信息等。第二,按照逻辑联系为主、使用频率为辅的"认知层级关联排列法"为义项排序,反映不同义项之间的隐喻联系。第三,从数量、类型与功能等方面全面考虑例证选配问题。例证翻译与词目翻译类似,以体现语义认知关联为要义。第四,从概念界定、编排方式与翻译方法三个方面进行习语的创新性处理,除设置"习语栏"外,考虑为部分隐喻性习语单独立目,或是将其作为例证。第五,隐喻概念的处理(即"隐喻概念说明"的设计)是英汉高阶学习词典隐喻信息表征设计中最大的亮点。该项创新型设计特征包括"英语隐喻概念""汉语解释说明""英语隐喻概念例句与参考译文""其他相似隐喻概念所在参见词条""英汉隐喻概念比较"和"汉语隐喻概念例句"等具体内容。

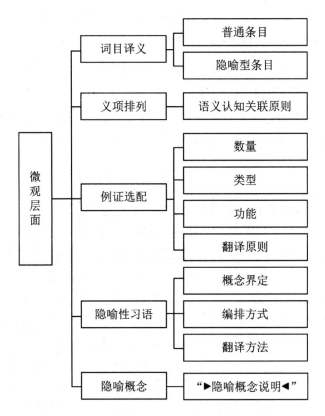

图 7.35 英汉高阶学习词典隐喻信息表征的微观层面设计特征

从中观层面来看,英汉高阶学习词典的隐喻信息表征主要围绕隐喻信息的跨条目关联与隐喻型参见设置展开(图 7.36)。隐喻信息的跨条目关联主要体现在:隐喻型条目与普通条目的关联、隐喻型条目之间的关联、隐喻信息特色栏目中的跨条目关联。隐喻型参见是关联隐喻信息的各种学习词典表征手段。英汉高阶学习词典应从类别、特征、设置及编排等方面考虑该类参见的设计问题。从隐喻信息认知的层级来看,隐喻型参见主要包括四类:词汇内部与词汇组合层面的隐喻型参见,用于关联隐喻型条目与普通条目;词汇组合层面的隐喻型参见,用于关联不同的隐喻型条目;词汇组合与句子层面的隐喻型参见,用于关联"隐喻概念说明"例证中的核心短语与隐喻概念;句子层面的隐喻型参见,既关联隐喻概念,也表征"隐喻概念说明"例证中的隐喻性句式之间的联系。从形式上看,隐喻型参见有显性与隐性之分;从功能上看,其可分别指向普通条目、隐喻型条目以及隐喻信息特色栏目。常用符号有括注、箭头(即"➡"和"→")、文字框(即"比较""近义词""反义词")、下划线等多种形式。

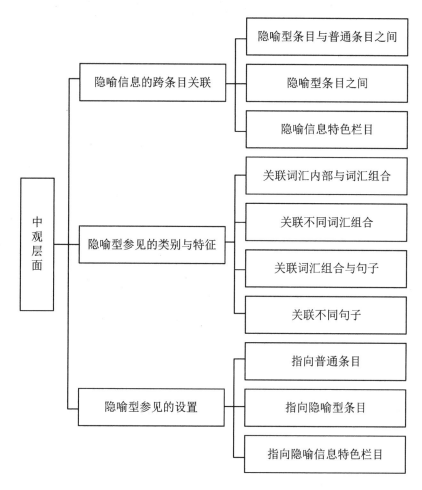

图7.36　英汉高阶学习词典隐喻信息表征的中观层面设计特征

需要关注的是,作为人类社会发展和技术进步的印证,学习词典媒介已发生巨大变迁。随着数字化时代的不断发展,融媒体辞书已成为学习一种新风尚。在这一背景下,学习词典编纂实践需要充分发挥电子词典的优势,借助各种手段实现学习词典文本信息的内部关联,使信息检索更便捷、更科学。

第八章　英汉高阶学习词典隐喻信息表征效用

为了充分发挥英汉高阶学习词典的查检与认知功能,实现学习词典辅助二语词汇深度习得的最终目标,第七章以系统性为切入点,分别从学习词典文本的总观层面、宏观层面、微观层面以及中观层面积极探索学习词典的隐喻信息表征设计问题,开展编纂实践,提供样例,并进行解释说明。这些以编者为中心的"用户友好设计"①能否被二语学习者接受并发挥效能,成为辅助二语隐喻能力发展的强大助力,仍然是一个未知数。这也是目前国内外隐喻信息表征研究的不足之处。

本章针对隐喻信息系统设计特征的效用进行实证研究,目的在于从用户视角考察该设计的有效性。这不仅是本书的创新点,也是词典学研究用户中心取向的具体体现。

第一节　研究方案

作为实证研究的重要组成部分,研究方案对于后续操作至关重要,直接影响数据搜集、结果分析以及最终结论等环节的实施(庄虔友,2012)。本节拟从研究问

---

① 所谓"用户友好设计",是根据用户的实际需求完成产品设计,以获得较高的满意度与一定的经济效益。在学习词典编纂方面,用户友好设计主要体现在收录信息为学习词典用户所需、编排方式为学习词典用户所用、能够较好地发挥学习词典预设功能等方面。

题、研究方法、研究对象、研究工具、研究步骤五个方面说明实证研究过程,为研究结果的呈现提供准备,以深入探讨英汉高阶学习词典隐喻信息系统表征的实际效用问题。

一、研究问题

根据《现代汉语词典》(2012),效用指"效力和作用"。英汉高阶学习词典的隐喻信息表征效用不仅涉及学习词典文本的使用对激发二语隐喻能力所产生的影响,而且包括词典用户对隐喻信息表征的主观认知,具体可以从词典用户、词典使用过程以及学习词典使用结果三个方面进行全面考量,主要涉及三个研究问题:

(1)系统表征隐喻信息的英汉高阶学习词典设计是否得到了词典用户的认同?

(2)与 MEDAL 相比,系统表征隐喻信息的英汉高阶学习词典样条,在理解和产出两个维度上,是否更能有效激发中国英语学习者的二语隐喻认知潜能,并发挥持续性作用?

(3)系统表征隐喻信息的英汉高阶学习词典样条,其用户试用评价如何?

第一个研究问题从词典用户出发,通过他们对系统表征隐喻信息的英汉高阶学习词典文本设计的主观认知,调查隐喻信息设计特征的支持率。第二个研究问题着眼于词典使用结果,用于检验使用系统表征隐喻信息的英汉高阶学习词典样条对辅助英语隐喻理解能力与产出能力发展的有效性,是隐喻信息表征效用的核心。第三个研究问题聚焦词典的使用过程,重点分析在实际词典使用过程中,系统表征隐喻信息的英汉高阶学习词典样条所存在的长处与不足,从词典使用视角,为进一步完善该设计特征提供思路。由此,三个研究问题存在内部关联,层层推进,对于验证英汉高阶学习词典隐喻信息系统表征的效用而言,缺一不可。

二、研究方法

传统词典学的研究方法主要包括文献研究法和文本分析法。文献研究法以搜集、整合及剖析文献资料为基础,通过缜密的逻辑推理与归纳总结得出结论。文本分析法从翔实的学习词典文本分析出发,通过信息的"可用性"与"可及性"对学习词典编纂质量或文本设计特征效用作出评估(Yang et al.,2015)。两者均以编者为中心,具有较强的主观性。虽然在词典学领域,文献分析法和文本分析法的地位至今无可替代,但随着词典使用视角研究的兴起,实证研究逐渐介入词典学领域,丰富了词典学研究手段,目前已与文献分析法和文本分析法形成三足鼎立之势(耿云冬,2014)。①

从学科领域来看,实证研究法属于应用语言学的研究范畴,关乎词典学的研究向度,主要涉及词典使用情境、词典用户类别、词典用户需求、词典用户技能以及词典用户满意度,即什么样的词典用户在何种情境下出于何种原因使用何种词典,并得到何种结果(Tarp,2009)。就词典学领域而言,常用的实证研究方法包括问卷调查法、访谈法、观察法、实验法、测试法、报告法与日志文件法7类(Tarp,2009)。

由于每种研究方法均有优势与不足,根据研究问题,采用多种方法相结合的研究手段能够在一定程度上确保研究结果的科学性。这也体现了Hartmann(2001)提倡的"方法多元化"与Nesi(2000)称为"方法的三角组合"的词典学实证研究理念。根据研究问题与研究目标,本章拟采用定量与定性相结合的方法,对英汉高阶学习词典隐喻信息系统表征效用进行验证,具体包括问卷调查法、测试法和访谈法。其中,问卷调查法用于解答第一个研究问题,测试法用于解答第二个研究问题,访谈法用于解决第三个研究问题。

三、研究对象

研究对象的确立与研究目标和研究问题息息相关(朱国仁,1997)。考虑到隐喻信息属于较高层次的语义信息,研究对象需要具备中高级英语水平。在国内,满足该条件的主要为大学生,他们也是以系统表征隐喻信息为特色的英汉高阶学习词典的目标用户。由于研究问题与研究方法均为3个,研究对象也相应地分为3类。

为考察英汉高阶学习词典隐喻信息文本设计的用户支持率,需要大量中国英语学习者参与问卷调查,此为第一类研究对象(表8.1),即调查对象。为扩大调查

---

① 根据耿云冬(2014),词典设计特征研究涉及的方法论可归结为3类,即主体认知法、文本比较法和实证研究法。本节提到的文献研究法和文本分析法与前两者相似,因此笔者以此为基础,作了类比与归纳。

范围以获取大量数据,也为了后期数据统计之便,考虑到电子产品(如手机、平板电脑等)在大学生群体中的普及性,本次调查借助"问卷星"专业在线问卷调查平台,采用网上调查模式,以便更多研究对象能够参与并提供反馈。根据表8.1,调查对象主要来自西安和南京的部分高校以及其他各省属地方高校。其中,38.7%为英语专业学生,61.3%为非英语专业学生,涉及专业广泛(如信息工程、汉语言文学、物理学等);主要包括大一(37.22%)和大二(36.03%)本科生;英语水平由低到高所占比例分别为14.57%、30.2%、35.89%和19.34%,基本涵盖具有隐喻信息系统表征的英汉高阶学习词典目标用户群。

表8.1 调查对象的基本情况①

所在高校:比率	所学专业:比率	所在年级:比率	英语水平:比率
西北大学:30.2%	英语专业:38.7%	大一:37.22%	Level 1:14.57%
南京林业大学:10.8%	非英语专业:61.3%	大二:36.03%	Level 2:30.2%
南京大学金陵学院:7.9%	• 信息工程:8.4%	大三:16.55%	Level 3:35.89%
南京信息工程大学:7.5%	• 汉语言文学:6.4%	大四:10.2%	Level 4:19.34%
南京大学:7.3%	• 物理学:5.7%		
南京邮电大学:6.7%	• 园林设计:4.6%		
江苏师范大学:5.9%	• 物联网:3.2%		
西安外国语大学:5.3%	• 机械设计及自动化:2.8%		
南京晓庄学院:3.8%	• 财务管理:2.5%		
武汉大学:3.7%	• 金融学:2.4%		
南京中医药大学:3.7%	• 宝石材料工艺学:2.4%		
河南科技大学:3.2%	• 信息管理与信息系统:2.3%		
武警工程大学:1.5%			
……			

为验证系统表征隐喻信息的英汉高阶学习词典样条能否较MEDAL更有效地辅助英语隐喻能力的发展,30名大学二年级非英语专业学生自愿参与测试,此为第二类研究对象,即测试对象。其中,男生5名,女生25名;平均年龄为19.8岁;涉及社会工作、金融学、劳动与社会保障、人力资源管理四个专业。测试对象根据所用学习词典,被随机分为MED组和ECD组:MED组使用MEDAL(2007)

---

① 因篇幅所限,问卷反馈数量在10人次以下的高校和15人次以下的专业已略去。

MDict 格式的电子版学习词典文本,ECD 组使用自编的英汉高阶学习词典样条(PDF 版),并被告知所有词条选自一部名为《英汉高阶学习词典》的在编词典,以提高测试对象对样条的重视程度。选择 MEDAL 的主要原因在于,这是目前隐喻信息系统表征较为全面的英语学习词典,将其与自编样条比对,不仅能够反映隐喻信息表征的系统性能否影响用户英语隐喻能力的发展,也是单语学习词典与双语学习词典在推动二语词汇深度习得方面的一次较量。

为充分掌握系统表征隐喻信息的英汉高阶学习词典样条在使用过程中具有哪些优势与不足,也为了给阐释测试结果提供有效的补充信息,部分测试对象参与了测试后的访谈,此为第三类研究对象,即访谈对象。其中,后测访谈对象共 15 名(MED 组:8 名,ECD 组:7 名),延迟测试访谈对象共 18 名(MED 组:8 名;ECD 组:10 名)。两组访谈对象将针对在学习词典使用过程中隐喻信息的可及性与可用性提供用户反馈。通过比对两组的访谈结果,可以折射出系统表征隐喻信息的学习词典样条在设计上的优劣,为完善英汉高阶学习词典的隐喻信息系统设计提供有力的佐证。

四、研究工具

根据研究问题与研究方法,研究工具主要包括调查问卷、二语隐喻能力测试题、访谈提纲以及辅助材料等。

(一)调查问卷

本调查借助"问卷星"在线问卷调查平台自主设计问卷,以考察中国英语学习者是否认同系统表征隐喻信息的英汉高阶学习词典。问卷由 29 个调查项目构成,包括 6 个组别:调查对象基本信息(1~4)、隐喻义表征设计(5~11)、隐喻性搭配表征设计(12~22)、隐喻性句式表征设计(23~24)、隐喻信息特色栏目设计(25~29),其中,最后一项包括习语栏设计(25~27)和隐喻概念设计(28~29)等两个分项。①

---

① 调查项目类别括注中的数字为该组信息在调查问卷中的编号。

（二）二语隐喻能力测试题

考虑到当前隐喻能力测试多采用句子翻译（Groot et al.，1995；Azuma，2004；Wei，2012；Yang et al.，2015），本次测试也选择这种题型。测试过程共分为3个阶段，即前测、后测及延迟测试，分别使用 Test 1、Test 2 和 Test 3 这3套隐喻能力测试题。其中，Test 1 用于评估测试对象当前的英语隐喻能力水平，为对比并阐释后续测试结果提供依据；Test 2 用于考察测试对象首次使用学习词典后的英语隐喻能力变化，为验证系统表征隐喻信息对辅助英语隐喻能力提升的有效性提供数据支持；Test 3 用于比较测试对象在使用学习词典一段时间后的英语隐喻能力变化，为使用系统表征隐喻信息的英汉高阶学习词典对辅助英语隐喻能力持续发展的效用提供佐证。为提高测试结果的可比性，3套测试题各包括10个句子，分为"英译汉"和"汉译英"2个部分：前者需要将所给英语句子译为汉语，主要考察测试对象的英语隐喻理解能力；后者需要将所给汉语句子译为英语，主要考察测试对象的英语隐喻产出能力。大部分英语句子以 MEDAL 隐喻栏中的例句为基础改写而成，所有汉语句子的编写也基于对这些例句的理解。

（三）访谈提纲

为充分了解测试对象对学习词典样条的使用评价，在后测与延迟测试结束后，研究者将分别对部分测试对象进行访谈，因此，访谈提纲也有2个版本。后测的访谈提纲主要围绕3个问题进行：第一，请问所给参考工具是否对你完成英译汉有所帮助？第二，请问所给参考工具是否对你完成汉译英有所帮助？第三，请问所给参考工具在辅助句子翻译方面的作用如何？延迟测试的访谈提纲同样围绕3个问题：第一，请问使用所给参考工具一段时间之后，是否对你完成本次英译汉有所帮助？第二，请问使用所给参考工具一段时间之后，是否对你完成本次汉译英有所帮助？第三，请问在使用所给参考工具进行英语词汇学习的这段时间里，该学习词典存在哪些优点与不足？

（四）辅助材料

除了调查问卷、二语隐喻能力测试题和访谈提纲外，本次实证研究还需要一些辅助材料。由于学习词典使用研究涉及学习词典使用技能，为确保研究对象能够充分利用学习词典文本所提供的信息,需要增设"学习词典使用培训"环节(徐海,2012)。所使用的培训纲要即为辅助材料之一,主要包括英语学习词典的功能、类别、常用标识、隐喻信息及其表征介绍等。① 另一项辅助材料为系统表征隐喻信息的英汉高阶学习词典样条,由隐喻概念类别列表、部分隐喻概念索引以及 13 个词典样条构成,涉及 5 个英语概念隐喻。② 源域所在词条分别为 aim、confused、knowledge、language 和 money。样条不仅包括隐喻义、隐喻性搭配和隐喻性句式等不同层面的隐喻信息及其内部关联,而且提供隐喻信息特色栏目(即"隐喻概念说明"和"习语栏"),基本呈现了系统表征隐喻信息的英汉高阶学习词典文本全貌。

五、研究步骤

本次实证研究分为 6 个步骤(图 8.1)。

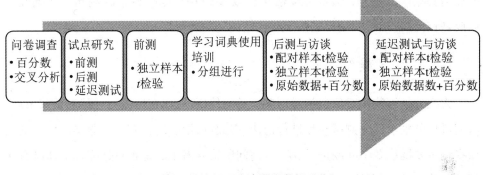

图 8.1 实证研究步骤及数据采集

第一步,开展问卷调查。借助"问卷星"在线网络平台设计并发布调查问卷,诚邀国内高校各年级、各专业的中国大学生参与调查,扩大调查范围。调查大约持续半个月。调查对象需要根据自身使用学习词典的实际情况以及个人对英语学习词典的认知,对 29 个调查项目作出反馈,与调查对象是否接受过学习词典使用培训或是否掌握词典学相关知识无关。所得数据以百分数形式进行整理与分析,同时

---

① 由于参考工具不同,ECD 组和 MED 组的学习词典培训环节将分别举行,宣讲内容略有不同。
② 选择这 5 个隐喻概念的依据是 Yang 和 Wei(2015)对中国大学生对 MEDAL 隐喻栏的熟悉程度及其查询频率的调查结果。

结合调查对象的英语水平完成交叉分析。

第二步,进行试点研究。为了保证测试的信度与效度,前测开始3天前,邀请2位与测试对象水平相近的学生(男生、女生各1名,他们的大学英语四级考试成绩相同)完成试点研究。男生使用MED,女生使用ECD,整个实验过程与主体研究完全相同,测试结果良好。为突出之后的主体研究,此处略去对该环节的详细描述与分析。

第三步,实施前测。确定30名测试对象,将其随机分为MED组和ECD组,以其大学英语四级考试成绩为参照,使用SPSS软件对两组测试对象进行独立样本t检验,以确定两组的英语水平是否存在显著差异。前测的主要目的在于考察测试对象当前的英语隐喻能力水平是否存在显著差异,为后续测试结果比对提供参考。这是探索英汉高阶学习词典隐喻信息表征效用的前提。为确保评分的一致性,所有测试题由一名英语教师批阅,英译汉以是否充分领会原句中的隐喻义为要旨,汉译英以是否使用恰当的隐喻性用法为准则。测试评分标准与样例见表8.2。

表8.2 测试评分标准与样例[①]

题型	评分标准	分值	例句	译文
英译汉	充分理解英语隐喻性句式,译文生动、准确、流畅。	3	I feel like fish out of water.	我觉得一切都很陌生,就如离水之鱼一般难以适应。
	基本理解英语隐喻性句式,译文正确,但不够生动。	2		我感觉身体很不舒服。
	部分理解英语隐喻性句式,译文较为表面化。	1		我感觉像是离开水的鱼。
	未理解英语隐喻性句式,译文错误或不相关。	0		我什么都不知道。

[①] 翻译涉及理解与产出两个向度。在测试环节,英译汉用于考察测试对象能否充分理解所提供的隐喻性句式,评分重在英语隐喻概念的理解;汉译英用于考察测试对象能否使用英语准确表达所提供的隐喻性句式,评分重在英语隐喻概念的表达。样例也以这一理念为导向。

题型	评分标准	分值	例句	译文
汉译英	能够准确运用恰当的英语隐喻性句式,译文正确、地道。	3	我需要花几天时间好好思考一番他刚才所说的话。	I need several days to digest what he has just said.
	能够准确运用英语隐喻性句式,译文有些许语言错误。	2		I need some days to chew what he say.
	未使用英语隐喻性句式,译文正确。	1		I need to spend several days thinking what he just said.
	未使用英语隐喻性句式,译文错误或不相关。	0		I need spend many days thinking the words he said just now.

第四步,学习词典使用培训。前测结束一周后,对两组测试对象分别进行学习词典使用宣讲,避免测试对象可能会因不熟悉学习词典而无法充分利用词典文本信息,影响测试结果。

第五步,实施后测与访谈。学习词典使用培训结束后立刻进行后测。MED 组和 ECD 组分别使用 MEDAL(2007)MDict 格式的电子版和自编英汉高阶学习词典样条的 PDF 版。考虑到电子产品的普及性,所有参考工具均在测试对象的笔记本电脑上显示,以提高信息检索的效率与准确性。本测试是探索英汉高阶学习词典隐喻信息表征效用的核心。后测的评分标准与前测完全相同。数据分析包括配对样本 t 检验(主要用于比较两组测试对象的前测与后测,以考察学习词典使用对激发英语隐喻能力的影响)和独立样本 t 检验(主要用于检测两组的后测是否具有显著性差异)。后测结束后,部分 MED 组和 ECD 组成员在自愿的基础上参与访谈。由于人数有限,统计结果以原始数据为主,并使用百分数呈现。

第六步,实施延迟测试与访谈。后测与访谈结束后,两组测试对象需要在接下来的一段时间里尽量使用所提供的参考工具进行英语学习,熟悉学习词典文本,三周后进行延迟测试。本次测试旨在检验隐喻信息表征能否在辅助二语隐喻能力发展方面具有持续效应,是探索英汉高阶学习词典隐喻信息表征效用不可或缺的组成部分。延迟测试的评分标准与前测和后测完全相同,数据分析同样包括配对样本 t 检验(主要用于比较两组测试对象的前测与延迟测试,以考察学习词典使用对英语隐喻能力发展的持续性影响)和独立样本 t 检验(主要用于比较两组的延迟测试是否具有显著性差异)。测试结束后,部分 MED 组和 ECD 组成员在自愿的基础上参与访谈,以了解访谈对象在后测结束后的学习词典使用情况,并提供使用反馈。延迟测试的访谈结果同样以原始数据为主,并使用百分数呈现。

第二节　结果与讨论

一、隐喻信息表征的支持率

英汉高阶学习词典隐喻信息表征的支持率(即第一个研究问题)主要由问卷调查反馈得出。本次在线调查问卷的总浏览量达到 1941 人次,共收集 758 份问卷,有效反馈数量为 755 人次,完成率为 39%,平均答题时长为 7 分钟 13 秒。分布地域包括江苏、陕西、湖北、天津、河南、上海、北京、安徽等 13 个省市级地区。答题系统环境以移动设备为主,包括手机、平板电脑、个人笔记本电脑等。从数据信息来源看,本次调查覆盖范围较为广泛。

(一)隐喻义表征的支持率

本次调查的隐喻义表征共有 8 个项目(5～11),涉及词目译义、义项排列、隐喻义标注、例证选配四个方面(表 8.3)。

表 8.3　隐喻义表征的支持率

项目类别	项目编号	A	B	C	D
词目译义	5	8.08%	78.28%	9.40%	4.24%
	6	92.72%	3.58%	1.46%	2.25%
义项排列	7	40%	49.54%	5.3%	5.17%
	8	91.52%	4.64%	3.84%	—

续表

项目类别	项目编号	A	B	C	D
隐喻义标注	9	81.99%	12.72%	5.3%	—
例证选配	10	14.3%	63.84%	17.35%	4.5%
	11	44.77%	42.65%	6.89%	5.7%

从词目译义来看,78.28%的调查对象支持将普通条目 morass 隐喻义译为"难以脱身的困境或处境",该支持率远高于其他译文,随着调查对象英语水平的提高,该比例有不断攀升的趋势(图 8.2)。换言之,在翻译普通条目隐喻义时,关联与基本义共通的核心内容,这一编纂理念不仅符合认知规律(Meer,1997,1999,2012;李爱华,2006;朱珂,2009;武继红,2010),而且得到大多数学习词典用户(尤其是中高级英语水平者)的认可,值得在英汉高阶学习词典中贯彻实施。

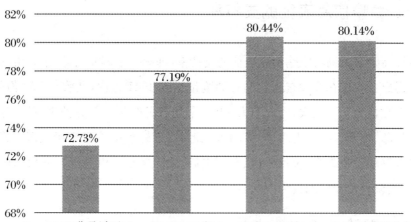

图 8.2 普通条目隐喻义译义支持率与英语水平的交叉分析①

同样,92.72%的调查对象支持隐喻型条目 black market 的译文"黑市,即非法交易的市场",该支持率也随英语水平的不断升高而升高(图 8.3)。这说明在翻译隐喻型条目时使用特定手段(如追加"指")以明示隐喻性用法特征与特定含义的做法得到大多数学习词典用户的认可,尤以中高级水平者为主,具有良好的用户基

---

① 此处的交叉分析是基于英语水平的学习词典设计特征支持率调查,以呈现不同英语水平组对隐喻信息表征的支持率分布趋势为主,暂不考虑组别之间是否具有显著性差异,因此未采用方差分析法。

础。再者,由于该显性化隐喻信息设计可提高隐喻信息关注度,是促进信息吸收的有效辅助手段,因此值得在英汉高阶学习词典编纂中推广,以强化学习者对隐喻型条目的认知。

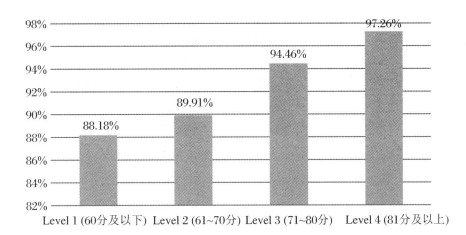

图 8.3 隐喻型条目译义支持率与英语水平的交叉分析

从义项排列来看(7~8),49.54%的调查对象认为,基本义在前、隐喻义在后的逻辑排序(即方法二)更合理,但也有40%的调查对象认同隐喻义在前、基本义在后的使用频率排序(即方法一)。虽然前者较后者仅有微弱优势,但从不同英语水平者的反馈结果来看,方法二的支持率随着英语水平的升高有渐强之势,方法一的支持率则不断降低(图8.4)。以语义认知关联原则为指导的层级式排列模式同样得到极高的认可,并随英语水平升高呈现明显的升高态势(图8.5)。

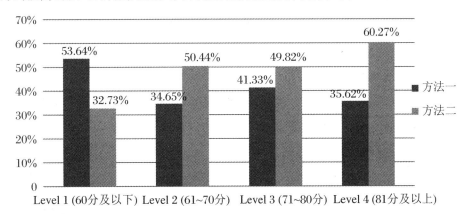

图 8.4 "基本义-隐喻义"逻辑排序支持率与英语水平的交叉分析

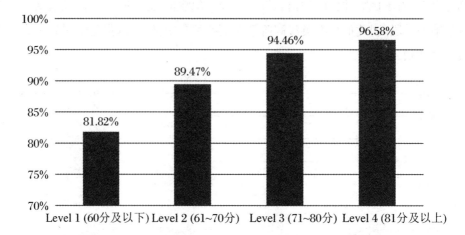

图 8.5 认知层级关联排列模式支持率与英语水平的交叉分析

这一方面说明,以逻辑联系为主、使用频率为辅的层级式义项排列原则(即本书倡导的"语义关联原则")为多数调查对象所认可,受欢迎程度与英语水平高低呈现相同的变化趋势。另一方面也证明,使用频率排序不仅受到词典学家的推崇,而且不乏学习词典用户的支持(Lew,2013),因而不能在学习词典编纂中完全摒弃。然而,以隐喻信息表征为特色的英汉高阶学习词典不能仅参照使用频率进行排序。本书提出的"语义关联原则"既考虑使用频率,又考虑义项之间的语义关系,而且得到学习词典用户的广泛认同,当属 21 世纪学习词典多项原则相结合的义项排列创新手段之一(源可乐,2002)。

从隐喻义标注来看,81.99%的调查对象认为,有必要添加"〈喻〉"标注以强调隐喻义的特殊用法性质,该项设计特征的支持率同样随着英语水平的升高呈现明显的增强态势(图 8.6)。因此,虽然添加"〈喻〉"标注的做法在学习词典编纂中有逐渐衰落之势(Osselton,1988;陆谷孙 等,2005),但若完全取缔,既有悖于隐喻信息系统表征的内在要求,也不符合学习词典用户的期待。因此,以隐喻信息表征为特色的英汉高阶学习词典应注意隐喻义标注的合理使用,以辅助学习者认知隐喻义这种最基础的隐喻信息。

从例证选配来看(10~11),63.84%的调查对象更认可整句例证(第 10 题选项B)。不过,不同英语水平组对整句例证和短语例证的偏好并不存在明显的变化趋势(图 8.7)。这恰恰说明虽然整句例证更受欢迎(徐海,2009),但是学习词典不应一味追求整句例证而排斥短语例证。对隐喻义配例而言,英汉高阶学习词典更应兼顾整句例证与短语例证,力求平衡,以便全方位地满足学习者的隐喻习得所需。

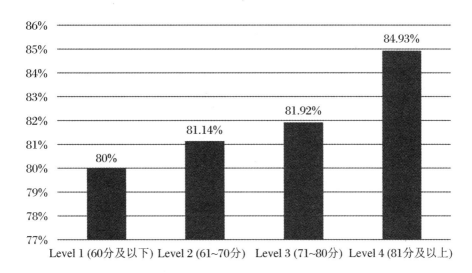

图 8.6 隐喻义标注支持率与英语水平的交叉分析

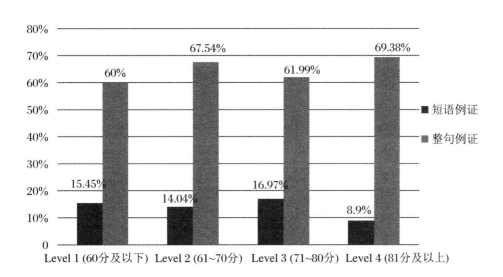

图 8.7 隐喻义例证支持率与英语水平的交叉分析

当整句习语充当隐喻义例证时,所有习语例证均配译文的做法(即方法一)和仅在一处配译文、其他各处辅以参见词条的做法(即方法二)的支持率基本相当(分别为 44.77% 和 42.65%)。虽然如此,但是交叉分析结果显示,英语水平越高者越倾向于方法二(图 8.8)。由此可见,中观层面例证设计的支持率与英语水平关系密切,这也与高水平组词典使用技能较高有直接关系(罗思明 等,2004;邓琳,

2006)。

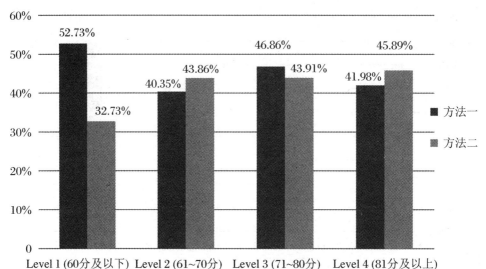

图 8.8 隐喻义习语例证处理支持率与英语水平的交叉分析

（二）隐喻性搭配表征的支持率

隐喻性搭配表征调查共有 11 个调查项目（12～22），主要围绕隐喻性搭配作条目（即隐喻型条目）和作例证这两个方面展开，具体内容涉及隐喻型条目的设立、标注、例证选配、例证标注、易错提示和参见信息等。

表 8.4 隐喻性搭配表征的支持率

项目类别	项目编号	A	B	C	D
隐喻型条目的设立	12	20.66%	5.3%	66.89%	7.15%
	13	4.24%	4.5%	88.48%	2.78%
	14	68.61%	20.26%	11.13%	—
	15	69.27%	18.94%	11.79%	—
隐喻型条目的标注	16	79.74%	13.64%	6.62%	—
隐喻型条目的例证选配	17	88.08%	8.61%	3.31%	—
隐喻性搭配例证的标注	18	86.62%	9.8%	3.58%	—
隐喻型条目的易错提示	19	84.11%	11.92%	3.97%	—

续表

项目类别	项目编号	A	B	C	D
隐喻型条目的参见信息	20	85.83%	10.13%	4.04%	—
	21	87.28%	8.34%	4.37%	—
	22	88.74%	7.55%	3.71%	—

从设立隐喻型条目的必要性来看，66.89%的调查对象在查询 make a long face 时倾向于先查 face，然而在五大英语单语学习词典中，仅 COBUILD 将该搭配列于词条 face 之下，OALD、LDOLE 和 CALD 将其列在 long 词条中，MEDAL 与大多数英汉词典（如《新时代英汉大词典》和《英汉大词典》等）将 long face 单独立目，如此编排给查找带来了极大的不便。同样，在查询隐喻性搭配 walking skeleton 时，88.48%的调查对象倾向于先查 skeleton。考虑到 skeleton 有"骨瘦如柴之人"的隐喻义，将该搭配作为例证也未尝不可。然而，该隐喻性搭配并未被五大英语单语学习词典以及大多数英汉学习词典收录，更别说单独立目或位列哪个词条等问题。

此外，第 14 题和第 15 题的反馈结果显示，支持为隐喻性习语和隐喻性复合词立目的比例分别为 68.61%和 69.27%，并且该比例随英语水平的升高而升高（图 8.9）。由此可见，以隐喻信息系统表征为特色的英汉高阶学习词典应重视隐喻型条目的设立。这不仅关乎隐喻信息系统表征的显性化，而且符合学习词典用户的查检习惯，有助于提高查询效率。

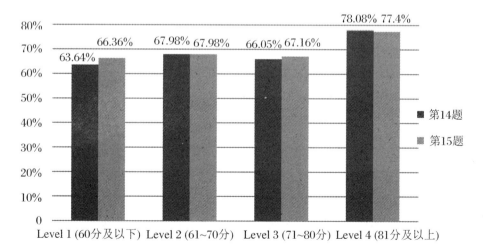

图 8.9 隐喻型条目设立支持率与英语水平的交叉分析

从标注隐喻型条目的必要性方面来看,79.74%的调查对象表示认可。虽然该比例随英语水平升高有渐高之势,但在高水平组(即 Level 4)中却有降低的迹象(图 8.10)。这或与高水平学习者具备较强的语义分析能力,不必依赖特殊标记来识别隐喻型条目有关。考虑到大多数中高级水平者的语言能力与语言意识仍有一定的欠缺,反馈结果也显示他们有较高的查询需求,在学习词典文本中标注隐喻型条目仍为必要之举。

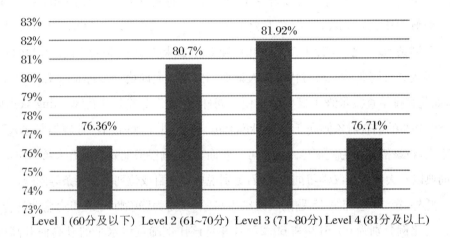

图 8.10　隐喻型条目标注支持率与英语水平的交叉分析

从隐喻型条目的配例来看,88.08%的调查对象认为有必要给隐喻型条目(如 bleed white、home bird、red flag、last straw 等)配例。随着英语水平的逐渐提高,持该主张者越多(图 8.11)。

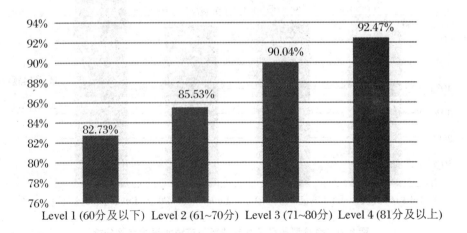

图 8.11　隐喻型条目配例支持率与英语水平的交叉分析

除单独立目外,隐喻性搭配还可作隐喻义的例证。关于此类例证形式是否需要使用特殊符号进行标注,86.62%的调查对象给予了肯定的答复,英语水平较高者反馈比例相对较大(图8.12)。由此可知,在英汉高阶学习词典中标注作为例证的隐喻性搭配得到大多数用户的认可,值得在学习词典编纂中尝试。

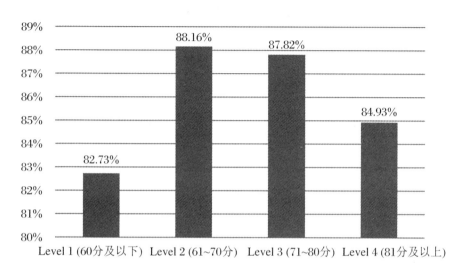

图8.12 隐喻性搭配例证的标注支持率与英语水平的交叉分析

在隐喻型条目下增设易错提示是英汉高阶学习词典隐喻信息系统表征的特色之一。该项设计特征得到了84.11%的支持率。调查对象普遍认为,这将有助于英语词汇学习,不同英语水平者对此的反馈结果基本良好,该支持率随着英语水平升高有较微弱的递增趋势(图8.13)。由于中西方思维方式的不同,英语和汉语在词汇组合层面隐喻信息的表呈上存在诸多差异,一味依赖母语思维很容易造成语用失误(连淑能,2012)。这就需要学习词典在文本设计方面及时提醒用户,这既有助于产出更地道的语言表达,也可促进学习词典的国别化发展。

此外,隐喻型条目的参见设计也得到了广泛认可。其中,义项关联、相关条目关联以及近义条目关联等设计特征分别得到85.83%、87.28%和88.74%的高支持率(表8.4)。这些比例同样随英语水平升高有逐渐升高的倾向(图8.14)。

(三)隐喻性句式表征的支持率

隐喻性句式表征调查共有2个项目,均与例证标注有关。当普通隐喻性句式作例句时,79.07%的调查对象认为,有必要使用特殊符号标注;当整句型习语作例

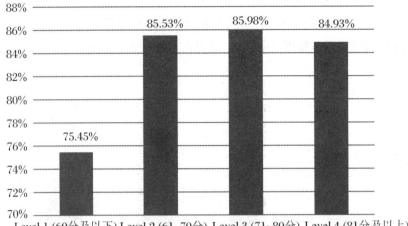

图 8.13　隐喻型条目易错提示支持率与英语水平的交叉分析

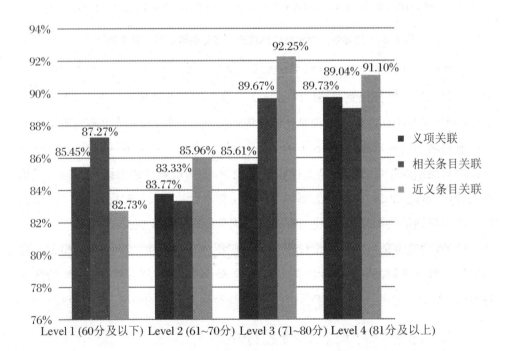

图 8.14　隐喻型条目参见支持率与英语水平的交叉分析

句时,84.24%的调查对象持同样观点(表8.5)。不过,该标注的支持率随英语水平升高而升高的趋势并不明显(图8.15)。

表8.5 隐喻性句式表征的支持率

项目类别	项目编号	A	B	C
普通隐喻性例句的标注	23	79.07%	14.97%	5.96%
习语例句的标注	24	84.24%	11.26%	4.5%

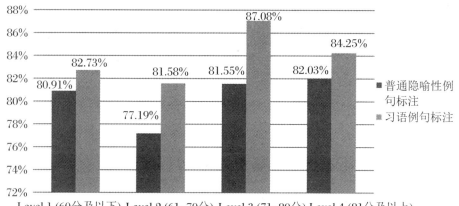

图8.15 隐喻性句式表征支持率与英语水平的交叉分析

(四)隐喻信息特色栏目的支持率

隐喻信息特色栏目调查共有5个项目,包括3个习语栏调查项目和2个隐喻概念调查项目。

根据表8.6可知,70.07%的调查对象认为,习语构成了英语学习障碍,与当前二语习得的研究结果一致(常晨光,2005;吴旭东,2014)。这就解释了为何85.56%的调查对象赞同在英汉高阶学习词典中设计习语栏,以便查找并习得此类语言表达。

表8.6 隐喻信息特色栏目的支持率①

项目类别	项目编号	A	B	C	D
习语栏	25	70.07%	22.38%	7.55%	—
	26	85.56%	9.14%	5.30%	—
	27	45.56%	41.59%	7.02%	5.83%
隐喻概念	28	79.74%	11.92%	8.34%	—

然而,在习语栏的处理上,调查对象的意见并不一致。45.56%的调查对象支持将习语栏中意义相同、个别词汇不同的习语合并,再统一提供译文(即方法一)。41.59%的调查对象支持将所有习语分别列出,为其中一个提供译文,其他使用参见的做法更合适(即方法二)。不过,两者的差异并不明显,也并未随英语水平升高呈现明显变化趋势(图8.16)。这说明,虽然习语栏受到认可,但是用户对其内部结构设计有不同的期待。如何细化该设计特征,仍然要以学习词典的编纂目标为着眼点。

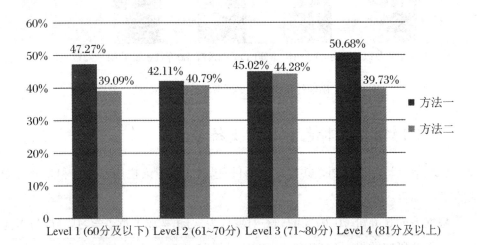

图8.16 习语栏表征的支持率与英语水平的交叉分析

隐喻概念设计的反馈结果与此类似。虽然79.74%的调查对象根据所给样例认为,"隐喻概念说明"有助于英语学习,但该支持率在不同英语水平组中并无明显的变化趋势(图8.17)。这与隐喻概念抽象难懂有直接关系,即使是中高级水平学

---

① 编号29的调查项目结果随后单独列出,因此表8.6中并没有列出相关数据。

习者也未必能够全面领会隐喻概念的内涵。只有通过教师的悉心引导与学生的大量练习,方能真正掌握隐喻概念的认知价值(侯奕松,2011)。

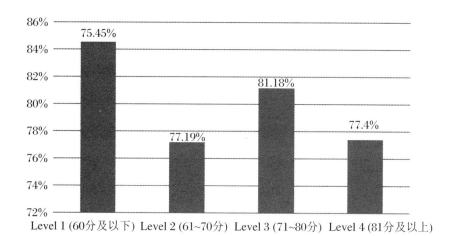

图8.17 隐喻概念表征的支持率与英语水平的交叉分析

根据表8.7可知,"隐喻概念说明"的总体支持率较高,反馈比例由高到低依次为"汉语解释说明"(88.84%)、"英语隐喻概念例句"(85.56%)、"英语隐喻概念"(83.04%)、"英汉隐喻概念比较"(82.91%)、"其他相似隐喻概念所在参见词条"(80.89%)和"汉语隐喻概念例句"(79.47%)。这一方面证明,由于思维方式及语言系统存在差异,用户需要借助汉语来理解英语隐喻概念中的抽象隐喻信息(罗益民 等,2010),另一方面也说明,虽然用户对英汉隐喻概念比较的设计颇为认可,但是汉语隐喻概念例句并未受到用户的极大青睐。在这种情况下,是否需要坚持添加该项内容,还需结合测试与访谈结果进一步探讨。

表8.7 "隐喻概念说明"的支持率

内容	不清楚	完全无用	有一点作用	有很大作用
汉语解释说明	9.04%	2.12%	39.60%	49.24%
	11.16%		88.84%	
英语隐喻概念例句	12.72%	1.72%	38.81%	46.75%
	14.44%		85.56%	
英语隐喻概念	15.36%	1.59%	47.28%	35.76%
	16.95%		83.04%	

续表

内容	不清楚	完全无用	有一点作用	有很大作用
英汉隐喻概念比较	13.91%	3.18%	38.94%	43.97%
	17.09%		82.91%	
其他相似隐喻概念所在参见词条	15.14%	3.97%	49.93%	30.96%
	19.11%		80.89%	
汉语隐喻概念例句	15.89%	4.64%	45.30%	34.17%
	20.53%		79.47%	

总体来看,问卷调查结果显示,无论在隐喻义、隐喻性搭配、隐喻性句式还是隐喻信息特色栏目的文本设计方面,隐喻信息表征均获得了较为广泛的支持。大多数调查项目的反馈比例随着英语水平的升高呈现升高的态势。可以说,在英汉高阶学习词典中系统表征隐喻信息的尝试基本得到了目标用户群(尤其是中高级英语学习者)的认可。然而,个别设计特征(如隐喻型条目标注、习语栏内部设计、隐喻概念说明中的汉语隐喻概念例句等)还需要结合测试与访谈结果进行分析与讨论。

二、隐喻信息系统表征的有效性

英汉高阶学习词典隐喻信息表征辅助二语隐喻能力发展的有效性(即第二个研究问题)主要由二语隐喻能力测试结果得出。由于涉及理解与产出两个维度,测试结果的分析与讨论也将从这两个方面进行考量。

为确保测试对象为目标用户群,也为了保障随机分组的公平性,需要以大学英语四级考试成绩为依据,对两组测试对象的英语水平进行测定。根据表8.8可知,MED组和ECD组的平均成绩分别为510.27分和505.13分。由于该英语水平测试满分为710分,所有测试对象基本属于中高级英语水平者,符合目标用户群的基本条件。独立样本t检验结果显示,两组英语水平的显著性概率为0.072,双尾t检验的显著性概率为0.77(>0.05)。因此,两组测试对象的英语水平无显著性差异。

表8.8 测试对象的英语水平对比

组别	N	平均成绩	Std. Deviation	F	显著性概率	t	双尾t检验的显著性概率
MED	15	510.27	57.006	3.504	0.072	0.296	0.77
ECD	15	505.13	35.629				

（一）前测结果与分析

前测（即 Test 1）的目的在于确定测试对象的当前英语隐喻能力水平，为后测和延迟测试结果进行比对提供参考。这是探索英汉高阶学习词典隐喻信息表征效用的前提。

根据表8.9可知，MED组与ECD组的前测平均成绩分别是12分和11.8分。其中，英译汉平均成绩分别是6.4分和6.53分，汉译英平均成绩分别是5.6分和5.27分。由于满分为30分（英译汉15分+汉译英15分），转换为百分制后的平均成绩分别为40分和39.33分，因此，测试对象的英语隐喻能力总体水平较低。这与当前实证研究结果一致（Kathpalia et al.，2011；姜孟，2006；陈万会，2009；孙启耀 等，2011）。独立样本t检验结果显示，两组总分的显著性概率为0.044，双尾t检验的显著性概率为0.816（>0.05），即两组英语隐喻能力无显著性差异。具体来看，英译汉的显著性概率为0.086，双尾t检验的显著性概率为0.879（>0.05）；汉译英的显著性概率为0.03，双尾t检验的显著性概率为0.245（>0.05）。这说明，MED组和ECD组在理解与产出维度的英语隐喻能力也不存在显著性差异。

表8.9 前测的英语隐喻能力对比

类别		N	平均成绩	Std. Deviation	F	显著性概率	t	双尾t检验的显著性概率
总分	MED	15	12	2.903	4.447	0.044	0.235	0.816
	ECD	15	11.8	1.568				
英译汉	MED	15	6.4	2.97	3.17	0.086	0.153	0.879
	ECD	15	6.53	1.6				
汉译英	MED	15	5.6	0.91	5.223	0.030	1.188	0.245
	ECD	15	5.27	0.594				

（二）后测结果与分析

后测（即 Test 2）的目的有二：第一，比较测试对象使用学习词典前后的英语隐喻能力变化，为学习词典使用能否有效激发英语隐喻能力提供佐证；第二，比较使用不同学习词典后两组测试对象的英语隐喻能力变化，验证系统表征隐喻信息的英汉高阶学习词典能否较 MEDAL 更有效地辅助用户英语隐喻能力的提升。这是探索英汉高阶学习词典隐喻信息表征效用的核心。

根据表 8.10 可知，前测与后测的平均成绩分别为 11.9 和 19.8 分。配对样本 t 检验结果显示，两者平均值的差为 7.9，双尾 t 检验的显著性概率为 0（<0.05）。由此可知，使用学习词典前后两组测试对象的英语隐喻能力具有显著差异。换言之，学习词典的使用能够有效激发用户的英语隐喻能力。

表 8.10　前测与后测的英语隐喻能力对比

	N	平均成绩	Std. Deviation	Std. Error Mean	t	双尾 t 检验的显著性概率
前测	30	11.9	2.295	0.419	—	—
后测	30	19.8	5.939	1.084	—	—
后测-前测	30	7.9	6.166	1.126	7.017	0

根据表 8.11 可知，MED 组与 ECD 组的后测平均成绩分别为 15.47 分和 24.13 分。其中，英译汉平均成绩分别是 8.07 分和 12.33 分，汉译英平均成绩分别是 7.4 分和 11.8 分。独立样本 t 检验结果显示，两组总分的显著性概率为 0.396，双尾 t 检验的显著性概率为 0（<0.05）。这说明两组的英语隐喻能力具有显著性差异。英译汉和汉译英的显著性概率分别为 0.91 和 0.239，双尾 t 检验的显著性概率均为 0（<0.05）。这说明 MED 组和 ECD 组在理解与产出维度的英语隐喻能力也存在显著性差异。由此，在激发用户英语隐喻能力方面，系统表征隐喻信息的学习词典样条比 MEDAL 更有效。

表 8.11　后测的英语隐喻能力对比

类别		N	平均成绩	Std. Deviation	F	显著性概率	t	双尾 t 检验的显著性概率
总分	MED	15	15.47	3.357	0.396	0.534	5.859	0
	ECD	15	24.13	4.642				

续表

类别		N	平均成绩	Std. Deviation	F	显著性概率	t	双尾t检验的显著性概率
英译汉	MED	15	8.07	2.314	0.013	0.91	4.631	0
	ECD	15	12.33	2.717				
汉译英	MED	15	7.4	1.639	1.446	0.239	6.025	0
	ECD	15	11.8	2.305				

（三）延迟测试结果与分析

延迟测试（即 Test 3）的目的有二：第一，比较测试对象前测与延迟测试的英语隐喻能力变化，为学习词典使用能否有助于英语隐喻能力的持续发展提供佐证；第二，比较两组测试对象使用不同学习词典一段时间后的英语隐喻能力变化，确认系统表征隐喻信息的英汉高阶学习词典能否比 MEDAL 更有效地辅助英语隐喻能力的持续发展。这是探索英汉高阶学习词典隐喻信息表征效用不可或缺的组成部分。

根据表 8.12 可知，测试对象前测与延迟测试的平均成绩分别为 11.9 分和 18.3 分。配对样本 t 检验结果显示，前测与延迟测试的平均值相差 6.4，双尾 t 检验的显著性概率为 0（<0.05）。由此可知，测试对象使用学习词典一段时间后的英语隐喻能力表现较使用学习词典之前具有显著性差异，即学习词典使用有助于英语隐喻能力的持续发展。这再次说明，在英语学习中需要重视学习词典的语言认知功能，不能将其视为一种临时的信息查检工具。

表 8.12　前测与延迟测试的英语隐喻能力对比

	N	平均成绩	Std. Deviation	Std. Error Mean	t	双尾t检验的显著性概率
前测	30	11.9	2.295	0.419	—	—
延迟测试	30	18.3	4.914	0.897		
延迟测试-前测	30	6.4	5.103	0.932	6.869	0

根据表 8.13 可知，MED 组与 ECD 组的延迟测试平均成绩分别为 16.67 分和 19.93 分。其中，英译汉平均成绩分别是 9.33 分和 10.07 分，汉译英平均成绩分别是 7.33 分和 9.87 分。独立样本 t 检验结果显示，两组总分的显著性概率为 0.205，双尾 t 检验的显著性概率为 0.068（>0.05）。这说明，两组的英语隐喻能力不存在显

著性差异。其中,英译汉的显著性概率为 0.4,双尾 t 检验的显著性概率为 0.512(>0.05)。这说明 MED 组和 ECD 组在英语隐喻理解能力上的差异也未达到显著水平。虽然如此,汉译英的显著性概率为 0.037,双尾 t 检验的显著性概率达到 0.01(<0.05)。这说明 MED 组和 ECD 组在英语隐喻产出能力上的差异具有统计学上的显著性意义。由此看来,在辅助英语隐喻产出能力的持续性发展方面,系统表征隐喻信息的学习词典样条比 MEDAL 更有效。至于为何在理解维度上没有达到显著性,乃至影响学习词典样条对辅助英语隐喻能力持续性发展的有效性,还需要结合访谈结果进一步分析。

表 8.13 延迟测试的英语隐喻能力对比

类别		N	平均成绩	Std. Deviation	F	显著性概率	t	双尾 t 检验的显著性概率
总分	MED	15	16.67	3.697	1.684	0.205	1.901	0.068
	ECD	15	19.93	5.535				
英译汉	MED	15	9.33	2.769	0.731	0.400	0.664	0.512
	ECD	15	10.07	3.262				
汉译英	MED	15	7.33	1.839	4.802	0.037	2.743	0.01
	ECD	15	9.87	3.067				

上述测试结果表明,测试对象在使用学习词典前后英语隐喻能力均得到显著提高,且具有延迟性效用;拥有同等英语水平与英语隐喻能力的两组测试对象,在使用不同参考工具后,MED 组较 ECD 组在理解和产出两个维度上的英语隐喻能力提升更为显著,且在英语隐喻产出能力的持续性发展方面表现更为突出。这说明与 MEDAL 相比,系统表征隐喻信息的英汉高阶学习词典样条能够更加有效地辅助中国学习者英语隐喻能力的发展,且有助于英语隐喻能力的后续发展,在促进英语隐喻产出能力的持续性发展方面,效用尤为突出。

三、隐喻信息系统表征的用户评价

(一)后测访谈结果与分析

后测访谈对象共 15 名,包括 8 名 MED 组成员和 7 名 ECD 组成员,主要围绕三个问题进行:第一,请问所给的参考工具是否对你完成英译汉有所帮助?第二,请问所给的参考工具是否对你完成汉译英有所帮助?第三,请问所给的参考工具在辅助句子翻译方面的作用如何?

MED组的后测访谈结果显示,7名访谈者(87.5%)认为MEDAL对英译汉有帮助,但所有成员均提出MEDAL对汉译英没有一点作用,1名访谈者(12.5%)甚至提到MEDAL在这方面的有效性还不及OALD,因此她在完成汉译英时,转而使用OALD。① 至于MEDAL的不足之处,2名访谈者(25%)提到,虽然在学习词典培训阶段对该学习词典中的隐喻栏有所了解,但仍然对如何使用不够熟悉。另有2名访谈者(25%)反映,该学习词典的解释较为繁杂,不习惯使用英英学习词典。这与当前中国大学生偏爱英汉双解学习词典有直接关系(郎建国 等,2003;史耕山 等,2007;Chen,2011;陈玉珍,2011,2013)。4名访谈者(50%)提到,学习词典中的隐喻义例句数量较少,排版较为拥挤,不利于信息查询。还有1名访谈者(12.5%)建议增加汉语解释,以确保所提供的隐喻信息能够被用户充分理解并使用。该结果说明,由于不熟悉英英学习词典以及MEDAL隐喻信息表征的复杂性,MED组无法充分利用所给学习词典完成翻译任务。从学习词典编纂视角来看,若要提升MEDAL激发二语隐喻能力的有效性,需要考虑隐喻信息表征的国别化,通过跨语隐喻概念对比促进理解,加深记忆(Yang et al.,2015)。

ECD组的后测访谈结果显示,所有7名访谈对象均认为英汉高阶学习词典样条对辅助完成翻译任务有帮助,对汉译英的辅助作用较英译汉更大,能够使译文更加鲜活、富有生气,还能丰富自己的英语表达。虽然如此,每位访谈者也根据使用样条的实际情况,对于如何改进样条给予了反馈。5名访谈者(71.4%)认为,虽然提供了"隐喻概念类别列表"和"隐喻概念索引",然而在实际使用过程中,仍然对如何查找隐喻概念不甚明了,只能根据所给材料逐个排查,颇为费时费力,最好举例说明如何运用该列表。3名访谈者(42.9%)提到,"隐喻概念说明"中"英汉对比"的语言文化信息描述较笼统,希望能够提供更详尽的文字说明。5名访谈者(71.4%)建议,将PDF版的学习词典样条制作成MDict格式,以提高信息检索效率。还有1名访谈者(14.3%)提出,学习词典样条中隐喻义例句的数量需要增加。此外,访

---

① 为辅助后测的顺利实施,为MED组提供可以在笔记本电脑上使用的MDict格式的电子版词典,内置学习词典文本包括MEDAL(第2版)、OALD、CALD、LDOCE和COBUILD这五大英语单语词典。因此,该组访谈对象能够查询OALD,以完成汉译英的测试任务。

谈者还对排版提出了一些建议(如增大字体、逐行列出例句等)。这些与隐喻信息表征关系不大,不再赘述。

总体来看,后测访谈结果说明,测试对象对英汉高阶学习词典样条较 MEDAL 的认可度更高,尤其是在汉译英方面的作用更突出。这与后测测试结果完全一致。

(二)延迟测试访谈结果与分析

延迟测试访谈对象共 18 名,包括 8 名 MED 组成员和 10 名 ECD 组成员,同样围绕三个问题进行:第一,请问使用所给的参考工具一段时间后,是否对你完成本次英译汉有所帮助? 第二,请问使用所给的参考工具一段时间后,是否对你完成本次汉译英有所帮助? 第三,请问在使用所给的参考工具进行英语词汇学习的这段时间里,该学习词典存在哪些优点与不足?

MED 组的延迟测试访谈结果显示,所有成员认为,经过为期三周的查询实践,MEDAL 有助于完成英译汉,但无益于汉译英。在辅助英语词汇学习方面,访谈者普遍认为 MEDAL 例句丰富、查询便捷、搭配充足、词频信息显著,能够使英语理解更加深入与透彻。① 所存在的主要问题与建议包括:英英学习词典对于非英语专业学生而言难度很大,在一定程度上影响了该学习词典的有效使用(50%);隐喻概念检索无章可循,基本靠运气才能查到隐喻栏(37.5%);如果在隐喻栏中增加汉语解释,将有助于更好地领会英语隐喻概念(37.5%)。② 结合问卷调查结果来看,显然英汉版的隐喻概念说明更受中国英语学习者的欢迎。

ECD 组的延迟测试访谈结果也证实了这一点。与后测访谈结果类似,所有访谈对象认为经过一段时间的使用后,凭借对英汉高阶学习词典样条的记忆与学习,有助于完成延迟测试。这与延迟测试结果一致。至于学习词典样条在辅助英语词汇学习方面的不足,5 名访谈者(50%)提到,英语隐喻概念过于抽象,掌握起来难度较大,最好提供更多的英语例句进行说明;7 名访谈者(70%)提到,英汉高阶学习词典样条以及所设的"隐喻概念说明"数量较少,不利于全面掌握英语隐喻概念;另有 3 名访谈者(30%)提到排版方面的一些问题。这些都为访谈者理解并学习隐

---

① 为 MED 组提供的 MDict 格式电子版学习词典文本,与查询 PDF 版学习词典样条相比,该形式的确在查询的便捷性方面更胜一筹。

② MED 组所使用的 MDict 格式的 MEDAL 文本仅有学习词典正文部分,隐喻插件缺失,这对用户的使用评价有一定影响。

喻概念造成了一定困难。虽然如此，所有访谈者均表示，如果该英汉高阶学习词典推出电子版，一定会考虑购买使用。这也从另一方面说明，即使学习词典样条在隐喻信息系统表征方面还存在不足，但仍受到了大多数中国英语学习者的青睐。这与问卷调查结果完全一致。

结合后测与延迟测试的访谈结果来看，大部分访谈者认为系统表征隐喻信息的英汉高阶学习词典样条有助于丰富英语表达、提高语言表现力，对汉译英的作用更大。不足之处集中体现在对隐喻概念的使用说明解释不足、英汉隐喻概念对比阐释较为笼统、查询不够便捷、例句数量有限等。这为充分使用并学习英汉高阶学习词典样条造成了一些障碍，也在一定程度上说明 ECD 组的英语隐喻理解能力持续性发展之所以未能达到显著性提升的原因。虽然如此，所有访谈者对该学习词典辅助英语学习的有效性都表现出了极高的认可度。

章末小结

本章从学习词典用户的视角出发，采用定性与定量相结合的实证研究方法，探讨英汉高阶学习词典隐喻信息系统表征的效用问题。

问卷调查结果显示，英汉高阶学习词典的隐喻信息表征在隐喻义、隐喻性搭配、隐喻性句式以及隐喻信息特色栏目设计方面均获得了较高的支持率，随着调查对象英语水平的升高呈现较明显的递增趋势。测试结果显示，系统表征隐喻信息的英汉高阶学习词典样条较 MEDAL 在辅助中国学习者英语隐喻能力发展方面具有更显著的效用。一方面，能够有效激发学习者在理解与产出两个维度上的英语隐喻能力；另一方面，有助于英语隐喻能力的后续发展，尤其在促进英语隐喻产出能力的持续性发展方面效果显著。访谈反馈结果显示，大部分访谈者认为系统表征隐喻信息的英汉高阶学习词典样条有助于丰富英语表达、提高语言表现力，对汉译英的作用更大。不足之处主要表现在隐喻概念使用说明不够清晰、英汉隐喻概念差异阐释不够鲜明、查询方式不够便捷、例句数量不够充足等。虽然仍有不尽如人意之处，但所有访谈者均对该英汉高阶学习词典在辅助英语学习方面发挥的作用表示认可。

综上所述，以系统表征隐喻信息为特色的英汉高阶学习词典较 MEDAL 能够更有效地激发中国学习者的英语隐喻认知潜能。换言之，英汉高阶学习词典隐喻信息系统表征的效用在本章得到了初步证实。

第九章 研究发现、理论价值与现实意义及未来可拓展的空间

第一节 研究发现

本书借助认知语言学隐喻研究成果，从融媒体视角系统探讨了英汉高阶学习词典系统表征隐喻信息的必要性、可行性与有效性（图9.1）。其中，隐喻信息系统表征必要性的考察以文献分析为立足点，结合认知语言学、词典学以及二语习得相关理论完成理据分析。隐喻信息系统表征的可行性分析以词典文本结构特点为基础，结合融媒体辞书多样化的表征手段，从总观层面、宏观层面、微观层面以及中观

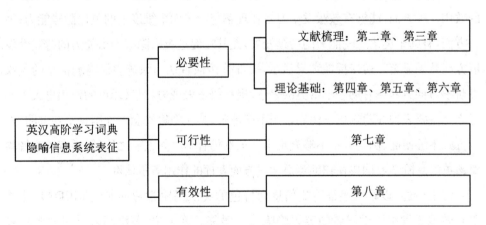

图9.1 本书的主要内容及其内部联系

层面分别探讨具体的隐喻信息文本设计特征,作为实践基础。隐喻信息系统表征有效性的验证主要运用定量与定性相结合的实证研究方法,选取目标用户进行调查、测试与访谈。

一、隐喻信息系统表征的必要性

文献分析结果显示,虽然目前学习词典文本的隐喻信息表征已初具规模,但在系统性方面仍显不足,不利于隐喻信息的系统学习。为实现学习词典隐喻信息系统表征的全面发展,也为了推进双语学习词典编纂的认知化进程,以隐喻信息系统表征为特色的英汉高阶学习词典文本设计特征研究亟待加强。另外,鉴于结合学习词典使用讨论二语隐喻能力发展的实证研究相对缺乏,以中国英语学习者为研究对象的文献更是屈指可数,运用实证研究方法探索英汉高阶学习词典辅助二语隐喻能力发展的有效性,不仅是完善二语隐喻能力发展研究的内在要求,也是丰富与深化学习词典使用视角研究的必然趋势。

英汉高阶学习词典隐喻信息系统表征具有充分的认知语言学、二语习得以及词典学的理论支撑。从认知语言学视角来看,隐喻具有重要的认知功能,是词义延伸与拓展的重要影响因素(Richards,1936;Ullmann,1962;Lakoff et al.,1980;胡壮麟,2004)。学习词典作为反映并记录语言变化的载体,可全面、系统地表征隐喻信息。从二语习得的视角来看,二语词汇认知系统的构建是成功习得第二语言的核心。在这一过程中,二语隐喻能力发挥着重要作用(Wei,2012;杨娜,2014)。以辅助二语隐喻能力发展为目标的英汉高阶学习词典编纂可借助隐喻信息系统表征的契机,加快学习词典文本的认知化发展进程,也可为形成基于学习词典使用的二语词汇认知策略提供前提条件。从词典学视角来看,英汉学习词典作为辅助二语文化认知的必要工具,需要将关联语言与认知的隐喻信息纳入编纂范畴,在借鉴单语学习词典隐喻信息表征经验的基础上,以系统性为核心,创新学习词典文本设计,体现英汉学习词典的跨语特殊性。

二、隐喻信息系统表征的可行性

基于学习词典文本的语篇化特征,学习词典结构包括四个组成部分,即总观结构、宏观结构、微观结构及中观结构(Hartmann,2001)。英汉高阶学习词典隐喻信息表征的可行性分析也应以此为据。

从总观层面来看,英汉高阶学习词典的隐喻信息设计包括三个方面:隐喻表征的引导性信息、隐喻表征的工具性信息、隐喻表征的对比性信息。从宏观层面来看,英汉高阶学习词典需要为部分词汇组合层面的隐喻信息(即隐喻性搭配)单独立目,即隐喻型条目。为体现表征的系统性,同时充分发挥融媒体辞书的优势,使用适当的手段关联隐喻型条目与普通条目,并在隐喻型条目之间构建联系,使所有词条浑然一体,相互联系,以彰显隐喻信息的层级性。从微观层面来看,英汉高阶学习词典的隐喻信息设计以语义关联原则为核心,具体内容包括:遵循"语义认知关联"的词目与例证翻译准则;采用逻辑联系为主、使用频率为辅的"认知层级关联义项排列法";从数量、类型与功能等方面考虑例证选配;从概念界定、编排方式以及翻译方法等三个方面实现习语的创新性处理;设置隐喻概念特色栏目。从中观层面来看,英汉高阶学习词典注重隐喻信息的跨条目关联与隐喻型参见的设置。前者涉及隐喻型条目与普通条目之间的关联、隐喻型条目之间的关联以及隐喻信息特色栏目中的跨条目关联。后者有显性与隐性之别,从隐喻信息认知的层级性来看,可分为四大类:词汇内部与词汇组合层面的隐喻型参见、词汇组合层面的隐喻型参见、词汇组合与句子层面的隐喻型参见、句子层面的隐喻型参见。

三、隐喻信息系统表征的有效性

英汉高阶学习词典隐喻信息系统表征有效性的探讨主要通过定量与定性相结合的实证研究来进行。数据分析结果显示:系统表征隐喻信息的英汉高阶学习词典设计得到了中国英语学习者的广泛支持与认可;使用系统表征隐喻信息的英汉高阶学习词典样条比使用 MEDAL 更能够有效地激发中国英语学习者的隐喻认知潜能,尤其对辅助英语隐喻产出能力的持续性发展效果显著;系统表征隐喻信息的英汉高阶学习词典样条能够丰富英语表达、提高语言表现力,但在隐喻概念的使用说明、英汉隐喻概念对比阐释、查询的便捷性以及例句数量等方面仍需改进。尽管如此,所有研究对象均认为,系统表征隐喻信息的英汉高阶学习词典在辅助英语学习方面能够发挥积极作用。

第二节 理论价值与现实意义

隐喻信息表征属于词典学的微观研究范畴,不仅关乎词典学研究范式的认知化走向,而且对二语隐喻能力发展具有重要的辅助作用。虽然学习词典研究对隐喻有所关注,但该研究主题的系统化探讨却极为稀缺。本书通过对"隐喻信息"进行界定,系统梳理了学习词典隐喻信息表征的相关研究,再从必要性、可行性与有效性三个方面深入探究英汉高阶学习词典隐喻信息系统表征的文本设计问题,具有一定的理论价值与现实意义。

从理论上看,本书将认知语言学、二语习得和词典学相结合,扩大了词典学的应用研究领域,丰富了词典学跨学科研究成果;以隐喻信息系统表征为切入点,对英汉学习词典的认知化与国别化发展颇有启发;不拘泥于传统词典学研究方法的束缚,借助实证研究法验证学习词典编纂的有效性,初步形成了"理论探讨—编纂实践—效用验证"这一更加全面有效的新型词典学综合研究模式。

从实践上看,本书提出的英汉高阶学习词典隐喻信息文本设计特征,可供其他语种的双语学习词典隐喻信息表征研究借鉴,促进了认知语言学隐喻研究成果在双语学习词典编纂中的有效应用;隐喻信息系统表征效用的验证,有助于实现学习词典编纂与词典使用的有机融合,为学习词典介入二语词汇深度习得、外语自主学习乃至外语教学领域提供了重要的实践参考。

第三节 未来可拓展的空间

本书对英汉高阶学习词典隐喻信息系统表征的探讨是实现双语词典编纂认知化与差别化的重要路径。目前,该研究主题仍有进一步深化与拓展的可能,后续研究具有诸多发展空间。

首先,双语学习词典类型庞杂,本书主要探讨英汉高阶学习词典探讨隐喻信息表征问题。事实上,汉英学习词典乃至其他语种的学习词典也可被纳入讨论范畴。这对完善双语学习词典的文本设计意义重大,是后续研究的重要议题之一。

其次,本书对隐喻信息系统表征效用的验证,侧重考察学习词典文本的微观层面设计特征,总观层面、宏观层面以及中观层面同样值得深入探讨。后续可针对其他层面的隐喻信息表征设计开展更充分、更详尽的探讨、分析与挖掘。

最后,本书从内容与形式两个方面阐释英汉高阶学习词典的文本设计,虽然借助融媒体辞书的优势,在学习词典编纂中作了一定的补充说明,但并未针对学习词典载体进行具体、详尽的阐释。鉴于电子词典发展迅猛,且极受学习者的欢迎(Nesi,1999;Chon,2009;姚喜明 等,2003;邓琳,2006),很有必要将隐喻信息系统表征与双语电子词典开发相结合,在充分发挥电子词典查询便捷、不受篇幅所限的优势的基础上,进一步推进双语学习词典编纂的认知化发展。

附　　录

附录一　英汉术语

accessibility　可及性
automaticity　自动化
autosemantic　自足性
availability　可用性
awareness of synchronic etymology　共时同源意识
base　基项
basic sense　本义
cohort model　群集模型
collocation　词汇搭配
collocational error　搭配失误
collocator　搭配项
conceptual fluency　概念流利
conceptual metaphor　概念隐喻
conceptual metaphor theory　概念隐喻理论
conduit metaphor　传导隐喻
conduit model　传导模型
construction　语法搭配
container metaphor　容器隐喻
content word　实词
cross-reference address　参见位置
cross-reference marker　参见符号
cross-reference structure　参见结构
decoding example　解码型例证
default value　缺省值
distribution structure　分布结构
encoding example　编码型例证
feature comparison model　特征比较模型
field of discourse　语义场
figurative collocation　隐喻性搭配
figurative language　隐喻性语言
formal stage　形式阶段

full idiom 完全型习语
function word 功能词
functionally adequate equivalent 功能对等
generation 生成
hierarchical network models 层次网络模型
inclusion 包含关系
inductive language study 归纳性语言学习
information category 信息类别
intentional noticing 有意注意
Interaction Theory 交互作用理论
interlanguage 中介语
L1 lemma mediation stage 母语词目中介阶段
L2 integration stage 二语整合阶段
L2 metaphorical intelligence 二语隐喻能力
labelling 贴标签
learnability 学能
lemma 概念层
lexeme 词名层
lexical access 词义通达
lexical competence 词汇能力
lexical knowledge 词汇知识
lexical retention 词汇记忆
lexicographical information cost 词典信息代价
linguistic competence 语言能力
linguistic metaphor 语言隐喻
literal meaning 字面义
log file 日志文件法
logogen model 词汇生成模型
macro-structure 宏观结构
main study 主体研究
marked 有标记

medio-structure 中观结构
megastructure 总观结构
metaphorical chunk 隐喻性词块
metaphorical collocation 隐喻性搭配
metaphorical competence in an EFL context 外语教学情境下的隐喻能力
metaphorical conceptualization 隐喻概念化能力
metaphorical cross-reference 隐喻型参见
metaphorical extension 隐喻引申能力
metaphorical integration 隐喻整合能力
metaphorical meaning extension 隐喻性语义引申机制
metaphorical sense 隐喻义
metaphorical sentence 隐喻性句式
metaphoric awareness 隐喻意识
metaphoric extension strategies 隐喻化拓展策略
metaphoricity 语义隐晦性
methodological plurality 方法多元化
methodological triangulation 方法的三角组合
micro-structure 微观结构
multiword expressions 多词单位
network-building 网络构建
non-compositional idiom 不可分析型习语
non-compositionality 不可分解
non-native-likeness 不地道现象
normal sense 常见义
opaque idiom 模糊性习语
original meaning 原义
packaging 组合
partly compositional idiom 部分可分析型

习语

pilot study 试点研究

pointer 指示器

presentation 表征

production dictionary 产出性词典

protocol 报告法

prototype theory 原型理论

pseudo-collocation 准搭配

reception dictionary 接受性词典

semantic components 语义成分

semantic transparency 语义透明度

seme 义子

sememe 义素/义位

semi-idiom 半习语

sense identification procedure 义项处理模式

sequential search model 序列检索模型

set-theoretic model 集理论模型

sociolinguistic competence 社会语言能力

source domain 源域

spreading activation models 激活扩散模型

stimulated recall protocol 刺激回忆

sub-category 次类别

synchronic etymology 共时同源性

systematicity 系统性

target domain 目标域/靶域

text structure 语篇结构

thematic metaphorical information 主题化隐喻信息

transmission 传递

unmarked 无标记

verbal fluency 语言流利性

附录二 词典缩略语

BBI *The BBI Combinatory Dictionary of English*

CALD *Cambridge Advanced Learner's Dictionary*

CIDE *Cambridge International Dictionary of English*

COBUILD *Collins COBUILD Advanced Dictionary of English*

DSC *Dictionary of Selected Collocations*

LDOCE *Longman Dictionary of Contemporary English*

LLA *Longman Language Activator*

MCD *Macmillan Collocations Dictionary*

MEDAL *Macmillan English Dictionary for Advanced Learners*

MW *Merriam-Webster's Advanced Learner's English Dictionary*

NOED *New Oxford English Dictionary*

OALD *Oxford Advanced Learner's English Dictionary*

OCDSE *Oxford Collocations Dictionary for Students of English*

OEDO *Oxford English Dictionary*

附录三 调查问卷

中国大学生英语学习词典认知调查

各位同学：

大家好！

首先，感谢诸位抽出宝贵的个人时间完成此项问卷。

本调查旨在通过学习词典使用习惯与学习词典使用意识，了解当前中国大学生对英语学习词典辅助语言认知的掌握情况。所有问题无正误之分，所得数据仅供本人研究之用，不会对大家造成任何不利影响，请不必有所顾虑。

谢谢合作！

基本信息

学校名称：_____

所学专业：_____

所在年级（请根据个人实际情况在相应年级后的横线上打"√"）

大一_____ 大二_____ 大三_____ 大四_____

英语水平（请根据个人平时英语考试成绩在相应级别上打"√"）

Level 1(60 分及以下)_____ Level 2(61～70 分)_____

Level 3(71～80 分)_____ Level 4(81～100 分)_____

一、隐喻义表征

1. 名词 morass 的一个意思是"沼泽（地）；泥潭"，另一个意思在不同学习词典中有不同的解释。你认为以下哪一种解释更好？（　　）

　　A. 乱成一团；困境　　　　B. 难以脱身的困境或处境

　　C. 困境，处境　　　　　　D. 不确定

2. 关于词组 black market 的解释,你认为哪一个更好?( )

A. 黑市,指非法交易市场　　B. 黑市　　　　C. 不确定

3. 你认为对动词 defuse 词义的排序,哪一个更合理?( )

A. ① 缓和或平息(危机、局势、气氛等)　② 拆除(炸弹等的)引信

B. ① 拆除(炸弹等的)引信　② 缓和或平息(危机、局势、气氛等)

C. 一样好

D. 不确定

4. 你是否能够接受分层次排列词义的处理方式(如第 9 题所示)?( )

A. 是　　　　　　　　B. 否　　　　　　　C. 不确定

5. apex 的基本义是"尖端,顶(点);最高点",由此引申出"顶峰;最高潮""最高层领导"等意思。你认为是否有必要在这些引申义前面加"〈喻〉"标注(如下所示)?( )

> **apex** *n*. ① 尖端,顶(点);最高点
> 　　　　　a.〈喻〉顶峰;最高潮
> 　　　　　b.〈喻〉最高层领导
> 　　　② 【植】芽苗的顶端
> 　　　③ 【几】顶点

A. 是　　　　　　B. 否　　　　　　C. 不确定

6. 为了解释词条的用法,学习词典常常为其配例。你认为配例是短语好还是句子好?( )

A. 短语　　　　B. 句子　　　　C. 一样好　　　　D. 不确定

7. 如果将"Walls have ears."同时作为 wall 和 ear 的例句,你认为将两者都进行解释更好,还是为一个作解释,为另一个提供括注参见,将其指向该解释的做法更好?( )

> 方法一:
> **wall**　*n*. ① 墙(壁):*Walls* have ears. 隔墙有耳。
> **ear**　*n*. ③ 听觉:Walls have *ears*. 隔墙有耳。

> 方法二:
> **wall**　*n*. ① 墙(壁):*Walls* have ears.(见 ear③)
> **ear**　*n*. ③ 听觉:Walls have *ears*. 隔墙有耳。

A. 方法一更好　　　　　　　　B. 方法二更好

C. 一样好　　　　　　　　　D. 不确定

二、隐喻性搭配

8. 如果需要在词典中查询 make a long face，你会查哪个词？（　　）

　　A. make　　　B. long　　　C. face　　　D. 不确定

9. 如果需要在词典中查询 walking skeleton，你会查哪个词？（　　）

　　A. walking　　　B. walk　　　C. skeleton　　　D. 不确定

10. 如果将 make a long face 单独列为一个词条，你认为是否会更便于查找？（　　）

　　A. 是　　　B. 否　　　C. 不确定

11. 如果将 walking skeleton 单独列为一个词条，你认为是否会更便于查找？（　　）

　　A. 是　　　B. 否　　　C. 不确定

12. 如果将 make a long face、walking skeleton、black market、bleed white、last straw 等词组单独列为词条，你认为是否有必要使用颜色标注？（　　）

　　A. 是　　　B. 否　　　C. 不确定

13. bleed white、home bird、red flag、last straw 等具有隐喻性用法的词组在很多学习词典中仅有解释，没有例证。你认为是否有必要添加？（　　）

　　A. 是　　　B. 否　　　C. 不确定

14. homespun virtues 和 homespun philosophy 都是 homespun 的隐喻性搭配用法。如果将它们作为例证，你认为是否有必要使用符号标注（如下所示），以区别于其他普通词汇搭配？（　　）

homespun　　*adj*.【homespun virtues】淳朴的美德　　【homespun philosophy】朴素且实用的哲学

　　A. 是　　　B. 否　　　C. 不确定

15. 有些词组表面上和汉语很像，然而意思却有重大差别。此时若提供错误提示（如下所示），你认为是否更有助于英语学习？（　　）

dog-eat-dog　　*adj*.〈口〉狗咬狗的，喻指残酷无情的
注意　英语中狗打架喻指无情或损人利己，汉语中狗打架喻指坏人之间相互攻击，两者差异较大。

　　A. 是　　　B. 否　　　C. 不确定

16. black market 的意思与 black 的隐喻义"违反交易法规的，非法交易的"直接相关，如果在解释时将前者用括注参见指向后者（如下所示），你认为是否便于学习该词组？（　　）

black market　　*n*．黑市，指非法交易市场（见 black⑧）
black　　*adj*．⑧违反交易法规的，非法交易的

A. 是 B. 否 C. 不确定

17. black economy 和 black market 都与 black 的隐喻义"违反交易法规的,非法交易的"直接相关。如果将两者用"比较"进行对比关联(如下所示),你认为是否更便于系统掌握 black 的隐喻义以及由此构成的一系列隐喻性搭配用法?(　　)

> **black economy**　*n*．黑账经济,指为避税而暗中进行的商业活动(见 black⑧)　比较 **black market**
> **black market**　*n*．黑市,指非法交易市场(见 black⑧)　比较 **black economy**

A. 是 B. 否 C. 不确定

18. hotbed 和 seedbed 都有"温床"之意,属近义关系。如果将两者用"近义词"进行关联(如下所示),你认为是否更便于系统掌握"温床"这一概念在英语中的表达方式?(　　)

> **hotbed**　*n*．①（培育植物的）温床
> 　　　　　　②〈喻〉贬(尤其是坏事物的)滋生地　近义词 **seedbed**
> **seedbed**　*n*．①（植物生长的）苗圃,苗床;温床
> 　　　　　　②〈喻〉褒(事物的)发源地,发祥地　近义词 **hotbed**

A. 是 B. 否 C. 不确定

三、隐喻性句式

19. 学习词典中有的例句具有隐喻性,如"The entire staff was trying to drag the company out of its economic *morass*."你认为是否有必要使用符号标注(如下所示),以区别于其他例句?(　　)

> **morass**　*n*．◇ The entire staff was trying to drag the company out of its economic *morass*.
> 　　　　　所有职员都在尽心竭力地帮助公司摆脱经济困境。

A. 是 B. 否 C. 不确定

20. 学习词典中有的例句是俗语、谚语、格言等(属于整句型习语),你认为是否有必要使用符号标注(如下所示),以区别于其他例句?(　　)

> **ear**　*n*．③ 听觉:◆ Walls have *ears*.　隔墙有耳。

A. 是 B. 否 C. 不确定

四、隐喻信息特色栏目

(一) 习语栏

21. 习惯用语(简称习语,英译为 idiom)是文化的载体,通常具有较固定的形式,意义很难从构成词汇推测而知。你认为它们是否构成你英语学习的障碍?(　　)

A. 是   B. 否   C. 不确定

22. 如果将拥有同一个主要构成词汇的习语集中放在学习词典中的醒目位置,并将其隐喻用法要点进行总结(如下所示),你认为是否会更便于查找与学习?(　　)

---

black *adj.*

习语栏

black and blue   black art   black eye   black ice

black mark   be in the black   not as black as you are painted ...

★隐喻用法要点   (1) 与汉语"青色的"通用

                    (2) 喻指污浊的、看不清的

                    (3) 喻指坏的、糟糕的

                    (4) 喻指非法的

A. 是   B. 否   C. 不确定

23. 意义相同的习语可以有多种表达形式,有时甚至只有一两个核心词的差别,你认为将它们合并在一起解释更好,还是将其分开,为其中一个作解释,再使用参见符号(如"＝")将其他习语指向该解释所在习语更好?(　　)

方法一:empty/pour/throw the baby out/away with the bath/bathwater

       将洗澡水与孩子一起倒掉,喻指不分精华与糟粕将某事物全盘否定

方法二:empty the baby out/away with the bath/bathwater

       将洗澡水与孩子一起倒掉,喻指不分精华与糟粕将某事物全盘否定

pour the baby out/away with the bath/bathwater ＝ empty the baby out/away with the bath/bathwater

throw the baby out/away with the bath/bathwater ＝ empty the baby out/away with the bath/bathwater

---

A. 方法一更好   B. 方法二更好

C. 一样好   D. 不确定

(二) 隐喻概念说明

24. 隐喻与暗喻相似,通过使用"成了""是"等字眼将看似不相干的事物进行关联。不同的语言对同一个概念会有相同、相近或相反的隐喻,即"隐喻概念"。你认为学习词典的"隐喻概念说明"是否有助于你的英语学习?(　　)

A. 是   B. 否   C. 不确定

25. "隐喻概念说明"共包括六项内容:英语隐喻概念、汉语解释说明、英语隐喻概念例句、其他相似隐喻概念所在参见词条、英汉隐喻概念比较、汉语隐喻概念例句。你认为它们对英语学习的促进作用如何?

	不清楚	没有任何作用	有一点作用	作用很大
英语隐喻概念				
汉语解释说明				
英语隐喻概念例句				
其他相似隐喻概念所在参见词条				
英汉隐喻概念比较				
汉语隐喻概念例句				

附录四　二语隐喻能力前测试题(Test 1)

各位同学:

　　大家好!感谢诸位抽出宝贵的个人时间完成此项测试。本测试旨在了解当前中国大学生的英语隐喻能力现状,数据分析结果将会对后续测试有重要作用,希望各位同学认真完成!所有数据及个人信息仅供本人研究之用,不会对大家造成任何不利影响,请不必有所顾虑。

　　谢谢合作!

　　注意:在翻译下列句子时,请不要使用任何参考工具!

基本信息

姓名:＿＿＿＿＿＿　性别:＿＿＿＿＿＿　专业:＿＿＿＿＿＿　CET4 成绩:＿＿＿＿＿＿

一、英译汉

1. She shines at languages.

　　译文:＿＿＿＿＿＿＿＿＿＿＿＿＿＿＿＿＿＿＿＿＿＿＿＿＿＿＿＿＿＿＿＿＿＿＿＿＿

2. I seem to have put my foot in it.

　　译文:＿＿＿＿＿＿＿＿＿＿＿＿＿＿＿＿＿＿＿＿＿＿＿＿＿＿＿＿＿＿＿＿＿＿＿＿＿

3. He rose from lowly origins.

译文：_____

4. The biography mainly dealt with his years at the top.

译文：_____

5. I'm snowed under with work.

译文：_____

二、汉译英

6. 这的确是一个大难题。

译文：_____

7. 我不太明白你究竟要说什么。

译文：_____

8. 每年都有数以百万计的人患上艾滋病。

译文：_____

9. 他一直不告诉我们计划的详细内容。

译文：_____

10. 老年人通常很难接受新思想。

译文：_____

附录五　二语隐喻能力后测试题(Test 2)

各位同学：

　　大家好！感谢诸位抽出宝贵的个人时间完成此项测试。本测试旨在了解英语学习词典激发中国大学生英语隐喻能力的有效性，数据分析结果将会对英语学习词典编纂有重要的借鉴意义，希望各位同学认真完成！所有数据及个人信息仅供本人研究之用，不会对大家造成任何不利影响，请不必有所顾虑。

　　谢谢合作！

　　注意：在翻译下列句子时，请使用所提供的参考工具！

基本信息

姓名：_____ 性别：_____ 专业：_____ CET4 成绩：_____

一、英译汉

1. Are you aiming for a job in the media after graduation?

译文：_____

2. I feel like fish out of water.

译文：_____

3. It seemed that we returned to our familiar ground.

译文：_____

4. They wanted to make me eat my words.

译文：_____

5. The tuition fees have swallowed most of his parents' savings.

译文：_____

二、汉译英

6. 双方都希望通过和平方式达到目的。

译文：_____

7. 第一次遇到如此棘手的问题，我一片茫然。

译文：_____

8. 每所大学在开学初都要为新生开设学校情况说明课程。

译文：_____

9. 我需要花几天时间好好思考一番他刚才所说的话。

译文：_____

10. 每个月的房租需要花掉他们一半的收入。

译文：_____

附录六　二语隐喻能力延迟测试题(Test 3)

各位同学：

　　大家好！感谢诸位抽出宝贵的个人时间完成此项测试。本测试旨在了解英语学习词典辅助中国大学生英语隐喻能力持续发展的有效性,数据分析结果将会对英语学习词典编纂有重要借鉴意义,希望各位同学认真完成!所有数据及个人信息仅供本人研究之用,不会对大家造成任何不利影响,请不必有所顾虑。

谢谢合作!

注意:在翻译下列句子时,请尽量回忆近期使用的词典中提供的信息,同时请勿使用任何参考工具!

基本信息

姓名:_____   性别:_____   专业:_____   CET4 成绩:_____

一、英译汉

1. It is not a good idea to aim so high when we are doing what we are not good at.

译文:_____

2. No one likes to work with cold fishes in attitudes.

译文:_____

3. Shall we shift to new ground?

译文:_____

4. This letter is so sugary that I can't stand it.

译文:_____

5. Do you know his company has been starved of investment capital?

译文:_____

二、汉译英

6. 树立明确的人生目标是获得成功的要素之一。

译文:_____

7. 抽象的概念往往令人迷惑不解。

译文:_____

8. 每位研究生都应尽早确定自己的研究方向。

译文:_____

9. 你是否认真考虑过我之前所说过的话?

译文:_____

10. 工业发展正在一步步吞噬着地球上宝贵的自然资源。

译文:_____

附录七　词典使用培训纲要

一、英语学习词典的功能

1. 词义查询

2. 语言学习

(1) 词汇学习

(2) 语法知识

(3) 写作知识

(4) 翻译训练

(5) 文化信息

二、英语学习词典的类别

1. 英英词典（如 OALD、LDOCE、COBUILD、CALD、MEDAL、MW 等）

2. 英汉词典（如《英汉大词典》《新时代英汉大词典》《新英汉词典》等）

3. 汉英词典（如《汉英词典》《新时代汉英大词典》《新世纪汉英大词典》等）

三、英语学习词典中的常用标识

1. 词频标注（使用频率）

2. 语体标注（正式或非正式；口头或书面）

3. 情感色彩（褒义或贬义）

4. 语言变体（英式英语或美式英语）

5. 学科标签

四、英语学习词典中的隐喻信息及其表征

1. 隐喻信息类别

(1) 隐喻义

(2) 隐喻性搭配

(3) 隐喻性句式

(4) 隐喻概念

2. 隐喻信息的主要表征形式（ECD）

(1)〈喻〉标签——隐喻义

(2) 隐喻义短语例证——隐喻性搭配

(3) 彩色标注的条目——隐喻性搭配

(4) 隐喻义整句例证——隐喻性句式

(5) 隐喻概念说明——隐喻性句式

(6) 特色栏目:"习语栏";"隐喻概念说明"

3. 隐喻信息的主要表征形式(MED)

(1) 隐喻插件(Language Awareness:Metaphor)

(2) 隐喻栏(Metaphor Box)

附录八　英汉词典样条

一、隐喻概念类别列表

隐喻概念类别	所在词条
ACTIVITY(行为)	difficulty、discover、life、method、nervous、power、responsibility、sensible、understand
POSITION(位置)	aim、honest/dishonest、power、proud、quantity、situation、strange、success/failure
JOURNEY(旅行)	aim、communicate、confused、conversation、deceive、knowledge、life、method
FIGHT(争斗;战争)	angry、argument、criticize、feeling、force、illness、love、search、win/lose
OBJECT(物品)	important/unimportant、intelligence、quantity、simple、time
LIGHT & SIGHT(光与视觉)	happy/sad、intelligence、knowledge、opinion、understand
MOVEMENT(运动)	aim、happy/sad、love、mistake、quantity、success/failure
BODY & HELATH(身体与健康)	effort、guilty、hate、language、organization、problem
CONSTRUCTION(建造)	achieve、help、idea、opportunity、organization
HEAT(热量)	afraid、angry、enthusiasm、friendly、love

续表

隐喻概念类别	所在词条
FOOD(食物)	achieve、language、money、want
CONNECTION(连接)	interested、relationship、self
MACHINE(机器)	method、relationship
CONTAINER(容器)	busy、mind、secret
SPACE(空间)	self、tolerance
PLANTS & ANIMALS(植物与动物)	idea、people

二、部分隐喻概念索引

词条	隐喻概念类别	参见
aim	JOURNEY(旅行)	achieve one's end/aim for/aim high/a long shot/go to great length/have a stab/meet one's target/reach for the stars/reach one's goal/reach agreement/set one's sight on/shoot for/take a shot/within reach
confused	JOURNEY(旅行)	adrift/at sear/fish out of water/lost somebody/lose one's bearing/sense of direction
knowledge	JOURNEY(旅行)	approach/direction/explore/guide/map out/on sure or familiar ground/orientation course/pointer/step/navigate/uncharted territory
language	FOOD(食物)	acid/bitterly/chew over/chew the fat/digest/eat one's words/indigestible/mouthful/sickly or sugary/spit out/unpalatable
money	FOOD(食物)	devour/eat into/gobble up/scraps from the table/share or slice of the cake or pie/starve/swallow/take a bite out of/the cupboard is bare

三、样条

aim *vi.*

① 瞄准(或对准)：*aim* for the target 对准靶心　You're not *aiming* straight. 你没有瞄准好。

②〈喻〉力求达到；致力于：【*aim high*】制定高标准　◇ *aim* at promoting mutual understanding 旨在促进相互理解　◇ Many of the students are *aiming* for jobs in the media.

很多学生有志于将来从事媒体工作。

③〈喻〉〈口〉试图;意欲:◇ aim at the director〈贬〉觊觎主任的职位　◇ He is *aiming* to be a scientist. 他立志要做科学家。

▶隐喻概念说明◀

An AIM that you want to achieve is a place that you want to get to or a target that you want to hit.

达成目标与到达目的地或命中靶心相似,都需要努力,并借助合适的工具,且目的性强。

◇ I haven't yet reached my goal.　我尚未实现我的目标。

◇ They are making every effort to reach an agreement.　他们共同努力,希望达成一致意见。

◇ We want to achieve our ends by peaceful means.　我们希望通过和平方式达到目的。

◇ Many of the students are aiming for jobs in the media.　很多学生有志于将来从事媒体工作。

◇ This company has always aimed high.　这家公司总是制定很高的目标。

◇ At last their goal was within reach.　他们的目标即将达成。

◇ She has set her sights on winning the championship.　她把夺冠视为自己的目标。

◇ They went to great lengths to make us feel at home.　他们尽力让我们有宾至如归的感觉。

◇ We expect to meet our target of 100,000 members by the end of next year.　我们希望明年年底会员数量能够突破10万。

◇ Unless you reach for the stars, you'll never know what you can achieve.　如果你没有雄心壮志,终将一事无成。

◇ I wanted to take a shot at running my own business.　我想尝试自己开公司。

◇ It's a long shot but it might work.　这事希望不大,但或许也会有点用。

◇ We're shooting for the number one spot in the computer games market.　我们希望能够在计算机游戏市场上拔得头筹。

◇ Would anyone like to have a stab at doing this? 还有人想试试吗?

➡ communicate, confused, conversation, deceive, knowledge, life, method

英汉对比

汉语也常用"目的地"和"靶子"喻指"期望达到的境地",即"目的"或"目标"。其隐喻性用法常常与人生规划或具体事件相关。

◆ 大学生应该为自己树立人生目标。◆ 制定长期目标与短期目标同等重要。◆ 做一名优秀的教师是她从小的奋斗目标。◆ 你这么做究竟有何目的? ◆ 这项课题的研究目的在于探索词典的使用是否能够有效地辅助词汇能力的发展。◆ 我们需要仔细考虑一下,然后再决定下一步该

新世纪英汉高阶学习词典隐喻信息表征研究

怎么做。◆ 本文<u>旨</u>在分析当前网络用语的发展趋势。◆ 这样做的结果只能是<u>原地踏步</u>、<u>裹足不前</u>。

at sea   *adv.* = **all at sea**

① 在海上(航行)：a voyage *at sea* 海上航行　be buried *at sea* 葬身火海　They have been *at sea* for about two weeks. 他们已经在海上航行两周了。

②〈喻〉茫然，困惑，不知如何自处：◇ Living in a foreign country means you will always be *at sea* about what's going on. 身处异地他乡意味着你将对周围的事一无所知，无比彷徨。　◇ <u>I was completely *at sea*；it was new to me</u>. 一切都是那么陌生，这令我一片茫然，不知所措。　◇ Many students feel *at sea* with linguistics. 语言学使很多学生迷惑不解。　◇ Usually freshmen are all *at sea* as to what they are going to do in the future. 通常大一新生对自己未来的职业规划缺乏认知。

▶隐喻概念说明◀　(→ confused)

bite   *n.*

① 咬；叮，蛰：eat something in one *bite* 一口把某物吃掉　The dog gave a *bite* at the bone. 那条狗咬了一口骨头。

　a) 咬、叮或蛰的伤痕：a deep *bite* 深深的咬痕　There are several mosquito *bites* on the baby's face. 小宝宝的脸蛋上有好几处蚊子叮过的痕迹。　You will recover soon from the snake *bite*. 你被蛇咬过的患处很快就会痊愈。

　b)（鱼的）咬饵，上钩：The poor boy didn't get/have a single *bite* the whole day. 这个可怜的男孩子一整天一条鱼也没有钓到。

② 一口(或一点)食物；一口的量：a quick bite 快餐　◇ <u>The rent takes a large *bite* out of their income</u>. 他们大多数收入都用于付租金。

③〈喻〉(寒风等引起的)针扎似的感觉：◇ The north wind blew with *a bite* in the air. 北风呼啸，寒风刺骨。

④〈喻〉(言辞等)尖刻，辛辣；说服力，感染力：【the *bite* of sarcasm】辛辣的讽刺　◇ There's always a *bite* to his words. 他话里带刺。

▶隐喻概念说明◀　(→ money)

chew

　vi. ① 咀嚼，(反复)咬：*chew* with false teeth 借助假牙咀嚼食物　The dog is *chewing* on a bone. 狗在啃骨头。

②〈喻〉考虑；沉思；玩味：◇ Please *chew* on my proposition. 请好好考虑我的提议。 ◇ We were *chewing* over what they had told us. 我们一直在考虑他们说过的话。

vt. ① 咀嚼，嚼碎：*chew* one's nails 咬手指甲　*chew* a mouthful of meat 嚼了一口肉　*chew* tobacco. 〈口〉嚼烟草　Many young people like to *chew* gums. 很多年轻人喜欢嚼口香糖。

② 〈喻〉琢磨，斟酌：◇ *chew* the personnel problem over 仔细斟酌人事问题

习语栏

chew the cud　咀嚼反刍食物

chew the fat　喻指闲聊（见 **language**▶隐喻概念说明◀）

★隐喻用法要点　喻指反复做同一件事情，通常较单调。

▶隐喻概念说明◀　（→ language）

confused　*adj*.

▶隐喻概念说明◀

Being CONFUSED is being lost or being in the wrong place or position.

困惑与迷路或处于错误的场所与地点相似，两者都让人迷惑不解，搞不清楚状况。

◇ I seem to have lost my bearings.　我似乎迷失了自我，不知所措。

◇ I felt adrift and alone, with no real sense of direction.　我独自漂泊，不知何去何从。

◇ You've lost me. What do you mean?　我被你弄糊涂了，你到底什么意思？

◇ I feel like fish out of water in the new environment.　在新环境中我如离水之鱼一般很不适应。

◇ I was completely at sea; it was new to me.　一切都是那么陌生，这令我一片茫然，不知所措。

➡ aim, communicate, conversation, deceive, knowledge, life, method

英汉对比

汉语表达迷惑不解的隐喻性表达非常丰富，除迷路之外还有其他形式，如"糊涂虫""糊涂账""丈二和尚摸不着头脑"等。

◆ 在人生的道路上迷失方向是很可怕的事情。◆ 数学问题好似迷宫一般，我经常找不到出口。◆ 面对重大抉择，有时我们的确需要他人指点迷津。◆ 迷途知返，善莫大焉。◆ 当事者迷，旁观者清。◆ 他的话让我丈二和尚摸不着头脑。◆ 她经常丢三落四，真是个名副其实的糊涂虫！◆ 对企业而言，糟糕的运作加上混乱的管理，结果往往会造成许多糊涂账。

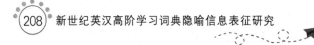

end *n.*

① 端,梢;尽头:the *end* of the branch 树枝末梢　both *ends* of the stick 棍子的两头

　　a) 剩余物,残余:candle *ends* 蜡烛头　cigarette *ends* 烟头　The *end* of the cloth is enough for a dress.这块布头够做一条裙子。

　　b)〈喻〉限度,范围:【at the *end* of one's patience】达到某人耐心的极限　◇ There is no *end* to his wild ambition.他的野心毫无止境。

　　c)〈喻〉部分,方面:on the receiving *end* of the public outcry 受公众谴责的一方　He does his *end* of the job very well.他把自己那份工作干得不错。Peter played a very good *end* on the football.彼得在这场足球赛踢得很好。

② 最后部分,末尾处:by the *end* of the year 到年尾,到岁末 at the *end* of ten days 十天后

　　a)〈喻〉终止;结尾,结果:【bring an *end* to the war】结束战争　call for an *end* to foreign intervention 呼吁停止外来干涉　◇ What will be the *end* of all this? 这件事将如何收场?

　　b)〈喻〉目的,目标:【a means to an *end*】达到目的的手段　【have a clear *end*】树立明确的目标　【achieve/accomplish/attain/gain/win one's *end*】达到目的　the *end* for which man exists 人类生存的最终目的　◇ They plan to buy a house, and are saving to/for that *end*.他们要买房子,正在为此攒钱　◇ <u>We want to achieve our *ends* by peaceful means</u>.我们希望通过和平方式达到目的。　◇ Does the *end* justify the means? 目的正当就可以不择手段吗?

③〈喻〉死亡;毁灭:the *end* of feudalism 封建制度的灭亡　◇ The old man's *end* was peaceful in sleep.这位老人最终在睡梦中安详地死去。　◇ Another world war will be the *end* of civilization.如果再爆发世界战争,人类文明必将毁于一旦。

▶隐喻概念说明◀　(→ aim)

fish *n.*

① 鱼,鱼肉:catch *fish* 捕鱼　stewed *fish* 清炖鱼　She is allergic to *fish*.她对鱼肉过敏。

② [常用于构成复合词]水生动物:shell *fish* 有壳水生动物　star *fish* 海星

③〈喻〉〈口〉家伙,人:【an odd *fish*】怪人　【a poor *fish*】可怜虫　◇ They are cold *fishes* in attitudes.他们的态度冷冰冰的。

习语栏

All is fish that comes into his net.　捕到网里的都是鱼,喻指来者不拒。

a fine/pretty kettle of fish➡kettle

a big fish in a little pond　小池塘里的大鱼,矮子中的高个

as mute as a fish   喻指沉默不语

cry stingy fish

drink like a fish   豪饮,贪杯

fish in troubled water   浑水摸鱼

a fish out of water   离水之鱼,喻指感到不适应、生疏

make fish of one and flesh/fowl of another   以不同态度对待两方,喻指厚此薄彼

★隐喻用法要点　(1) 喻指具有一定特点或身处特殊环境中的人(多用于贬义)。

　　　　　　　　(2) 喻指通过自身劳动得来的收获。

▶隐喻概念说明◀　(→ confused)

ground *n*.

① 地,地面：pull the radish out of the *ground* 把萝卜从地里拔出来　dig a hole in the *ground* 在地上挖个洞　*ground* troops 地面部队

　a) 土,土壤;土地：establish one's territorial rights over a piece of *ground* 确立对某块土地的所有权

　b) (有特殊用途的)场地：fishing *grounds* 渔场　burial *ground* 墓地　football *ground* 足球场　grazing *grounds* 牧场　a parking *ground* 停车场

　c) (具有某种特征的)陆地：low/high/level *ground* 低地/高地/平地　rising *ground* 地势逐渐升高的土地

② 〈喻〉范围,领域：cover much *ground* 涉及的领域相当多　◇ We're on surer/more familiar *ground* here. 我们此时谈论的是双方都熟悉的话题。　◇ She likes to go over new *ground*. 她总喜欢讨论新问题。

③ 〈喻〉理由,根据,原因：【ample/solid *grounds*】充分的理由　◇ We have good *grounds* for believing that he is sincere. 我们有充分的理由相信他是真诚的。　◇ On what *grounds* are you saying that the man is lying? 你凭什么说这个年轻人在撒谎？　◇ There is no *ground* for anxiety. 不用担心。

④ 〈喻〉(争论、争辩等的)立场,观点,见解：【establish common *ground*】达成共识　◇ We are on firm *ground* in claiming that the program is feasible. 我们坚信这项计划切实可行。

⑤ 〈喻〉(绘画、刺绣、陶瓷等)背景,底色：The curtains have red flowers on a white *ground*. 这件窗帘上有白底红花的图案。

▶隐喻概念说明◀　(→ knowledge)

knowledge *n*.

▶隐喻概念说明◀

Getting KNOWLEDGE about something is making a map of a place or travelling there. Teaching someone is showing them how to reach a place.

> 获取知识好似描画地图或四处旅行,而传授知识更像指引对方如何到达目的地,两者都需要科学的引导、勇敢的探索以及正确的方向。

◇ This term we will be exploring the psychology of sport.   本学期我们将探讨体育心理学。
◇ In today's class, I will map out the most important concepts.   今天我将在课堂上介绍几个最重要的概念。
◇ The first step in learning a language is to learn its sounds.   语言学习的第一步是学习发音。
◇ This aspect of his work is very much uncharted territory.   他从事的这方面工作尚属未知领域。
◇ The program helps to navigate the Web more easily.   该程序有助于更轻松地上网浏览。
◇ We can approach the problem from several directions.   我们可以用不同方式处理这个问题。
◇ Can you give me a few pointers on English reading? 你能否就英语阅读给我提一些建议?
◇ It is an excellent guide to English vocabulary.   这是一部绝佳的英语词汇学习指南。
◇ We're on surer/more familiar ground here.   我们此时谈论的是双方都熟悉的话题。
◇ New students have to take an orientation course.   新生必须上迎新情况介绍课程。

➡aim, communicate, confused, conversation, deceive, life, method

英汉对比

> 汉语中关于学习知识和传授知识的隐喻性表达也多与艰苦的、冒险的旅行实践相关,但比英语表述更具体、更生动(如爬山、行船、翻越障碍等)。

◆ 书山有路勤为径,学海无涯苦作舟。◆ 学如逆水行舟,不进则退。◆ 一部新书就像一艘小船,引领我们从狭隘之处驰向广阔无垠的生活海洋。◆ 路漫漫其修远兮,吾将上下而求索。◆ 劳动是知识的源泉,知识是生活的指南。◆ 读万卷书,行万里路。◆ 愿乘风破万里浪,甘面壁读十年书。

language *n*.

▶隐喻概念说明◀

LANGUAGE and WORDS are food, and the emotions that words express are flavours.

> 语言文字如食物一般,所表达的情感是有味道的。

◇ It took me a long time to digest the news.　我花了很长时间琢磨那条新闻。
◇ The technical name for it is a bit of a mouthful.　它的术语名词非常拗口。
◇ We were chewing over what they had told us.　我们一直在考虑他们说过的话。
◇ He spat the words out.　他终于把心里话说出来了。
◇ It's a rather indigestible book.　这本书太难懂了。
◇ The unpalatable truth is that too many schools are still failing their students.　令人难以接受的是，这么多学校给学生评定考试不及格。
◇ He spoke bitterly about his family.　谈起他的家人，他非常伤心。
◇ They made some very acid remarks.　他们说了些尖酸刻薄的话。
◇ Inside the card was a sickly/sugary poem.　卡片上写了一首令人肉麻/过分甜腻的诗。
◇ She swore she'd make them eat their words.　她发誓要让他们为所说过的话后悔。
◇ We sat and chewed the fat all evening.　我们一整晚坐在那里闲聊。

➡ achieve，money，want

英汉对比

汉语也将食物喻指语言或书籍等，虽然也借助味道表达情感，但用温度、听觉等喻指语言中的情感及其重要性的表达更为常见。

◆ 良言一句三冬暖，恶语伤人六月寒。◆ 良药苦口利于病，忠言逆耳利于行。◆ 她具有良好的语感。◆ 听他的语气，好像对这件事很有把握。◆ 这篇文章语言单调乏味，读来如同嚼蜡。◆ 他读书总是浅尝辄止。◆ 优美的语言总是让人回味无穷。◆ 坚持下去，你一定会尝到读书的甜头。◆ 恋爱时，千万不要被甜言蜜语所迷惑。◆ 说话算话，你一定不能食言！◆ 说出去的话就如泼出去的水，难以收回。◆ 他说话尖刻，常常奚落他人。◆ 老师绘声绘色地给孩子们讲童话故事。◆ 他给你灌了什么迷魂汤？你竟然如此相信他的鬼话。◆ 不要死啃书本，实践更重要。

money　n.

▶隐喻概念说明◀

MONEY is food, which gets eaten or is shared out. The same idea applies to other types of resource.

金钱如食物，可以被食用或被分配。这一概念也适用于其他类型的资源。

◇ They didn't get a fair share/slice of the cake/pie.　他们没有拿到应得的钱。
◇ This ate into our savings.　这花去了我们的部分积蓄。
◇ The government said that the cupboard was bare.　政府声称他们已经没钱了。

◇ This company was <u>starved</u> of investment capital. 这家公司亟须资本作投资之用。
◇ The rent <u>takes a large bite out of</u> their income. 他们大多数收入都用于付租金。
◇ The fees have <u>swallowed</u> most of my grant. 我大部分助学金都用于支付学费。
◇ We have to make do with <u>scraps from their table</u>. 我们不得不将就着用他们剩下的资金。
◇ The richest nations <u>gobble up/devour</u> the world's resources. 最富有的国家吞噬了世界资源。

➡ achieve，language，want

英汉对比

汉语除以食物喻指金钱外,也经常将手脚、佐料、草等事物引申为钱财。

◆ 生活中不要养成<u>大手大脚</u>的习惯。◆ 精打细算,<u>油盐不断</u>。◆ 成家子,粪如宝;败家子,<u>钱如草</u>。◆ 他家境殷实,因此经常<u>挥霍无度</u>。◆ 失业后,他们一家人天天为<u>柴米油盐</u>而发愁。◆ 电子产品市场日渐火爆,很多商家都想<u>分一杯羹</u>。◆ 他当官这些年,为自己捞了不少<u>油水</u>。

orientation *n*.

① 定向;定位:The sun, the moon, stars, and trees can all provide clues to help in *orientation*. 日月星辰以及树木都能提供确定方向的线索。

②〈喻〉适应,熟悉:◇ You must go through a period of *orientation* in the new environment.在新环境里你必须要经过一段时间的适应过程。◇ <u>New students have to take an *orientation* course</u>.新生必须上迎新情况介绍课程。

③〈喻〉方向;倾向:【research *orientation*】研究方向 【political *orientation*】政治倾向 【lose one's *orientation*】迷失方向

▶隐喻概念说明◀ (→ knowledge)

word *n*.

① 字;单词:a *word* list 单词表 coin new *words* 创造新词

② 话语;词语;言辞(与行动相对):a *word* of warning/advice 警告/劝告的话 put something into *words* 把……用言语表达出来 the *word* on the tombstone 墓志铭 beyond *words* 难以用语言来表达 *Words* failed me.我找不到词语来表达我的心情。 She is too beautiful for *words* 她的美丽难以用语言来形容。 He is a man of few/many *words*.他是个沉默寡言(或话多)之人

a) 指令;口令;暗号:give the *word* to fire 下达开火的命令 You must give the *word* before you can pass.你必须说出口令才能通过。

b) 歌词;台词,对白:They don't like the trivial *words* of the song.他们不喜欢这首歌平淡

的歌词。 Actors must learn their *words*.演员需要记台词。

③〈喻〉承诺,应允;保证:【a man of his *words*】守信之人 【go back on one's *words*】食言 ◇ She swore she'd make them eat their *words*.她发誓要让他们为所说过的话后悔。 ◇ A *word* spoken is past recalling.一言既出,驷马难追。 ◇ Did I give you my *word*?我答应过你吗? ◇ You should keep your *words*.你应该信守承诺。

④〈喻〉交谈,谈话;评论,论述:have/exchange a few *words* with sb.与某人谈话 口角,争论:have *words* with sb. about sth.为某事和某人吵架 *Words* passed between the couple at table.夫妻俩在饭桌上吵起来。

⑤〈喻〉消息;信息,情报;谣言:His wife had no *word* from him for a whole year.他妻子一年都没有得到关于他的任何音信。 We learned *word* for his marriage last month.上个月我们得知他结婚的喜讯。 Word came of his death.传来他过世的消息。

▶隐喻概念说明◀ (→ language)

参 考 文 献

Aitchison J, 1987. Words in the mind: an introduction to the mental lexicon[M]. Oxford: Basil Blackwell.

Atkins B T S, 1985. Monolingual and bilingual learners' dictionaries: a comparison[C]//Ilson R, Dictionaries, lexicography and language learning. Oxford: Pergamon Press and the British Council: 15-24.

Atkins B T S, 1995. The role of the example in a frame semantics dictionary[C]//Shibatani M, Thompson S. Essays in semantics and pragmatics in honor of Charles J. Fillmore. Philadelphia: John Benjamins.

Altenberg B, 1998. On the phraseology of spoken English: the evidence of recurrent word combinations[C]//Cowie A P. Phraseology: theory, analysis and applications. Oxford: Clarendon Press.

Masumi A, 2004. Metaphorical competence in an EFL context: the mental lexicon and metaphorical competence of Japanese EFL learners[D]. Nottingham: University of Nottingham.

Masumi A, Littlemore J, 2010. Promoting creativity in English language classrooms[J]. JACET Kansai Journal(12): 8-19.

Bachman L F, 1990. Fundamental considerations in language testing[M]. Oxford: Oxford University Press.

Bailey R, 2003. Conceptual metaphor, language, literature and pedagogy[J]. Journal of Language and Learning(2): 59-72.

Barnhart C L, 1962. Problems in editing commercial monolingual dictionaries[C]//Householder F W, Saporta S. Problems in lexicography. Bloomington: Indiana University Press: 161-181.

Béjoint H, 1994. Tradition and innovation in modern English dictionaries[M]. Oxford:

Clarendon Press.

Benson M,1985. Collocations and idioms[C]//Ilson R. Dictionaries, lexicography and language learning. New York: Pergamon Press:61-68.

Bensoussan M, Sim D, Weiss R,1984. The effect of dictionary usage on EFL test performance compared with student and teacher attitudes and expectations[J]. Reading in a Foreign Language(2):262-276.

Bergenholtz H, Tarp S,1995. Manual of specialized lexicography: the preparation of specialized dictionaries[M]. Amsterdam:John Benjamins Publishing Company.

Boers F,2000. Metaphor awareness and vocabulary retention[J]. Applied Linguistics(4): 553-571.

Boers F, Littlemore J,2000. Cognitive style variables in participants' explanations of conceptual metaphors[J]. Metaphor and Symbol(3):177-187.

Bogaards P,1998. Scanning long entries in learner's dictionaries[C]//Fontenelle T, Hiligsmann P, Michiels A, et al. EURALEX' 98 actes/proceedings. Liège: Universitéde Liège:555-563.

Bogaards P,2003. MEDAL:a fifth dictionary for learners of English[J]. International Journal of Lexicography(1): 43-55.

Cameron L, Low G,1999. Researching and applying metaphor [M]. Cambridge: Cambridge University Press.

Carter R, McCarthy M,1995. Grammar and the spoken language[J]. Applied Linguistics(2): 141-158.

Charteris-Black J,2002. Second language figurative proficiency:a comparative study of Malay and English[J]. Applied Linguistics(1):104-133.

Chen Y Z,2012. Dictionary use and EFL vocabulary learning:an empirical research of English majors' use of bilingualized dictionaries in China[M]. Xiamen:Xiamen University Press.

Chon Y V, 2009. The electronic dictionary for writing: a solution or a problem? [J]. International Journal of Lexicography,22(1):23-54.

Coady J M, Carrell P, Nation P,1985. The teaching of vocabulary in ESL from the perspective of schema theory[M]. Milwaukee: Midwest TESOL.

Collins A M, Loftus E, 1975. A spreading activation theory of semantic processing [J]. Psychological Review(82): 407-428.

Coulson S, Oakley T, 2005. Blending and coded meaning: literal and figurative meaning in cognitive semantics[J]. Journal of Pragmatics,37(10):1510-1536.

Cowie A P,1984. EFL dictionaries:past achievements and present needs[C]//Hartmann R.

LEXeter'83 proceedings. Tübingen:Niemeyer:155-164.

Cowie A P,1992. Multiword lexical units and communicative language teaching[C]//Arnaud P, Béjoint H. Vocabulary and applied linguistics. London:Macmillan.

Danesi M,1986. The role of metaphor in second language pedagogy[J]. Rassegna Italina di Linguistica Applicata, (18):1-10.

Danesi M,1992. Metaphorical competence in second language acquisition and second language teaching:the neglected dimension[C]//Alatis J. Georgetown University round table on language and linguistics. Washington:Georgetown University Press.

Danesi M, 1995. Learning and teaching languages:the role of "conceptual fluency"[J]. International Journal of Applied Linguistics(1):3-20.

Dobrovol'skij D,2000. Contrastive idiom analysis:Russian and German idioms in theory and in the bilingual dictionary[J]. International Journal of Lexicography(3):169-186.

Dziemianko A,2013. When-definitions revisited[J]. International Journal of Lexicography(2):154-175.

Evans V, Green M, 2006. Cognitive linguistics: an introduction[M]. Mahwah:Lawrence Erlbaum Associates.

Fain M A, 2001. Metaphor for learning: a cognitive exercise for students[J]. Research Strategies(18):39-48.

Fine H J,Lockwood B R,1986. Figurative language production as a function of cognitive style [J]. Metaphor and Symbolic Activity(2):139-152.

Fox G, 1987. The case for examples[C]//Sinclair J. Looking up: an account of COBUILD project in lexical computing. London: Harper Collins Publishers:137-149.

Frankenberg-Garcia A,2012. Learners' use of corpus examples[J]. International Journal of Lexicography(3): 273-296.

Frankenberg-Garcia A, 2014. The use of corpus examples for language comprehension and production[J]. ReCALL (26):128-146.

Frankenberg-Garcia A, 2015. Dictionaries and encoding examples to support language production[J]. International Journal of Lexicography(4):490-512.

Gao J, 2013. Basic cognitive experiences and definitions in the Longman Dictionary of Contemporary English[J]. International Journal of Lexicography(1):58-89.

Gardner H, Winner E, 1978. The development of metaphoric competence: implications for humanistic disciplines[J]. Critical Inquiry(Special Issue on Metaphor)(1):123-141.

Gavriilidou Z,2013. Development and validation of the strategy inventory for dictionary use

[J]. International Journal of Lexicography(2):135-153.

Geller L G,1984. Exploring metaphor in language development and learning[J]. Language Arts (2):151-161.

Gibbs R W,2008. Does deliberate metaphor theory have a future? [J]. Journal of Pragmatics (90):73-76.

Gibbs R W, Nayak N P, Cutting J C, 1989. How to kick the bucket and not decompose: analyzability and idiom processing[J]. Journal of Memory and Language(28):576-593.

Goatly A,1997. The language of metaphors[M]. London: Routledge.

Gouws R H,2002. Niching as a mediostructural procedure[J]. Lexikos(12):133-158.

Gouws R H, Pinsloo D J,1998. Cross-referencing as a lexicographic device[J]. Lexikos(8): 17-36.

Groot A M B, Hoeks J C J,1995. The development of bilingual memory: evidence from word translation by trilinguals[J]. Language Learning(4):683-724.

Grosjean F, Li P,2013. The psycholinguistics of bilingualism[M]. Oxford: Wiley-Blackwell.

Gu Y, Johnson R K,1996. Vocabulary learning strategies and language learning outcomes[J]. Language Learning(4): 643-679.

Hanks P, 2003. Lexicography [C]//Mitkov R. The Oxford handbook of computational linguistics. Oxford: Oxford University Press:116-136.

Harras G, Proost K, 2005. The lemmatization of idioms[C]//Gottlieb, et al. Symposium on lexicography XI: proceedings of the eleventh international symposium on lexicography. Tübingen: Niemeyer:277-291.

Hartmann R R K,1983. The bilingual learner's dictionary and its user[J]. Multilingua(23): 1-24.

Hartmann R R K,2005. Teaching and researching lexicography[M]. Beijing: Foreign Language Teaching and Research Press.

Hartmann R R K, James G,1998. Dictionary of lexicography[M]. London: Routledge.

Hashemian M, Zezhad M R T,2006. The development of conceptual fluency and metaphorical competence in L2 learners[J]. Linguistik online(1):41-56.

Hatch E, Brown C,2001. Vocabulary, semantics and language education[M]. Beijing: Foreign Language Teaching and Research Press.

Howarth P, 1996. Phraseology in English academic writing: some implications for language learning and dictionary making[M]. Tübingen: Niemeyer.

Hulstijn J H, 2003. Incidental and intentional learning[C]//Doughty C J, Long M H. The

Handbook of Second language acquisition. Oxford: Blackwell:349-381.

Humblé P, 2001. Dictionaries and language learners[M]. Frankfurt am Main: Haag und Herchen.

Hussey K A, Katz A N, 2006. Metaphor production in online conversation: gender and friendship status[J]. Discourse Process(1):75-98.

Janssen M, Jansen F, Verkuyl H, 2003. The codification of usage by labels[C]//Sterkenburg P V. A practical guide to lexicography. Amsterdam:John Benjamins Publishing Company.

Jenkin H, Prior S, Rinaldo R, et al, 1993. Understanding text in a second language: a psychological approach to an SLA problem[J]. Second Language Research(9):118-139.

Jiang J H, 2014. A probe into the effectiveness of non-English majors' SMS-based English idiom acquisition in China[J]. International Journal of E-Collaboration(3):30-43.

Jiang J, 2011. Source-language conceptual influence in metaphorization: a corpus-based study of metaphorical expressions by Chinese EFL learners[M]. Shanghai:Fudan University Press.

Jiang N, 2000. Lexical representation and development in a second language[J]. Applied Linguistics(1):47-77.

Jiang N, Tatiana M N, 2007. The processing of formulaic sequences by second language speakers [J]. The Modern Language Journal(3):433-445.

Johnson M, 1987. The body in the mind: the bodily basis of meaning, imagination and reason [M]. Chicago: The University of Chicago Press.

Johnson J, 1989. Factors related to cross-language transfer and metaphor interpretation in bilingual children[J]. Applied Linguistics(10):157-177.

Johnson J, 1991. Development versus language-based factors in metaphor interpretation[J]. Journal of Educational Psychology(83):470-483.

Johnson J, 1996. Metaphor interpretation by second language learners: children and adults[J]. The Canadian Modern Language Review(1):219-241.

Johnson J, Rosano T, 1993. Relation of cognitive style to metaphor interpretation and second language proficiency [J]. Applied Psycholinguistics(2):159-175.

Kathpalia S S, Carmel H L H, 2011. Metaphorical competence in ESL student writing[J]. RELC Journal(3): 273-290.

Kharma N N, 1984. Contextualization and the bilingual learner's dictionary[C]//Hartmann R R K. LEXeter's 83 Proceedings. Tübingen:Max Niemeyer.

Kispál T, 2013. Methodenkombination in der metaphernforschung: metaphorische idiome des lebens[M]. Frankfurt: Peter Lang.

Kogan N,1983. Stylistic variation in childhood and adolescence: creativity, metaphor and cognitive styles[C]//Flavell J H,Markman E M. A handbook of child psychology. New York: John Wiley and Sons:695-706.

Kövecses Z,2002. Metaphor:a practical introduction[M]. Oxford:Oxford University Press.

Krashen S,1981. Second language acquisition and second language learning[M]. New York: Pergamon Press.

Lado R,1957. Linguistics across cultures[M]. Ann Arbor:University of Michigan Press.

Lakoff G,1987. Women,fire and dangerous things:what categories reveal about the mind[M]. Chicago: University of Chicago Press.

Lakoff G,Johnson M,1980. Metaphors we live by[M]. Chicago and London:The University of Chicago.

Lakoff G,Johnson M,1999. Philosophy in the flesh:the embodied mind and its challenge to western thought[M]. New York:Basic Books.

Landau S I,2001. Dictionaries:the art and craft of lexicography[M]. 2nd ed. Cambridge: Cambridge University Press.

Laufer B,1993. The effect of dictionary definitions and examples on the use and comprehension of new L2 words [J]. Cahiers de Lexicologie(2):131-142.

Laufer B,1997. What's in a word that makes it hard or easy? Intra-lexical factors affecting the difficulty of vocabulary acquisition[C]//Schmit N,McCarthy M. Vocabulary description, acquisition and pedagogy. Cambridge:Cambridge University Press:140-155.

Laufer B, 2011. The contribution of dictionary use to the production and retention of collocations in a second language[J]. International Journal of Lexicography(1):29-49.

Lazar G,1996. Using figurative language to expand students' vocabulary[J]. ELT Journal(1): 43-51.

Lea D,Runcie M,2002. Blunt instruments and fine distinctions: a collocations dictionary for students of English[C]//Braasch A, Povlsen C. Proceedings of the tenth EURALEX congress. Copenhagen:Centre for Sprogteknologi:819-829.

Levelt W,1989. Speaking:from intention to articulation[M]. Cambridge:MIT Press.

Lew R,2010. Users take shortcuts:navigating dictionary entries[C]//Dykstra A, Schoonheim T. Proceedings of the XIV euralex international congress. Ljouwert:Afûk:1121-1132.

Lew R, 2013. Identifying, ordering and defining senses[C]//Jackson H. The Bloomsbury companion to lexicography . London:Bloomsbury Publishing.

Lew R,Pajkowska J,2007. The effect of signposts on access speed and lookup task success in long and short entries[J]. Horizontes de Lingüistica Aplicada(2):235-252.

Littlemore J, 2001a. Metaphorical intelligence and foreign language learning[J]. Humanising Language Teaching, (2):1-8.

Littlemore J, 2001b. Metaphoric competence: a language learning strength of students with a holistic cognitive style?[J]. TESOL Quarterly(3):459-491.

Littlemore J, 2001c. The use of metaphor in university lectures and the problems that it causes for overseas students[J]. Teaching in Higher Education(3):333-349.

Littlemore J, 2002. The holistic/analytic cognitive style and second language learning strategies [J]. TESOL France Journal(9):5-34.

Littlemore J, 2004. Using clipart and concordancing to teach idiomatic expressions[J]. Modern English Teacher(1): 37-44.

Littlemore J, 2008. Promoting creativity in the English language classroom: an investigation into how Japanese learners of English can be helped to think "figuratively" in order to wider their vocabulary range and develop their communicative competence[J]. JALT Newsletter(3):11.

Littlemore J, 2010. Metaphoric competence in the first and second language: similarities and differences[C]//Putz M, Sicola L. Cognitive processing in second language acquisition. Amsterdam: Benjamins: 293-316.

Littlemor J, 2011. Metaphor, gesture and second language acquisition[J]. JALT Newsletter(1): 5-28.

Littlemore J, MacArthur F, 2007. What do learners need to know about the figurative extensions of target language words? A contrastive corpus-based analysis of thread, hilar, wing and aletear[J]. Journal of Universitat Jaume I(5):131-150.

Littlemore J, MacArthur F, 2012. Figurative extensions of word meaning: how do corpus data and intuition match up? [C]//Divjak D, Gries S. Corpus and cognition: converging and diverging evidence. Berlin: Mouton de Gruyter:195-233.

Littlemore J, Low G, 2006. Metaphoric competence, second language learning, and communicative language ability [J]. Applied Linguistics(2):268-294.

Littlemore J, Krennmayr T, Turner J, et al. , 2014. An investigation into metaphor use at different levels of second language writing[J]. Applied Linguistics(2):117-144.

Liu D, 2009. Idioms: description, comprehension, acquisition, and pedagogy[J]. The Modern Language Journal(2): 304-305.

Long M H, 2012. Current trends in SLA research and directions for future development[J]. Chinese Journal of Applied Linguistics(2):135-152.

Low G,1988. On teaching metaphor[J]. Applied Linguistics(2):125-147.

Lu H G, Wei X Q, 2016. Towards an integrated collocation dictionary plus for advanced EFL learners: greater availability and equal accessibility[J]. International Journal of Lexicography (2):156-183.

Lyons J,1977. Semantics Ⅰ & Ⅱ[M]. Cambridge: Cambridge University Press.

MacArthur F, Littlemore J, 2008. A discovery approach using corpora in the foreign language classroom[C]//Boers F, Lindstromberg S. Cognitive linguistic approaches to teaching vocabulary and phraseology. Amsterdam: Mouton de Gruyter:159-188.

MacArthur F, Littlemore J, 2010. On the repetition of words with the potential for metaphoric extension in conversations between native and non-native speakers of English[J]. Metaphor and the Social World(2):201-239.

Macis M, Schmitt N, 2016. The figurative and polysemous nature of collocations and their place in ELT[J]. ELT Journal(17):2016.

MacFarquhar P D, Richards J C, 1983. On dictionaries and definitions[J]. RELC Journal(14):111-24.

Martinez F, 2003. Exploring figurative language processing in bilinguals: the metaphor interference effect[D]. Texas: Texas A & M University.

Mbokou L M, 2006. A model for the macro-structure and microstructure of a Yipunu-French school dictionary[D]. Stellenbosch: University of Stellenbosch.

McGee I, 2012. Collocation dictionaries as inductive learning resources in data-driven learning: An analysis and evaluation [J]. International Journal of Lexicography, (3):319-361.

Meer G V, 1997. Four English learner's dictionaries and their treatment of figurative meanings [J]. English Studies(78):556-571.

Meer G V, 1999. Metaphors and dictionaries: the morass of meaning, or how to get two ideas for one? [J]. International Journal of Lexicography(12):195-208.

Meer G V, 2013. Review of conceptual metonymy and lexicographic representation by Sylwia Wojciechowska[J]. International Journal of Lexicography(1):97-100.

Mittmann B, 1999. The treatment of collocations in OALD5, LDOCE3, COBUILD2 and CIDE [C]//Herbst T, Popp K. The perfect learners' dictionary. Tübingen: Niemeyer:101-111.

Moon R,1998a. Fixed expressions and idioms in English: a corpus-based approach[M]. Oxford: Clarendo Press.

Moon R, 1998b. Frequencies and forms of phrasal lexemes in English [C]//Cowie A P. Phraseology: theory, analysis and applications. Oxford: Clarendon Press.

Moon R, 2004. On specifying metaphor: an idea and its implementation[J]. International Journal of Lexicography(2): 195-222.

Moon R, 2007. Phraseology in general monolingual dictionaries[C]//Burger H, Dobrovol'skij D, Kühn P. Ein internationales handbuch der zeitgenössischen forschung. 2nd ed. New York: Mouton de Gruyter: 909-918.

Moon R, 2008. Dictionaries and collocation[C]//Granger S, Meunier F. Phraseology: an interdisciplinary perspective. Amsterdam: John Benjamins.

Moon R, 2015. Idioms: a view from the web[J]. International Journal of Lexicography(3): 318-337.

Nation I S P, 1990. Teaching and learning vocabulary[M]. Boston: Heinle & Heinle Publishers.

Nesi H, 1999. A user's guide to electronic dictionaries for language learners[J]. International Journal of Lexicography(1): 55-66.

Nesi H, Tan K H, 2011. The effect of menus and signposting on the speed and accuracy of sense selection[J]. International Journal of Lexicography(1): 79-96.

Newmark P, 1988. Approaches to translation[M]. Englewood Cliffs: Prentice Hall.

O'Malley J, Chamot A, 1990. Language learning strategies[M]. Cambridge: Cambridge University Press.

Osselton N E, 1988. The dictionary label "figurative": Modern praxis and the origins of a tradition[C]// Hyldgaard-Jensen K, Zettersten A. Symposium on lexicography Ⅲ: proceedings of the third international symposium on lexicography. Tübingen: Niemeyer: 239-249.

Oxford R, 1990. Language learning strategies: what every teacher should know[M]. New York: Newbury House Publishers.

Piotrowski T, 1989. Monolingual and bilingual dictionaries: fundamental differences[C]// Tickoo M. Learners' dictionaries: state of the art. Singapore: SEAMEO Regional Language Centre: 72-83.

Pollio H R, Smith M K, 1980. Metaphoric competence and complex human problem solving[C]//Honeck R P, Hoffman R P. Cognition and figurative language. Hillsdale: Erlbaum: 365-392.

Ptasznik B, Lew R, 2014. Do menus provide added value to signposts in print monolingual dictionary entries? An application of linear mixed-effects modelling in dictionary user research[J]. International Journal of Lexicography(3): 241-258.

Qiu D L, Yin C, 2009. A data-based investigation into Chinese EFL learners' metaphorical competence[J]. CELEA Journal(4):95-103.

Reddy M J, 1979. The conduit metaphor: a case of frame conflict in our language about language[C]//Ortony A. Metaphor and thought. Cambridge:Cambridge University Press:164-201.

Regan V D, 1989. Lexicographical metaphor[J]. Dictionaries: Journal of the Dictionary Society of North America (11):1-9.

Rey-Debove J, 1971. Étude linguistique et sémiotique des dictionaires franćais contemporains [M]. The Hague & Paris: Mouton.

Richards I A, 1936. The philosophy of rhetoric[M]. London:Oxford University Press.

Richards J C, 1976. The role of vocabulary teaching[J]. TESOL Quarterly(10):77-89.

Rubin J, Thompson I, 1994. How to be a more successful language learner: toward learner autonomy[M]. Boston: Heinle & Heinle Publishers.

Sacristán M V, 2004. Metaphor and ESP: metaphor as a useful device for teaching L2 business English learners[J]. IBÉRICA(10):115-131.

Saussure F, 2002. Course in general linguistics[C]//Zhang Z Z, Wang F Z, Zhao G X. Selected readings in 20th century western critical theory. Beijing: Foreign Language Teaching and Research Press:147-180.

Schmitt N, 2000. Vocabulary in language teaching[M]. Cambridge:Cambridge University Press.

Scholfield P, 1999. Dictionary in reception[J]. International Journal of Lexicography(1):13-34.

Selinker L, 1972. Interlanguage[J]. International Review of Applied Linguistics(10):201-231.

Siqueira M, Oliverira A F S, Hubert D D, et al., 2009. Metaphor identification in a terminological dictionary[J]. IBÉRICA(17):157-174.

Siyanova-Chanturia A, Martinez R, 2015. The idiom principle revisited[J]. Applied Linguistics (5):549-569.

Skoufaki S, 2005. Use of conceptual metaphors: a strategy for the guessing of an idiom's meaning[C]//Mattheoudakis M, Psaltou-Joycey A. Selected papers on theoretical and applied linguistics from the 16th international symposium. Thessaloniki: Aristotle University of Thessaloniki:542-556.

Slabakova R, Amaro J C, Kang S K, 2014. Regular and novel metonymy:can you curl up with a good Agatha Christie in your second language? [J]. Applied Linguistics(1):1-24.

Stubbs M, 2002. Words and phrases:corpus studies of lexical semantics[M]. Oxford:Blackwell.

Summers D, 1988. The role of dictionaries in language learning[C]//Carter R, McCarthy M. Vocabulary and language teaching. London:Longman:111-125.

Svensén B, 1993. Practical lexicography[M]. Oxford: Oxford University Press.

Svensén B, 2009. A handbook of lexicography: the theory and practice of lexicography[M]. Cambridge: Cambridge University Press.

Sweetser E E, 1990. From etymology to pragmatics[M]. Cambridge: Cambridge University Press.

Szczepaniak R, Lew R, 2011. The role of imagery in dictionaries of idioms[J]. Applied Linguistics(3): 323-347.

Szende T, 1999. Problems of exemplification in bilingual dictionaries[J]. Lexicographica(15): 216-218.

Taki S, 2011. Cross-cultural communication and metaphorical competence[J]. International Journal of Language Studies(1): 47-62.

Tarp S, 2009. Reflections on lexicographical user research[J]. Lexikos(19): 275-296.

Tono Y, 1992. The effect of menus on EFL learners' look-up processes[J]. Lexikos(2): 230-253.

Tono Y, 1997. Guide word or signpost? An experimental study on the effect of meaning access indexes in EFL learners' dictionaries[J]. English Studies(28): 55-77.

Tono Y, 2011. Application of eye-tracking in EFL learners' dictionary look-up process research[J]. International Journal of Lexicography(1): 124-153.

Ullmann S, 1951. Words and their use[M]. New York: Frederick Muller Limited.

Ullmann S, 1962. Semantics: an Introduction to the science of meaning[M]. Oxford: Basil Blackwell.

Ungerer F, Schmid H J, 1996. An introduction to cognitive linguistics[M]. London: Adison Wesley Longman Limited.

Verspoor M, Lowie W, 2003. Making sense of polysemous words[J]. Language Learning(3): 547-586.

Widdowson H G, 2012. The Hornby legacy[J]. ELT Journal(4): 553-556.

Wiegand H E, 1996. Textual condensation in printed dictionaries: a theoretical draft[J]. Lexikos(6): 133-158.

Williams J, 1996. Enough said: the problem of obscurity and cultural reference in learner's dictionary examples[M]//Gellerstam M, Järborg J, Norén K, et al. EURALEX's 96 proceedings Ⅰ-Ⅱ. Gothenburg: Gothenburg University.

Wray A, 2012a. Patterns of formulaic language in Alzheimer's disease: implications for quality of life[J]. Quality in Ageing and Older Adults(3): 168-175.

Wray A,2012b. What do we (think we) know about formulaic language? An evaluation of the current state of play[J]. Annual Review of Applied Linguistics(32):231-254.

Wray A,2013. Future directions in formulaic language research[J]. E-CRINI(4):1-17.

Xu H,2008. Exemplification policy in English learners' dictionaries[J]. International Journal of Lexicography(4):395-417.

Xu H,2012. A critique of the controlled defining vocabulary in Longman Dictionary of Contemporary English[J]. Lexikos(22):367-381.

Yang N,2021. Scaffolding information of learner's dictionaries for L2 writing:a user perspective[J]. Sino-US English Teaching(3):51-59.

Yang N,Xiang Q W,2015. Metaphor information in Macmillan English Dictionary for Advanced Learners:presentation & effectiveness[J]. International Journal of Lexicography (27):13.

Yasuda S,2010. Learning phrasal verbs through conceptual metaphor:a case of Japanese learners[J]. TESOL Quarterly(2):250-273.

Yorio C A,1971. Some sources of reading problems for foreign language learners[J]. Language Learning(21):107-115.

Zhao C,2010. The effectiveness of the bilingualized dictionary:a psychological point of view [J]. Chinese Journal of Applied Linguistics(5):3-14.

Zgusta L,1971. Manual of lexicography[M]. The Hague:Mouton.

蔡基刚,2008.英汉隐喻词构成与比例比较研究[J].外语教学与研究(2):100-106,160.

蔡龙权,2003.隐喻理论在二语习得中的应用[J].外国语(上海外国语大学学报)(6):38-45.

曹杰旺,罗思明,2005.词典使用技能教学的理据与内容[J].外语研究(5):51-53.

常晨光,2005.习语性与英语学习词典[J].外语与外语教学(11):51-54.

陈楚祥,1998.浅议现代词典学的发展及词典编者的素养[J].辞书研究(6):6.

陈道明,1998.从习语的可分析性看认知语言学的隐喻能力观[J].外国语(上海外国语大学学报)(6):20-26.

陈道明,2002.隐喻与翻译:认知语言学对翻译理论研究的启示[J].外语与外语教学(9):40-43,50.

陈定安,1998.英汉比较与翻译[M].北京:中国对外翻译出版公司.

陈国华,田兵,2008.下一代英语学习词典的设计特征[J].外语教学与研究(3):224-233,241.

陈国华,田兵,熊文新,2013.新时代英汉学习词典的研编[M].北京:商务印书馆.

陈朗,2010.二语教学中的隐喻能力培养[J].外语学刊(5):47-49.

陈朗,2013.近十年国外隐喻能力实证研究主体脉络梳辨:以伯明翰大学 Littlemore 博士的研究为视点[J].外语界(3):57-66.

陈清,2014.概念隐喻支持下的隐喻能力培养准实验研究[J].外语教学(5):40-44.

陈万会,2008.词块的心理现实性及其特征[J].外语学刊(6):60-62.

陈伟,2009.词典与外语教学学理界面研究[J].外语教学(1):63-69.

陈伟,2012.词典范式复杂化进程的复杂性研究:词典范式演进的后现代性思考[J].外语学刊(2):61-65.

陈伟,2014.词典:外语教学理念突破的后现代镜像[J].山东外语教学(6):50-56.

陈伟,张柏然,2007a.教学功能突显与词典范式演变[J].外语界(6):35-44.

陈伟,张柏然,2007b.认知观:词典研究范式的归向[J].外语与外语教学(10):59-62.

陈玉珍,2007.对高校英语专业学生使用学习词典情况的调查分析[J].辞书研究(2):120-130.

陈玉珍,2009a.词典使用策略与英语词汇水平的相关性研究[J].辞书研究(4):64-74.

陈玉珍,2009b.英语学习词典的结构主义解读[J].北京第二外国语学院学报(8):56-61.

陈玉珍,2010.词块研究与英语学习词典编纂[J].外语教学理论与实践(4):28-34,43.

陈玉珍,2011.英汉双解学习词典的使用调查和实验研究[J].辞书研究(2):141-158.

陈玉珍,2013.CALL环境下词典查阅行为与词汇习得的相关性研究[J].外语与外语教学(5):46-51.

戴远君,2008.英语学习词典中隐喻搭配的研究[D].广州:广东外语外贸大学.

邓琳,2006.大学生使用纸质词典与电子词典情况的调查分析[J].辞书研究(1):172-181.

董保华,刘寅齐,2012.外语环境下隐喻能力的发展[J].外国语文(5):140-145.

段玉裁,2015.说文解字注[M].南京:凤凰出版社.

范琳,夏晓云,王建平,2014.我国二语词汇学习策略研究述评:回顾与展望——基于23种外语类期刊15年文献的统计分析[J].外语界(6):30-37,47.

葛向宇,2022.隐喻能力对非英语专业学生创造性思维影响的实证研究[J].黑龙江教育(理论与实践)(2):57-58.

耿云冬,2014.英语学习型词典设计特征研究方法论述评[J].外语研究(2):60-65.

顾琦一,宋明珠,2010.任务预设投入量与词汇习得策略[J].解放军外国语学院学报(5):55-59.

康德拉绍夫,1985.语言学说史[M].武汉:武汉大学出版社.

桂诗春,1992.认知与外语学习[J].外语教学与研究(4):2-9.

何自然,2007.语用三论:关联论·顺应论·模因论[M].上海:上海教育出版社.

黑格尔,1976.逻辑学[M].北京:商务印书馆.

侯奕松,2011.隐喻研究与英语教学[M].北京:北京师范大学出版社.

胡壮麟,2004.认知隐喻学[M].北京:北京大学出版社.

黄建华,2001.词典论[M].上海:上海辞书出版社.

黄建华,陈楚祥,2001.双语词典学导论[M].北京:商务印书馆.

吉拉兹,2013.欧美词汇语义学[M].李葆嘉,司联合,李炯英,译.北京:世界图书出版公司北京公司.

姜孟,2006.英语专业学习者隐喻能力发展的实证研究[J].国外外语教学(4):27-35.

江藩,2010.经解入门[M].上海:华东师范大学出版社.

胡壮麟,姜望琪,2002.语言学高级教程:英文版[M].北京:北京大学出版社.

鞠晶,2009.高校英语专业学生隐喻能力的培养[J].黑龙江高教研究(6):148-150.

鞠晶,孙启耀,2011.中国英语学习者隐喻能力发展障碍探索[J].东北师大学报(5):108-111.

郎建国,李晋,2003.英语学习词典使用情况调查与思考[J].北京第二外国语学院学报(6):54-60,63.

李爱华,2006.隐喻机制下多义词的义项间联系及其词典表征方式[J].西北农林科技大学学报(社会科学版)(1):132-136.

李葆嘉,2007.语义语法学导论:基于汉语个性和语言共性的建构[M].北京:中华书局.

李尔钢,2006.词义与词典释义[M].上海:上海辞书出版社.

李国南,2001.辞格与词汇[M].上海:上海外语教育出版社.

李明,周敬华,2001.双语词典编纂[M].上海:上海外语教育出版社.

李毅,2009.英汉隐喻对比研究[M].北京:经济科学出版社.

利奇,1987.语义学[M].李瑞华,等译.上海:上海外语教育出版社.

李锡江,包薇,2012.数字化时代下读者的词典意识:基于大学英语学习者手机词典使用调查的研究[J].辞书研究(3):57-62.

李子容,2009.再探英语专业本科生的词典使用[J].广东外语外贸大学学报(6):97-100.

李尔钢,2006.词义与辞典释义[M].上海:上海辞书出版社.

李娟,高军,2008.《麦克米伦高阶英语学习词典》隐喻专栏评析[J].考试周刊(53):130-131.

连淑能,2010.英汉对比研究[M].北京:高等教育出版社.

梁玉玲,李蕾,2005.外语学习中词典使用的策略与技能[J].兵团教育学院学报(1):48-50.

廖七一,2000.当代西方翻译理论探索[M].南京:译林出版社.

刘丰,刘婷婷,2006.跨语言隐喻能力的培养:《综合英语教程》五、六册认知语言学视角[J].国外外语教学杂志(2):47-54.

柳冠中,2011.设计方法论[M].北京:高等教育出版社.

刘国辉,2011.以词汇能力培养为导向的英语词汇教法构拟[J].山东外语教学(5):40-45.

刘静敏,1998.与拈连有关的词语超常搭配[J].语言教学与研究(3):134-143.

刘英杰,2012.汉语语境下二语隐喻能力实践研究[J].外语电化教学(4):75-80.

刘永昌,崔立,冯嘉礼,2001.心理词典的层级聚类记忆规律:神经思维科学研究[J].广西师范大学学报(自然科学版)(4):19-25.

刘宇红,2006.认知语言学:理论与应用[M].北京:中国社会科学出版社.

刘振前,时小英,2002.隐喻的文化认知本质与外语教学[J].外语与外语教学(2):17-20,34.

卢华国,张雅,2012.编者•词典•用户•对话:词典学理论研究的三次范式转换[J].北京第二外国语学院学报(12):21-26.

卢庆生,彭朝忠,2012.大学英语教学中隐喻能力的培养与提高[J].教育学术月刊(9):105-106.

陆谷孙,1998.词典的继承与创新[J].辞书研究(1):43-47.

陆谷孙,王馥芳,2005."喻"标注的现代词典学与认知语言学考察[J].中国外语(2):26-31.

罗常培,2004.语言与文化[M].北京:北京出版社.

罗思明,王军,曹杰旺,2004.词典用户技能及心理表征实验研究[J].辞书研究(2):121-131.

罗益民,邹墨姝,2010.高级英汉学习词典中隐喻栏的设置[J].重庆交通大学学报(社会科学版)(5):116-119.

史耕山,陈国华,2007.英语专业学生英语词典使用情况调查[J].外语研究(1):66-69.

石进芳,2012.母语概念迁移能力、隐喻能力与语言水平的发展关系研究[J].外语教学理论与实践(3):57-63.

石磊,刘振前,2010.隐喻能力研究:现状与问题[J].外国语(上海外国语大学学报)(3):10-16.

任崇芬,1994.从"黑开两朵忧郁的灿烂"想到的:谈谈非正常搭配的良莠鉴别[J].修辞学习(2):27-29.

束定芳,2000.隐喻学研究[M].上海:上海外语教育出版社.

束定芳,2010.隐喻转喻研究[M].上海:上海外语教育出版社.

苏宝荣,2004."隐喻"认知、词义变化与辞书释义[J].辞书研究(1):36-45.

苏远连,2012.英语专业高年级学生在教学条件下隐喻能力的发展[J].外语教学与研究(2):207-219.

孙启耀,张建丽,2011.中国英语学习者隐喻能力发展障碍及其干预机制研究[M].北京:科学出版社.

谭璐,姜璐,2009.系统科学导论[M].北京:北京师范大学出版社.

唐玲,王维倩,2014.基于概念隐喻理论的英语习语理解与记忆研究[J].外语研究(5):55-65.

滕敏,2011.自主学习环境下的词典使用调查与启示[J].长春理工大学学报(社会科学版)(1):116-122.

田兵,2003.多义词的认知语义框架与词典使用者的接受视野[J].现代外语(4):339-350.

田兵,2007.20世纪英语高阶学习词典研究[J].外语教学与研究(1):62-68,81.

田兵,陈国华,2009.英语高阶学习词典设计特征研究:兼及多义词的认知语义结构和义项特征[M].北京:科学出版社.

田苗,2013.认知视角下隐喻能力提升的影响因素分析[J].学术交流(7):161-163.

托马塞洛,2012.人类沟通的起源[M].北京:商务印书馆.

万江波,2006.双语词典的翻译研究[M].上海:复旦大学出版社.

王馥芳,2002.世界英语变体与英汉词典编纂[J].辞书研究(2):28-36.

王馥芳,2004.当代语言学与词典创新[M].上海:上海辞书出版社.

王璐,2011.大学生隐喻能力培养的实证研究[J].山西师大学报(社会科学版)(S1):124-126.

王宁,1997.训诂学原理[M].北京:中国国际广播出版社.

王仁强,2010.学习理论与信息技术的完美结合:Routledge 系列频率词典译介[J].辞书研究(5):95-105.

王蓉,张丽,2007.认知隐喻理论及隐喻能力培养[J].四川师范大学学报(社会科学版)(11):113-117.

王艳华,2007.论英语学习不同阶段之词典使用[J].教育理论与实践(1):63-64.

王寅,2007.认知语言学[M].上海:上海外语教育出版社.

王寅,李弘,2004.语言能力、交际能力、隐喻能力"三合一"教学观[J].四川外语学院学报(6):140-143.

魏向清,2005.双语词典译义研究[M].上海:上海译文出版社.

魏向清,2009.英汉、汉英学习词典的选择与使用:"英语自主学习与辞书的使用"之二[J].辞书研究(4):123-128.

魏向清,2010.外语词汇系统认知的教学策略与词典的介入[J].中国外语(3):76-81.

魏向清,2013.双语学习型词典设计特征研究的谱系学思考[J].辞书研究(5):1-10.

魏向清,2016.二语写作反馈支架功能初探[J].辞书研究(3):1-10.

魏向清,耿云冬,王东波,2011.中国外语类辞书编纂出版 30 年(1978—2008):回顾与反思[M].上海:上海辞书出版社.

魏向清,耿云冬,卢华国,2014.双语学习型词典设计特征研究[M].北京:外语教学与研究出版社.

魏兴,姜文东,2013.词汇学习策略搭配使用模式:以词典查阅策略为中心[J].大学英语(学术版)(2):113-116.

魏耀章,2012.认知能力和语言水平对中国英语专业学生隐喻理解的影响[J].外语界(1):82-89.

文秋芳,2013.认知语言学与二语教学[M].北京:外语教学与研究出版社.

武继红,2005.论词典使用对提高搭配能力的意义[J].四川外语学院学报(2):125-128.

武继红,2010.论隐喻在学习词典中的表现方式[J].辞书研究(2):69-77.

武继红,2011.英语学习词典中搭配的认知化呈现[M].北京:科学出版社.

吴国华,杨仕章,2005.语言国情学[M].上海:上海外语教育出版社.

吴蓉,周玉忠,2011.语言哲学中的隐喻及隐喻能力[J].宁夏社会科学(6):172-175.

吴旭东,2014.习语类型和二语水平对习语理解策略使用的影响[J].现代外语(1):62-73.

谢英,2004.拈连辞格的构成与认定[J].修辞学习(3):59-61.

谢之君,2007.隐喻认知功能探索[M].上海:复旦大学出版社.

许保芳,于巧丽,袁凤识,2014.隐喻能力与语言能力关系的理据分析[J].外语研究(1):47-50.

许保芳,袁凤识,王立非,2012.认知风格与隐喻理解水平关系的实证研究[J].解放军外国语学院学报(6):34-39.

许保芳,袁凤识,2012.隐喻能力研究30年:回顾与思考[J].解放军外国语学院学报(6):34-39.

许保芳,袁凤识,2014.外语教育中的隐喻研究述评[J].河北大学学报(哲学社会科学版)(1):144-147.

徐昊,2003.词的"比喻义"辨正:兼与《新华字典》修订者商榷[J].辞书研究(1):100-102.

徐海,2008.英语学习型词典典型词例的选取[M].北京:科学出版社.

徐海,2009.中国英语学习者需要什么样的例证[J].辞书研究(2):107-119.

徐海,2010.评《新英汉词典》一至四版的例证[J].辞书研究(5):67-73.

徐海,源可乐,何家宁,2012.英语学习型词典研究[M].北京:外语教学与研究出版社.

许群,2009.概念隐喻:体验哲学意义建构观下词典编纂的新视角[J].湖州师范学院学报(6):24-27,39.

徐盛桓,2014.隐喻的起因、发生和建构[J].外语教学与研究(3):364-374,479-480.

徐志民,2008.欧美语义学导论[M].上海:复旦大学出版社.

徐知媛,王小潞,2014.中国英语学习者的隐喻理解策略及理解模型建构[J].外语教学与研究(1):98-110.

徐知媛,赵鸣,2014.不同英语水平学习者隐喻理解策略研究[J].现代外语(3):400-409.

薛雪,2011.论词典释义中的关联性:从关联理论解析词典释义[J].辞书研究(1):37-29.

严世清,2001.隐喻能力与外语教学[J].山东外语教学(2):60-64.

杨娜,2014.二语隐喻能力与词汇认知系统的构建[J].外语研究(2):7-12.

杨卫东,戴卫平,2007.我们赖以生存的"隐喻"[J].疯狂英语(教师版)(12):61-63.

杨文秀,2005.英汉学习词典中的语用信息研究[M].上海:上海译文出版社.

杨彦文,2009.外语隐喻能力与隐喻教学探究[J].漯河职业技术学院学报(1):133-134.

姚梅林,吴建民,庞晖,2000.初中生英语词汇记忆策略的研究[J].心理科学杂志(6):682-686.

姚喜明,刘森林,2003.电子词典与英语教学[J].外语电化教学(90):16-20.

姚喜明,张霖欣,2008.英语词典学导论[M].上海:复旦大学出版社.

尹学义,1997.试论双语词典的继承与发展[J].辞书研究(4):21-25.

雍和明,2003a.英汉双语词典与英语单语词典用户语言需求与信息检索的比较[J].辞书研究

(6):123-133.

雍和明,2003b.交际词典学[M].上海:上海外语教育出版社.

于屏方,杜家利,2010.汉英学习词典对比研究[M].北京:中国社会科学出版社.

袁凤识,2014.英语专业大学生概念隐喻归纳能力研究[J].外语教学(5):35-39.

袁凤识,许保芳,王立非,2012a.中美大学生隐喻理解能力比较研究[J].外语界(1):73-81.

袁凤识,许保芳,王立非,2012b.再论隐喻能力的定义[J].外语教学(5):1-7.

源可乐,2002.英语词典义项的排列策略[J].现代外语(3):277-284.

源可乐,2005.论新一代英语教学型词典[J].辞书研究(3):82-90.

袁世全,2000.三个结构与第三结构:九论辞书框架,兼与三种观点商榷[J].辞书研究(4):45-55.

张福洪,2012.解读幼儿非言语行为中隐喻信息的心理技术[J].教育探索(6):139-141.

张光明,2003.英汉修辞思维比较与翻译[M].北京:军事谊文出版社.

张宏,2013.学习词典例证分类探微:以英语学习词典为例[J].外语教学理论与实践(1):39-48.

张后尘,1994.双语词典学研究[M].北京:商务印书馆.

张辉,季锋,2012.成语组构性的认知语言学解读:熟语表征和理解的认知研究之二[J].外语教学(2):1-7.

张金平,1990.形容词作宾语时的超常搭配与修辞[J].汉语学习(1):31-32.

张金忠,2011.高校俄语专业学生俄汉词典使用情况调查及对策[J].辞书研究(4):139-147.

张珊珊,2000.英汉隐喻中所凸显的词语搭配特点[J].西南民族大学学报(人文社会科学版)(S1):250-252.

章宜华,1998.自然语言的心理表征与词典释义[J].现代外语(3):46-62.

章宜华,2005.多义性形成的认知机制与词典义项的处理:兼谈多义词的语义理据及词典义项的解读[J].广东外语外贸大学学报(3):13-18.

章宜华,2008.学习词典的中观结构及其网络体系的构建[J].现代外语(4):360-368.

章宜华,2010a.认知语义学与新一代双语/双解学习词典的多维释义[J].外语教学与研究(5):374-379.

章宜华,2010b.新一代英语学习词典的理论构想:基于二语习得理论的研究[J].现代外语(3):240-248.

章宜华,2010c.《辞书研究》与新时期词典学理论和编纂方法的创新[J].辞书研究(1):57-69.

章宜华,雍和明,2007.当代词典学[M].北京:商务印书馆.

张志毅,张庆云,2012.词汇语义学[M].北京:商务印书馆.

赵明,2009.隐喻教学促进隐喻能力发展的实证研究[J].湘潭师范学院学报(社会科学版)(11):184-186.

赵卫,2004.非英语专业大学生英语学习中词典运用策略调查[J].外语界(2):29-34.

赵雪琴,2008.英汉双语词典中搭配信息认知模型的构建[M].上海:上海译文出版社.

赵彦春,2000a.词汇能力与认知词典学的关系[J].现代外语(4):361-370.

赵彦春,2000b.隐喻:认知词典学的眼睛[J].现代外语(4):361-370.

赵彦春,2003.认知词典学探索[M].上海:上海外语教育出版社.

赵彦春,黄建华,2001.感官动词模块性的句法分析:认知词典学对词库的描写[J].华文教学与研究(2):51-55.

郑述谱,1990.消极词典与积极词典[J].辞书研究(1):14-19.

钟兰凤,陈希卉,赵梦娟,2013.隐喻识别与基于语料库的学习型词典义项处理的界面研究[J].中国外语(5):101-111.

钟志英,何安平,2012.中国英语学习者对高频非习语英语程式语的心理表征研究[J].外语教学与研究(6):886-898.

周桂华,2014.英语教学中隐喻能力的培养与词典的介入[J].长江大学学报(社科版)(9):97-99.

朱国仁,1997.关于高等教育的研究对象、体系与方法的思考[J].教学研究(2):27-33.

朱珂,2009.隐喻机制影响下的多义词词典释义[J].当代教育理论与实践(4):153-154.

朱永生,1996.搭配的语义基础和搭配研究的实际意义[J].外国语(1):14-18.

朱竹,2014.外语院校非英语专业学生词汇学习策略使用调查[J].西安外国语大学学报(1):83-86.

庄虔友,2012.略论社会科学研究中的研究设计[J].社会科学管理与评论(1):11-17.

主要参考词典

Mayor M,2009. Longman dictionary of contemporary English[M].5th ed. Harlow:Pearson Education Ltd.

McIntosh E,2013.Cambridge advanced learner's dictionary[M].4th ed.Cambridge:Cambridge University Press.

Perrault S J,2008. Merriam-Webster's advanced learner's English dictionary[M].Massachusetts:Springfield.

Rundell M,2007. Macmillan English dictionary for advanced learners[M].2nd ed. Oxford:Macmillan Education.

Sinclair J,2012. Collins COBUILD advanced dictionary of English[M].7th ed. New York:Harper Collins Publishers.

Turnbull J,2010.Oxford advanced learner's dictionary[M].8th ed.Oxford:Oxford University Press.

Deignan A,2001.英语语法系列:7.隐喻[M].丁建民,译.北京:外文出版社.

高永伟,2013.新英汉词典[M].4版.上海:上海译文出版社.

陆谷孙,2007.英汉大词典[M].上海:上海译文出版社.

戚雨村,董达武,许以理,等,1993.语言学百科词典[M].上海:上海辞书出版社.

秦涵荣,2011.英语常用隐喻辞典[M].北京:北京大学出版社.

苏立昌,2009.英汉概念隐喻用法比较词典[M].天津:南开大学出版社.

张柏然,2004.新时代英汉大词典[M].北京:商务印书馆.

郑易里,曹成修,徐式谷,等,2006.英华大词典[M].3版.北京:商务印书馆.

中国社会科学院语言研究所,2011.新华字典[M].11版.北京:商务印书馆.

中国社会科学院语言研究所词典编辑室,2013.现代汉语词典[M].6版.北京:商务印书馆.

后　　记

　　光阴似箭,博士毕业至今已有七载。这期间忙于各种琐事,终于能静下心来将毕业论文整理完善。在书稿完成的那个仲夏夜,听着窗外蝉鸣,心中不禁感慨万千。

　　四年的读博生涯让我从一个对词典学懵懵懂懂的门外汉逐渐成长为一名对词典编纂有着独立思考能力,并能够独立开展相关研究的圈内人。在这个蜕变的背后有自己的辛勤努力与不懈付出,但是回想起在南京大学双语词典研究中心的求学岁月,我要由衷地感谢这一路走来给予我支持与鼓励的老师、同门与家人。正是有了他们的陪伴与关爱,我才能够将学业坚持到底,顺利完成博士论文,并以此为基础撰写本书。谨以此文聊表我难以尽数的感恩之心,也算是给自己而立之年继续求学的人生经历留下一段回忆吧。

　　首先,特别感谢我的恩师魏向清教授。她是我迈入词典学研究领域的引路人,我的每一点成长与进步都离不开她的谆谆教导与悉心指点。犹记2012年初春,我与导师初次在南京大学鼓楼校区双语词典研究中心的第一次见面。彼时,她的平易近人与真诚相待就给我留下了深刻的印象。那时我就暗下决心定要努力学习,不辜负魏老师的知遇之恩。2012年9月正式踏入师门之后,导师对学术的孜孜追求、踏实负责的学者风范、正直友善的处世之道、亦师亦友的教学理念、家庭事业兼顾的生活态度,无一不深刻影响着我,是我处理学业、工作及家庭事务的楷模。在撰写博士论文期间,导师即使身体欠佳、事务缠身,仍然不断通过电话、QQ、微信等方式与我保持紧密的联系沟通,多次在午夜和清晨时分留言反馈,让我颇为感动。此外,导师体谅我家在西安,无法常驻南京,不仅准许我在西安撰写论文,而且经常打电话对我的工作和生活给予关心,让我免去两地奔波的辛劳。自2018年我举家迁往上海之后,导师仍然与我常常联系,邀请我参加各种学术会议,提醒我学术之路不可荒废,鼓励我保持科研热情。有如此良师益友,我怎能躺平懈怠?

其次,我要由衷地感谢在博士论文写作期间给予我悉心指导的各位专家教授——广东外语外贸大学的徐海教授和于屏方教授,南京国际关系学院的李德俊教授,华东师范大学的赵刚教授,北京外国语大学的王馥芳教授,南京师范大学外国语学院的张辉教授,南京大学的王海啸教授、陈新仁教授、陈桦教授、徐昉教授、周丹丹教授、王文宇教授、郭启新副教授。诸位老师学养深厚、见解独到、认真负责,不仅为我的毕业论文提出了诸多建设性意见,还提供了不少重要的参考文献,在此深表感谢!同时,感谢南京大学双语词典研究中心,虽然在那的时间只有短短一年,但各位老师的友善与关爱让我深深地感受到身处一个温馨互助的大家庭的各种美好。双语词典研究中心已俨然成为我的另一个家,此生再也无法割舍。无论身处何方,这里将永远留下我的追忆与牵挂。

感谢参与我博士毕业论文实证研究的诸位学生,他们来自西北大学、南京大学、南京大学金陵学院、南京信息工程大学、南京中医药大学、南京邮电大学、西安外国语大学、江苏师范大学、武汉大学等国内高校。特别感谢参与测试的西北大学2014级社会工作、金融学、社会劳动保障和人力资源专业的30名学生!在长达一个半月的测试中,他们牺牲了宝贵的课余时间与我通力配合,坚持完成了前测、后测与延迟测试,并积极参与测试后的访谈环节。能够得到学生们的理解与支持,我深感欣慰,同时倍感身为一名教师的骄傲。

最后,感谢在我读博期间一直默默支持、关爱我的家人,没有他们的牺牲与付出,本书无法如期完成。感谢我的母亲!由于学业之故,我无法常伴膝下,母亲不仅没有怪罪于我,还经常打电话嘘寒问暖,让我惭愧之余倍感温暖。感谢我的公公和婆婆!他们对我从事学术研究给予了充分的理解与支持,长久以来默默无闻地无私奉献,拖着年老体迈的身体帮我料理繁杂的家务,这既是我执着于学术追求的重要精神支柱,也为我赢得了论文写作的宝贵时间。感谢我的丈夫!他对我自始至终的理解、毫无保留的支持、全心全意的帮助、坚定不移的信任与真挚不变的情感,是我最稳固的精神支柱,让我能够安心完成学业,没有后顾之忧。感谢我两个懂事、可爱的女儿,她们的纯真及对知识的渴望让我坚定了从事学术研究的信念,也对自己能够兼顾好妈妈的角色信心倍增。

值此书稿完成之际,我还要告慰身在天堂的父亲:女儿没有辜负您的期望!读博期间,您病危躺在病床之上,凭着对女儿的一丝惦念,硬撑到我从南京返回西安,只为看我一眼再安心离去。我曾在您的墓碑前发誓:无论多苦多难,定会完成学业,让您引以为荣、含笑九泉!现在,女儿做到了!愿父亲在天堂安息!